LePage **Königreich Shambhala**

Victoria LePage

# Königreich Shambhala

## Die Wahrheit über das Heilige Zentrum der Welt

Aus dem Englischen von
Eluan Ghazal

ATLANTIS

ATLANTIS
wird herausgegeben von Hans Christian Meiser.

Die Originalausgabe erschien 1996 unter dem Titel
*Shambhala. The fascinating Truth Behind the Myth of Shangri-la*
bei Quest Books, Theosophical Publishing House, Wheaton, IL.

Die Deutsche Bibliothek – CIP-Einheitsaufnahme

LePage, Victoria:
Königreich Shambhala : Die Wahrheit über das Heilige Zentrum
der Welt / Victoria LePage. Aus dem Engl. von Eluan Ghazal. -
Kreuzlingen ; München : Hugendubel, 2001
(Atlantis)
Einheitssacht.: Shambhala <dt.>
ISBN 3-7205-2176-1



Umschlaggestaltung: Zembsch' Werkstatt, München, unter Verwendung
eines Motivs von Nicholas Roerich
Produktion: Maximiliane Seidl
Satz: EDV-Fotosatz Huber/Verlagsservice G. Pfeifer, Germering
Druck und Bindung: GGP Media, Pößneck
Printed in Germany

ISBN 3-7205-2176-1

# INHALT

Do, 01. Dezember 2005

# VORWORT

Dieses Buch handelt in erster Linie von Shambhala, einem »paradiesischen Weisheitszentrum« in den Bergen von Zentralasien. Aber es befasst sich auch mit einer uralten Vorstellung von der Erde, die hierzu in enger Beziehung steht, einer Vorstellung, die die Erde als psychospirituelles Lebewesen betrachtet, dessen Körper eine Energiestruktur aufweist, die unsere moderne Kultur noch nicht erkannt oder verstanden hat, während sie früheren Völkern bekannt war.

Natürlich kann ein Konzept dieser Art, das die physische und die übersinnliche Ebene vereint, nicht mit den gewohnten Methoden akademischer Forschung dargestellt werden. Die wissenschaftliche Arbeit unserer Zeit beschränkt sich meist auf ein schmales Segment des Denkens, dessen Parameter stillschweigend durch kollektive Übereinstimmung definiert und durchgesetzt werden. Dadurch wird garantiert, dass das Ergebnis nie die vorgegebenen Grenzen überschreitet. Aber es gibt Hinweise auf eine stärker werdende kreative Gegenbewegung, die das alte Muster der Wissenschaft aufbrechen kann. Bereits jetzt sind einige Wissenschaftler bereit, die Phänomene der übersinnlichen Welt ernst zu nehmen; sie betrachten sie als einen neuen Aspekt der Wirklichkeit, der im Rahmen der Wissenschaft rational diskutiert werden kann, selbst wenn dies den Einsatz vollkommen neuer Paradigmen erfordert.

Wir stehen vielleicht am Rande eines Durchbruchs in Dimensionen des Denkens, die die alten mentalen Schranken transzendieren. Noch wird nicht allgemein akzeptiert, dass alles im Universum, einschließlich unseres Planeten, Leben, Bewusstsein und übersinnliches Potenzial hat und dass dies auch die einzige Basis ist, auf der die Menschen mit der physischen Welt interagieren können. Doch das Wissen hiervon breitet sich immer mehr aus und erfüllt auch die Seiten dieses Buches.

Es gibt ein Ding, das unklar geformt ist,
Das vor Himmel und Erde entstand,
Schweigsam und leer
Steht es für sich allein und verändert sich nicht.
Immer geht es im Kreis und erschöpft sich nicht.
Es ist fähig, die Mutter der Welt zu sein.
Ich kenne seinen Namen nicht,
Deshalb nenne ich es *den Weg*.

*Tao Te King*

# 1

# DIE SUCHE NACH SHAMBHALA

Es gab einmal eine Zeit, in der die Ordnung des Universums für den Menschen stabil war: Gott, der Schöpfer, stand im Zentrum, die Menschheit nahm ihren sicheren Platz ein, und alle Erscheinungen und Zusammenhänge der Welt bezogen sich auf die göttliche Gegenwart und waren vor der Finsternis des äußeren Raumes geschützt. In der Naturordnung spiegelte jede Gemeinschaft, wie klein sie auch sein mochte, die himmlische Ordnung wider – in ihrem Alltag, ihren Zyklen von Festen und Arbeitstagen, ihren Mythen und Riten. Alles war um einen Ort magischer und energiespendender Heiligkeit angeordnet: einen Tempel, eine heilige Quelle, eine Höhle, ein Clan-Haus, den Palast eines Gottkönigs, eine Kapelle. Dies waren die lebendigen Symbole einer unaussprechlich großen Gottheit. Die Hinordnung auf ein Zentrum gewährte Ruhe, Stabilität und ein Gefühl von Sicherheit.

Doch diese Sicherheit ist uns verloren gegangen. Nichts ist mehr gewiss, und selbst der Begriff der Gewissheit steht zur Diskussion. Wir leben in einer Welt, in der sich alle Grenzen auflösen, alle Werte zweifelhaft, alle Wegweiser unleserlich werden, in der uns die zentrifugalen Kräfte der Zerstörung in den Raum schleudern, die Zivilisation zerbrechen lassen, in der Veränderung und Instabilität um sich greifen. Daher ist das Bedürfnis nach einem neuen zentralen Prinzip überaus dringlich. In jedem nur vorstellbaren Zusammenhang – sei es spirituell, ökologisch, politisch oder sozial – brauchen wir ein Zentrum, eine Zone der Ordnung im

Urchaos der Möglichkeiten, und in der Suche nach einer neuen rettenden Definition des Selbst und des Kosmos, die bereits begonnen hat, ist der Begriff des Mandalas der Schlüssel.

Im symbolischen Sinne ist das Mandala die Verkörperung des Mittelpunkt-Prinzips schlechthin; es dient dazu, das Bewusstsein zu fokussieren, und besitzt deshalb große transformative Kraft. Es ist ein Bild vollkommener Symmetrie und Balance, ein mystischer Kreis, der das Bewusstsein zum Punkt der Ruhe im Zentrum zieht. Wahrscheinlich funktioniert das Bewusstsein in seinen Ordnungsprozessen von Natur aus wie ein Mandala, und deshalb kann ein Mandala auch eine besonders regenerative, kreative und stabilisierende Kraft ausüben, wie die Yogis seit jeher lehren. Mit Sicherheit war die Ordnung, die in traditionellen Gesellschaften von der Menschheit auf den Kosmos projiziert wurde, immer auf ein Zentrum gerichtet: Der Bereich des Göttlichen lag in der Mitte und strahlte seine einigende Kraft nach außen zur Peripherie des Universums aus. Die Weltsicht der antiken Philosophien, Religionen und Wissenschaften war nach diesem Muster ausgerichtet, da es mit den natürlichen Gegebenheiten des Bewusstseins am besten harmoniert.

»Das Zentrum«, sagt der Religionshistoriker Mircea Eliade, »ist in erster Linie ein Bereich des Heiligen, eine Zone absoluter Wirklichkeit.«[1] Der heilende Wert dieser Erkenntnis wird durch das gehäufte Auftreten von sakralen Labyrinthen und »Trojastädten« in der Antike, wie auch von Mandala-Formen in Raum und Bewegung, wie etwa dem Rundtanz, der spiralförmig aufwärts strebenden Zikkurat, der Umschreitung von Heiligtümern bezeugt – all das waren oder sind magische Symbole des Zentrums, die das Bewusstsein in seinen tiefen schöpferischen Kern zogen und das Prinzip aktivierten, das die Welt erneuerte und stabilisierte. Heute ist dieses Wissen nicht mehr lebendig. In der auseinander brechenden Welt brauchen wir neue Zentrierungssymbole. Der Physiker Werner Heisenberg wies uns warnend darauf hin, dass wir die Grenze der Erforschung des physischen Universums erreicht haben und den Weg zur »zentralen Ordnung« finden müssen.[2] Wir brauchen eine neue Vision des

Mandalas der Erlösung, eine neue Suche, und genau diese Suche nach dem Zentrum führt uns nach Shambhala.

Jahrtausende lang zirkulierten unter den Esoterikern vieler Nationen Gerüchte und Berichte darüber, dass irgendwo jenseits von Tibet, in den eisbedeckten Gipfeln und abgeschlossenen Tälern von Zentralasien, ein unzugängliches Paradies verborgen liege, ein Ort universeller Weisheit und unaussprechlichen Friedens namens Shambhala. Er sei von Adepten aller Rassen und Kulturen bewohnt, einem inneren Kreis der Menschheit, der die Evolution dieser Erde im Stillen anleitet. An diesem Ort, so sagt die Legende, leben Weise seit Anbeginn der menschlichen Geschichte in einem Tal höchsten Glücks, das vor den eisigen Winden aus der Arktis geschützt ist, in dem das Klima immer warm und ausgeglichen ist, in dem die Sonne immer scheint, ein sanfter, wohltuender Lufthauch weht und die Natur üppig blüht und gedeiht.

In dieser grünen Oase können nur Menschen leben, die reinen Herzens sind, und sie genießen dort vollkommenes Glück. Leiden, Not oder Alter kennen sie nicht. Es herrschen Liebe und Weisheit; Ungerechtigkeit ist unbekannt. »Es gibt nicht einmal ein Anzeichen von Untugend oder Bösem in diesem Land«, sagte der Lama Garje K'amtul Rinpoche. »Selbst die Wörter ›Krieg‹ und ›Feindschaft‹ sind unbekannt. Das Glück und die Freude an diesem Ort können mit dem der Götter konkurrieren.«[3] Die Bewohner leben lange, haben einen schönen und vollkommenen Körper und besitzen übernatürliche Kräfte; ihr spirituelles Wissen ist tief, ihr technisches Wissen hoch entwickelt, ihre Gesetze sind mild, und im Studium der Künste und Wissenschaften stehen sie auf einer viel höheren Ebene als jede uns bekannte Kultur.

In diese Vorstellung eines Utopia in Asien hat die Folklore exotische und wundersame Züge eingewoben. Der Ort ist unsichtbar; er besteht aus feinstofflicher Energie, er ist eine Insel in einem Meer von Nektar, ein Berg, der in den Himmel ragt, ein Gelände, zu dem der Zutritt streng verboten ist. Er wird von großen Gottheiten aus einer anderen Welt bewacht und durch hohe Mauern geschützt. Auf dem Boden sind Gold und Silber ausgestreut, kostbare Juwelen zieren die Bäume. Magische Quellen, Seen aus Edelstein, Kristall und dem Nektar der Unsterblichkeit, Früchte, die Wünsche erfüllen können, fliegende Pferde, sprechende Steine und unterirdische Höhlen, die mit allen Schätzen der Erde gefüllt sind: Diese und noch viele andere Wunder zieren die Landschaft eines Urparadieses, das die tiefsten Sehnsüchte des menschlichen Herzens auszudrücken scheint.[4]

Aber diese populären Vorstellungen beruhen auf einer Auffassung, die schon so lange existiert, wie die Menschheit mündliche Überlieferungen kennt. Sie zeugt von der Liebe und Verehrung, mit der zahllose Generationen von asiatischen Völkern das geheimnisvolle Weisheits-Zentrum in ihrer Folklore umgeben haben. Außerdem sind diese mythischen Ausschmückungen keineswegs so fern der Realität, wie wir glauben würden.

Es gibt viele verschiedene Darstellungen dieses wundersamen Ortes in der Tiefe Asiens, aber sie stimmen darin überein, dass die Reise zu ihm in jeder Hinsicht schwierig und gefahrvoll ist. Für Menschen, die nicht berufen sind oder sich nicht entsprechend vorbereitet haben, endet diese Reise in Stürmen, Erdrutschen, ziellosen Wanderungen und sogar dem Tod inmitten der erbarmungslosen Massen aus Schnee und Eis, denn mächtige Naturkräfte schließen sich zusammen, um die Heimat der Erleuchteten vor all jenen zu schützen, die noch nicht bereit sind, sie zu betreten. Selbst für Menschen, die auf die Gefahren der Reise vorbereitet sind, ist der Weg gefahrvoll und unsicher, und zwar sowohl psychisch wie auch physisch. »Die Straße, die ins Zentrum führt, ist ein schwieriger Weg«, sagt Eliade. Er ist »mühevoll, von Gefahren erfüllt, weil er eigentlich ein Übergangsritus vom Profanen zum Sakralen ist, vom Flüchtigen und Illusionären zur Wirklichkeit und Ewigkeit, vom Tod zum Leben, vom Menschen zur Göttlichkeit.«[5] Seine Worte können auf jeden Fall auch auf Shambhala angewendet werden. Die Odyssee über die Berge, Flüsse und Wüsten eines der unwirtlichsten Teile der Welt, um das Land der Bodhisattvas zu suchen, wird in tibetischen Reiseführern als Kampf um Leben und Tod beschrieben.

Für die meisten Menschen im Westen ist Shambhala, wenn sie es überhaupt kennen, fern der Wirklichkeit. Dennoch wird es allmählich mehr und mehr bekannt und nimmt greifbare Formen an, da viele Autoren versucht haben, seine besonderen übernatürlichen Umrisse zu skizzieren. Die Zugänge waren unterschiedlich. Einige Autoren waren skeptisch, andere reduzierten es auf eine interessante Geschichte, wieder andere auf ein spirituelles Leitmotiv, das für hinduistische oder buddhistische Mystiker in ganz ähnlicher Weise bedeutsam ist wie Bunyans Werk *Pilgrim's Progress* für das christliche Streben nach Spiritualität. Im vorliegenden Buch wird die Meinung vertreten, dass es ein real existierender Ort sei.

Shambhala ist ein Zeichen der Zukunft. Die Suche nach einem neuen Einigungsprinzip, die unsere Zivilisation nun beginnen muss, wird zu dieser Quelle von höheren Energien führen, und Shambhala wird zum großen Sinnbild des neuen Jahrtausends werden. Allerdings wird es ein Geheimnis bleiben. Der russische Reisende Ferdinand Ossendowski, der allenthalben von Shambhala hörte, als er Zentralasien durchquerte, nannte es das »Geheimnis der Geheimnisse«.[6] Andere haben ihm ähnlich ehrfurchtsvolle Namen verliehen. Es wurde als »Verbotenes Land« bezeichnet, als »Land der weißen Wasser« (was sich auf die weißen Salzablagerungen in den Tsaidam-Seen östlich der Takla-Makan-Wüste beziehen könnte), als das »Land der leuchtenden Geister«, das »Land des lebendigen Feuers«, das »Land der lebenden Götter« und das »Land der Wunder«. Hindus nannten es Aryavarsha, das »Land, aus dem die Veden kamen«, die Chinesen Hsi Tien, das »westliche Paradies von Hsi Wang Mu«, der »Königlichen Mutter des Westens«, bei den russischen Altgläubigen, einer christlichen Sekte aus dem 19. Jahrhundert, hieß es Bjelovodije («weißes Wasser«), bei den Kirgisen Janaidar. Aber in ganz Asien ist es am besten unter seinem Sanskrit-Namen Shambhala bekannt, was »Ort des Friedens, der Ruhe« bedeutet, oder als Chang Shambhala («nördliches Shambhala«). So nannten es die Hindus, um es von einer indischen Stadt desselben Namens zu unterscheiden.[7]

Jedes dieser Völker betrachtete Shambhala als die Quelle der eigenen Religion, ob es sich nun um den Hinduismus, den Schamanismus, den Buddhismus, den Taoismus oder irgendeine andere Religion handelt. In bestimmten Büchern der vorbuddhistischen Bön-Religion in Tibet, in denen dieses verborgene Königreich Olmolungring, Dejong oder Shambhala genannt wurde, heißt es, dass ein Königreich namens Shambhala einst tatsächlich den größten Teil von Zentralasien bedeckt habe, und zwar vom Baikalsee bis zur Lop-Nor-Wüste, von Khotan fast bis Peking, und dass die Bön-Religion eigentlich von dort stamme. Im ersten Jahrhundert unserer Zeitrechnung fertigten die Bönpos, die Anhänger der Bön-Religion, eine Karte an, auf der dieses Land in seiner genauen geographischen Beziehung zu Persien, Baktrien, Ägypten, Judäa und anderen Königreichen der damals bekannten Welt dargestellt war, und im 8. Jahrhundert wurden diese Karte und andere Dokumente und Informationen über Shambhala, das zu jener Zeit allerdings schon längst zu einem Mythos verblasst war, an die Buddhisten weitergegeben, die in Tibet eindrangen.

Der tibetische Buddhismus entnahm viele der Materialien über Shambhala den Kalachakra-Texten. Diese wurden der buddhistischen Tradition zufolge ursprünglich von Buddha selbst dem König von Shambhala geoffenbart und viele Jahrhunderte in Shambala aufbewahrt, bis sie schließlich nach Indien zurückkehrten. Zusammen mit zahlreichen Kommentaren wurden sie im 11. Jahrhundert aus dem Sanskrit ins Tibetische übersetzt. Viele dieser Texte und andere lamaistische Schriften über dieses Thema – wie etwa das »Weiße Vaidurya«, die »Blauen Annalen«, der »Weg nach Shambhala« und die »Sphäre von Shambhala« – wurden in den letzten Jahrzehnten übersetzt und im Westen veröffentlicht.

Aber schon zur Zeit der Griechen und Römer sind Gerüchte über ein irdisches Paradies im Herzen Asiens in den Westen gelangt. So zeichnete der griechische Schriftsteller Philostrat die Reise auf, die er zusammen mit dem großen Magier und Mysterienlehrer Apollonius von Tyana nach Tibet in die Wildnis des Transhimalaya unternahm, die er als das »Verbotene Land der Götter« bezeichnete. Furchtlose christliche Missionare, die ebenfalls in die Gebiete jenseits des Himalaya eindrangen, sollten später dann ihren Anteil zu den Informationen über Shambhala beitragen.

Shangri-La, das paradiesische Heiligtum der Weisen, das in James Hiltons Roman *Lost Horizon* beschrieben ist und in der ganzen Welt durch den Film des gleichen Namens bekannt wurde, war Shambhala nachempfunden, wurde aber nicht im Himalaya angesiedelt, sondern weiter nördlich, wahrscheinlich in dem wenig bekannten Kunlun-Gebirge. Vielleicht hat Hilton einiges Material den Memoiren von Abbé Huc und anderen katholischen Missionaren entlehnt, die im 19. Jahrhundert Tibet und seine lamaistische Kultur erforschten.

## Die Shambhala-Tradition im Westen

Shambhala gehört zur ältesten Schicht der asiatischen Überlieferung. Es ist eine unergründliche Legende, Stoff für Fabeln, Märchen und Mythen. Das Archetypische daran ist die Projektion der Volksseele, die sich nach einem solchen irdischen Paradies sehnt. Die wirkliche Lage Shambhalas wurde nie bestimmt, seine Hierarchie ist unsichtbar, seine Anfänge sind unbekannt, seine Existenz ist unbewiesen, und dennoch gibt es für Menschen, die sich die Mühe nehmen, richtig hinzuschauen, Zeugnisse in den Annalen menschlichen Wirkens, die auf dieses Paradies hinweisen. Es ist heute ebenso lebendig wie vor Jahrtausenden und wird von den meisten esoterischen Traditionen als wirkliches Zentrum des Planeten betrachtet, als der spirituelle Kraftspeicher der Erde und als Kernland einer Bruderschaft von Adepten aller Rassen und Länder, die in jeder größeren Religion, bei jedem wissenschaftlichen Fortschritt und jeder sozialen Bewegung in der Geschichte Einfluss ausgeübt haben.

Ernest Scott, ein Sufi, der zu einem fünfköpfigen Forschungsteam gehörte, das sich in die Ursprünge der wichtigsten Religionen der Gegenwart vertiefte, behauptet, dass man tatsächlich jeden Zweig der esoterischen Tradition auf eine gemeinsame Wurzel in Zentralasien zurückführen könne. Hexenkult, verschiedene westliche Geheimgesellschaften, esoterische Glaubensvorstellungen des Buddhismus, Freimaurerei, Sufismus, Theosophie, Alchimie und Vedanta – alles das habe offenbar seinen Ursprung in Shambhala.[8] Die Sufis, die ihre spirituelle Traditionslinie in Zentralasien bis in prähistorische Zeiten zurückverfolgen können, glauben, dass der Leiter ihrer Hierarchie seine Anweisungen aus Shambhala bezieht. Dort soll Buddha das Kalachakra, die große buddhistische Lehre vom Rad der Zeit, empfangen haben; am Ende seines Leben kehrte der chinesische Lehrer des Taoismus, Lao Tse, nach Shambhala zurück, das er Tebu nannte. Die Hindus glauben, dass aus Shambhala ihr zukünftiger Erlöser und der letzte König von Shambhala in diesem Zeitalter – Sri Kalki Avatara – kommen wird.

Außerdem spiegelt sich die Allgegenwart des Einflusses von Shambhala in der universellen Symbolwelt der esoterischen Lehre wider, die in der ganzen Welt ein und dieselbe ist. »Seit der fernsten Vergangenheit«, sagt der buddhistische Orientalist W. Y. Evans-Wentz, »gab es einen geheimen internationalen Symbol-Code, der von Eingeweihten gebraucht wurde und den Schlüssel zur Bedeutung von Geheimlehren liefert, die von religiösen Bruderschaften in Indien, Tibet, China, der Mongolei und Japan noch immer eifersüchtig gehütet werden.«[9] Nur im Westen, wo die esoterische Tradition verarmte, ist die Bedeutung dieser weltweiten Eingeweihtensprache verloren gegangen. Hier blieb die Vorstellung von Shambhala weitgehend unbekannt, nur eine verstümmelte Version davon scheint in den mittelalterlichen Legenden um den Heiligen Gral und das sagenhafte Königreich von Prester John auf.

Im 17. Jahrhundert waren zwei jesuitische Missionare, Stefano Cacella und Giovanni Cabral, in Shigatse, dem Kloster des Panchen Lama, stationiert; sie waren in der modernen Zeit offenbar die ersten Europäer, die Berichte über das geheimnisvolle Land Shambhala, das vom »König der Welt« beherrscht wurde, zurückbrachten. Es erschien sogar auf einer Asienkarte, die von den katholischen Behörden in Antwerpen veröffentlicht wurde. Pater Cabral schrieb im Jahre 1625: »Meiner Meinung nach ist Shambhala nicht mit Kathai (China) identisch, sondern mit dem, was auf unseren Karten als Tartarei bezeichnet wird.«[10] Zweihundert Jahre später bestimmte der ungarische Philologe Csoma de Körös, der vier Jahre (1827–1830) in einem tibetischen Kloster verbrachte, die geographische Lage von Shambhala folgendermaßen: zwischen 45 und 50 Grad nördlicher Breite jenseits des Flusses Syr Darya. Aber diese wenigen unmittelbaren Begegnungen mit der lamaistischen Überlieferung zogen im Westen nur wenig Aufmerksamkeit auf sich, und Helena Blavatsky, die im Jahre 1879 die Theosophische Gesellschaft gründete, ist es zu verdanken, dass die okkulten Kreise im Westen auf die Existenz dieses zentralasiatischen Heiligtums aufmerksam wurden.

Das »sagenumwobene Shambhallah«, wie sie es in ihrem Buch *The Secret Doctrine* (»Geheimwissenschaft«) nannte, war eine ätherische Stadt in der Wüste Gobi und das unsichtbare Hauptquartier der Mahatmas, einer Bruderschaft von großen spirituellen Meistern, die sich lange Zeit vor dem Untergang des Landes Mu im Pazifischen Ozean dorthin begeben hatten. Blavatsky erklärte, dass das Herz der Mutter Erde »unter dem heiligen Shambhalla schlägt.«[11] Aber ihr Bericht darüber ist kurz, vage und verwirrend, und Gelehrte, die nach diesem verborgenen Königreich zu suchen begannen – darunter auch so bedeutende wie die buddhistische Forscherin Alexandra David-Neel und W. Y. Evans-Wentz –, konnten keinen Erfolg verzeichnen. Shambhala blieb ein Gerücht, bis in den Jahren 1923–1926 die Roerich-Expedition durch die Wüste Gobi bis zum Altai durchgeführt wurde.

Nicholas Roerich war Dichter, Maler und ein Mann von außerordentlicher Bildung, der aus Weißrussland geflohen war und sich in Paris niedergelassen hatte. Er galt als einer der wichtigsten Theosophen dieser Zeit. Abgesehen von der Suche nach der Heimat der Mahatmas, wurde der Zweck dieser Reise durch Tibet und Xinjiang bis zum Altai in seinem Tagebuch nie ganz klar ausgesprochen, scheint aber mit der Rückgabe eines bestimmten heiligen Steines an seinen rechtmäßigen Platz im Turm des Königs im Zentrum von Shambhala in Zusammenhang gestanden zu haben.

Es heißt, dass dieser Stein nur ein Teil eines viel größeren Meteoriten gewesen sei, der okkulte Eigenschaften gehabt habe. Er hieß »Chintamani-Stein« und verlieh telepathische Fähigkeiten; bei Menschen, die mit ihm in Verbindung standen, bewirkte er eine Transformation des Bewusstseins. Der schwarze Stein der Ka'aba in Mekka, wie auch der Meteorit im antiken Heiligtum der Kybele, der Muttergöttin des Vorderen Orients, werden von manchen Esoterikern für Stücke dieses magischen Meteoriten gehalten. Angeblich stammt er aus einem Sonnensystem im Sternbild des Orion, wahrscheinlich Sirius. Das Sternbild Orion kommt im übrigen immer wieder in der Shambhala-Erzählung vor. Der lamaistischen Überlieferung zufolge wird immer dann ein Bruchstück von diesem Chintamani-Stein – wahrscheinlich vom Sirius – auf unsere Erde geschickt, wenn eine spirituelle Mission stattfindet, die für die Menschheit wichtig ist, und es kehrt wieder zum Sirius zurück, wenn diese Mission vollbracht ist. Es heißt, dass ein solcher Stein im Besitz des erfolglosen *Völkerbunds* war, und dass seine Rückgabe Roerich anvertraut wurde.[12]

Im Sommer des Jahres 1926 berichtet Roerich in seinem Reisetagebuch »Altai-Himalaya«, das kurz danach veröffentlicht wurde, von einem merkwürdigen Ereignis. Er hatte, nachdem er von einer Reise zum Altai zurückgekehrt war, sein Lager zusammen mit seinem Sohn, Dr. Georgij Roerich, und einer Mannschaft von mongolischen Führern im Shara-Gol-Tal in der Nähe des Humboldt-Gebirges zwischen der Mongolei und Tibet aufgeschlagen und baute ein Stupa, »ein stattliches, weißes Gebilde«, das Shambhala gewidmet war.

Im August wurde das Heiligtum im Shara-Gol-Tal in einer feierlichen Zeremonie von einer Reihe bekannter Lamas geweiht, die zu diesem Zweck dorthin eingeladen worden waren. Nach diesem Ereignis, so schreibt Roerich, prophezeiten die burjätischen Führer ein günstiges Zeichen. Einen oder zwei Tage später sah man einen großen schwarzen Vogel über der Reisegesellschaft vorbeifliegen. Über ihm konnte man hoch im wolkenlosen Himmel einen riesigen goldenen, kugelförmigen Körper sehen, der sich rasend schnell drehte und in der Sonne funkelte und strahlte. Die Reisenden verfolgten, wie er schnell aus der Richtung des Altaigebirges heranflog, dann scharf abdrehte und im Südwesten hinter dem Humboldt-Gebirge verschwand. Einer der Lamas teilte Roerich mit, dass er nun »das Zeichen von Shambhala« gesehen habe, und dies bedeute, dass seine Mission von den Großen des Altaigebirges, den Herren von Shambhala, gesegnet worden sei. Später fragte ihn ein Lama, ob er gemerkt habe, dass zu dieser Zeit auch ein feiner Duft in der Luft gelegen habe, und als Roerich dies bejahte, sagte er:

»Ah! Du wirst von Shambhala beschützt. Der große, schwarze Geier ist dein Feind, der deine Arbeit zerstören will, aber die schützende Kraft Shambhalas folgt dir in diesem strahlenden Energiekörper. Sie ist immer in deiner Nähe, aber du kannst sie nicht immer wahrnehmen. Nur manchmal manifestiert sie sich, um dich zu stärken und zu lenken. Hast du die Richtung beobachtet, in der sich die Kugel bewegte? Genau dieser Richtung musst du folgen. Du erwähntest mir gegenüber den heiligen Klang Kalagiya! Wenn irgendjemand diesen zwingenden Ruf hört, dann weiß er, dass der Weg nach Shambhala für ihn offen steht. Er sollte sich merken, wann er gerufen wurde, denn von diesem Zeitpunkt an wird er von dem gesegneten Rigden Jye-Po (dies ist der mongolische Name des Königs von Shambhala) unterstützt.«[13]

Roerich brach daraufhin sein Lager ab und reiste auf der Spur dieses Flugkörpers nach Südwesten in Richtung Westtibet – nach Shambhala. In seinem Tagebuch schreibt er, dass er einen Monat an dem heiligen Ort im Nordwesten von Tibet verbracht habe. Allerdings bleibt unbekannt, ob er den heiligen Stein zurückbrachte oder nicht.

Roerich war ein Mann von untadeligem Ruf: Er war ein Kollege von Diaghilev und ein hochtalentiertes und respektiertes Mitglied des *Völkerbunds* und außerdem bekannt durch seine Mitarbeit in Stravinskys »Sacre du Printemps«. Sein Bericht über jene merkwürdige Erscheinung – einer der ersten Berichte über das Auftauchen eines »UFOs« – erregte großes Interesse in Europa; er stellte für den Westen den ersten konkreten Hinweis dar, dass es in Zentralasien etwas geben könnte, das sich dem Verständnis widersetzte, und kann zu Recht als der erste zuverlässige Hinweis darauf verstanden werden, dass das Königreich Shambhala vielleicht mehr sein könnte als irgendeine intellektuelle Kuriosität, ein Volksmärchen aus Asien oder eines der vielen Phantasiegebilde, die von okkulten Randgruppen, wie sie damals gerade in Mode kamen, herbeigeträumt wurden. Von da an übte dieser »Mittelpunkt der Welt« in den nördlichen Bergen auf die okkulten Zirkel des Westens die Faszination einer Idee aus, deren Zeit gekommen ist.

Roerich glaubte, dass Shambhala das verborgene Prinzip ist, das alle religiösen Traditionen und ihre Prophezeiungen eint. Er ließ sich im Kulu-Tal am Fuße des Himalaya nieder und widmete sein Leben der Förderung des Weltfriedens durch kulturelle und spirituelle Entwicklung. Heute gibt es in jeder größeren russischen Stadt eine Roerich-Organisation, die seine Ideen für eine neue Art einer erleuchteten Zivilisation auf der Basis der utopischen Prinzipien von Shambhala verbreitet. Roerich erklärte, dass erleuchtete Menschen Shambhala im Sinne einer Neuschöpfung der Welt und einer herannahenden neuen Epoche kosmischer Energien und eines erweiterten Bewusstseins verstanden. »All unsere jüngsten Entdeckungen werden vom Osten als Zeichen der Ära von Shambhala betrachtet«, sagte er. »Millikens kosmischer Strahl, Einsteins Relativitätstheorie, Teremins Äthermusik werden in Asien als Zeichen für die Evolution des menschlichen Bewusstseins betrachtet, das von vedischen und buddhistischen Traditionen wie auch den Lehren von Shambhala bestätigt wird.«[14]

Roerich verlieh Shambhala im Westen eine gewisse Glaubwürdigkeit. Andrej Tomas, ein Russe, der im Fernen Osten aufwuchs und zu Roerichs glühendsten Bewunderern gehörte, glaubte ebenfalls mit ganzem Herzen an diesen heiligen Ort. In seinem Buch *Shambhala: Oasis of Light*, das im Jahre 1976 veröffentlicht wurde und der letzte seiner esoterischen Bestseller war, die heute vergriffen sind, stellt Tomas das nördliche Paradies als Mittelpunkt der Welt und Hauptquartier der Höheren Mysterien dar. Für ihn ist Shambhala vor allem ein Sammelplatz für große wissenschaftliche Geister, ein Heiligtum für eingeweihte Wissenschaftler und Philosophen, die gezwungen wurden, dorthin zu fliehen, da sie von Gesellschaften, die ihre fortschrittlichen Ideen nicht verstehen oder tolerieren konnten, verfolgt wurden. Zwar sei kaum etwas bekannt von »einer unsichtbaren wissenschaftlichen und philosophischen Gesellschaft, die ihre Studien in der majestätischen Isolation des Himalaya durchführt«. Aber seit frühester Zeit habe es trotz der großen geographischen Entfernungen einen ständigen Wissensaustausch zwischen den weit versprengten Gruppen von Eingeweihten in Asien und dem Mittelmeerbecken gegeben, und dieses Wissen habe die Höheren Mysterien des Westens in der Antike gespeist.

Tomas behauptet, es gebe beispielsweise in den Vatikan-Archiven viele Berichte von jesuitischen Missionaren darüber, dass chinesische Kaiser Botschafter zu den Geistern der Berge im Nan-shan- und Kunlun-Gebirge sandten, und zwar meist in Zeiten nationaler Krisen, in denen sie zu keiner Entscheidung kommen konnten. Diese Berichte beschreiben die Missionen von Mandarinen und Priestern vom Hof des Himmelskaisers zu den Genien der westlichen Berge und sprechen von hohen Wesen »in künstlich geschaffenen Körpern aus kristallinem, reinem Material«. Tomas identifiziert sie mit den hinduistischen und chinesischen Legenden von Göttern, die »aus dem Bewusstsein geboren« sind – eigentlich Adepten, die über ein hoch entwickeltes Wissen verfügen, das uns noch unbekannt ist. Er schreibt:

»Bestimmte Einzelheiten in diesen chinesischen Legenden verblüffen uns durch ihre Konkretheit. Dieser geheime Ort wird von Wesen bewohnt, die früher normale Männer und Frauen waren. Sie erreichten das heilige Land aufgrund ihres spirituellen Fortschrittes. Mehr noch, dieser Ort kann tatsächlich von einem Menschen gefunden werden, der aufrichtig nach der Wahrheit strebt und von selbstsüchtigen Motiven frei ist. (...) Das Tal der Unsterblichen muss trotz seiner phantastischen Eigenschaften, mit denen es im Laufe zahlloser Generationen ausgeschmückt wurde, eine reale Basis haben.«[15]

Tomas' Überzeugung von der tatsächlichen Existenz Shambhalas, die von seiner Begegnung mit Roerich im Jahre 1935 herrührte, wurde von einer wachsenden metaphysischen Schule in Europa in der ersten Hälfte des 20. Jahrhunderts geteilt.

René Guénon – einer der führenden Sufi-Gelehrten des 20. Jahrhunderts und ein Kenner der jüdischen Kabbala – veröffentlichte im Jahre 1927 sein Buch *Le Roi du Monde* (»Der König der Welt«), in dem er noch nie gehörte esoterische Informationen über Shambhala vermittelte. Bis zu jenem Zeitpunkt waren sie offenbar Teil des Geheimwissens, das die Bruderschaft eifersüchtig vor Uneingeweihten bewahrte. Guénon hüllte seine Informationen in den für ihn charakteristischen, überaus verdichteten und kryptischen Stil, den man nur mit Geduld entwirrt. Ein großer Teil des vorliegenden Buches ist der Dechiffrierung seines Werkes gewidmet.

Guénon zufolge ist Shambhala ein Zentrum hoher Entwicklungsenergien in Zentralasien. Es ist die Quelle all unserer Religionen und die Heimat des Yoga-Tantra, da es eine lebendige Beziehung zur Kundalini-Wissenschaft hat, auf der all unsere Systeme der Selbsttransformation beruhen. Es spiegelt die Veränderungen in den Äonen-Zyklen der Erde und der Entfaltung der Menschheitsseele wider, und es ist der Prototyp des Heiligen Landes, von dem alle anderen Heiligen Orte wie Jerusalem, Delphi und Benares nur abgeleitete Spiegelungen sind. Er schreibt: »In der gegenwärtigen Periode unseres Erdenzyklus – das heißt, während des Kali Yuga – ist dieses Heilige Land, das von Wächtern verteidigt wird, die es vor dem profanen Anblick schützen und dennoch eine gewisse Verbindung mit der Außenwelt garantieren, für alle Absichten und Zwecke unzugänglich und für alle unsichtbar außer für jene, die über die notwendigen Qualifikationen verfügen, um es zu betreten.«[16] Einst stand es allen mehr oder weniger offen, und das wird auch wieder der Fall sein, wenn das Kali-Yuga sein Ende erreicht, aber gegenwärtig existiert es nur in verhülltem Zustand und wird nur im übertragenen und symbolischen Sinn verstanden, soweit seine Existenz überhaupt für möglich gehalten wird.

Guénon behauptet, dass Shambhala sowohl über wie auch unter dem Erdboden existiert habe. Es habe sich über ein riesiges unterirdisches Netzwerk von Höhlen und Gängen erstreckt, die Hunderte von Kilometern unter dem heiligen Zentrum verliefen. Guénon schreibt diesen Katakomben (wie vor ihm schon Saint-Yves d'Alveydre) die Funktion eines noch geheimeren und fortgeschritteneren Einweihungszentrums – Agarttha – zu.[17] Agarttha, sagt er, sei das wirkliche Zentrum der Weltregierung, der hochempfängliche Speicher der Weisheit der Welt, der die Gezeiten der Zivilisationen und Katastrophen der Erde überlebt habe und sehr bald seine Energien ausschicken werde, um eine neue planetare Kultur zu schaffen.

Andere okkulte Autoren betrachten Shambhala als das Kommen des in Kürze wiederkehrenden Christus. Die Theosophin Alice Bailey beschreibt Shambhala als »das vitale Zentrum im planetaren Bewusstsein«[18] und als die Heimat der großen spirituellen Hierarchie, deren Haupt Christus ist. Sie setzt Shambhala in Bezug zur Wiederkehr Christi und veröffentlichte durch die Schriften ihrer Schülerin Vera Stanley Alder viele apokalyptische Prophezeiungen, die sich gegen Ende des 20. Jahrhunderts erfüllen sollten. Andere Esoteriker verglichen das mystische Zentrum mit Campanellas Sonnenstaat und Dantes »Irdischem Paradies«. Wie Tomas sahen sie in ihm eine signifikante Ähnlichkeit zur »Unsichtbaren Akademie« der Eingeweihten bei den Rosenkreuzern.[19]

## Der Beitrag des tibetischen Buddhismus

Im Westen interessierten sich zunächst nur Intellektuelle für Shambhala, während es dem größeren Publikum weitgehend unbekannt blieb. Doch mit dem wachsenden Interesse für den tibetischen Buddhismus, der in den sechziger Jahren auch bei uns an Bedeutung gewann, verbreitete sich auch das Wissen um Shambhala. Informationen, die sowohl den mystischen Erfahrungen der Lamas wie auch den Bönpo-Texten entstammten, trugen dazu bei, ein Bild dieses geheimnisvollen Ortes zu zeichnen. Shambhala, so sagten die Tibeter, war die Quelle des Kalachakra, des mystischen Systems, das wie die westliche Kabbalah auf geheimen Kundalini-Methoden basierte und dadurch zur mächtigsten spirituellen Disziplin in der Welt wurde. Die Mönche brachten schriftliche Berichte der Lamas mit, die in Träumen und Visionen nach Shambhala gegangen waren, um dort die Weisheit des Kalachakra zu suchen. Sie reisten in feinstofflichen Körpern und hatten Mandalas, antike mystische Landkarten und eine Reihe von alten, aber auch relativ modernen Reiseführern bei sich, die ihnen detaillierte Anweisungen für die physische Reise dorthin gaben.

In den darauf folgenden Jahren hat der tibetische Buddhismus Shambhala aus dem Schattenreich des Mythos geholt, indem er die Vorstellung mit konkreten Details anreicherte und ihr dadurch eine neue Aura der Glaubwürdigkeit, der materiellen Wirklichkeit als Wohnort einer spirituellen Gemeinschaft verlieh, der es gelungen ist, sich über Jahrtausende vor der äußeren Welt zu verbergen. Aber er hat offensichtlich wenig getan, um das Geheimnis seiner geographischen Lage zu enthüllen. Und so werden immer wieder dieselben Fragen gestellt: Wo liegt es? Warum hat man es noch nicht gefunden – in einer Zeit, in der die Erde durch Satelliten beobachtet werden kann? Warum ist es seinem Wesen nach so rätselhaft? Und – vor allem – warum musste es sich so sehr bemühen, verborgen zu bleiben?

Reisende haben immer wieder von verbotenen Gebieten berichtet, die ihre Träger nicht betreten wollten, von hochgewachsenen, leicht gekleideten Wächtern, die plötzlich aus dem Nirgendwo zwischen den gefrorenen Gipfeln auftauchten, von feinstofflichen Schwingungen an bestimmten Punkten, die jegliches weitere Vordringen zu behindern scheinen. Manche haben vermutet, dass sogar der Skeptizismus und die Gleichgültigkeit, die Shambhala normalerweise im Westen entgegengebracht werden, absichtlich gefördert sein könnten – als weiteres Abschreckungsmittel gegen unziemliche Neugier.

Überall, wo sich spirituelle Energien sammeln, gibt es eine Kraft, die missbraucht werden kann, wenn sie in die falschen Hände fällt. Louis Pauwels und Jacques Bergier (in ihrem Buch *The Morning of the Magicians*[20]) oder der britische Mystiker und Geheimdienstagent Trevor Ravenscroft (in seinem Buch *The Spear of Destiny*[21]) und eine ganze Reihe von anderen Autoren haben davon gesprochen, dass der Mythos von Shambhala hinter der gesamten neo-okkultistischen Mystik der Nazis gestanden habe. Sie behaupten, dass die Nazis versucht hätten, mit diesem verborgenen Zentrum Kontakt aufzunehmen, und deshalb Gesandte nach Tibet schickten, wo sie Shambhala vermuteten. Dies sei geschehen, um die Geheimnisse einer großen »ahrimanischen« Erdkraft hervorzulocken – allerdings ohne Erfolg, wie sich herausstellte. Sie dachten, dass diese Kraft auf die gesamte Natur einwirke und ihren Sitz in Shambhala habe. Das zeigt, dass Menschen immer wieder gierig versuchen, solche Kräfte auszubeuten.

Doch das Geheimnis von Shambhala ist ein spirituelles Geheimnis, das nicht durch Gewalt oder List erobert, sondern nur frei geschenkt werden kann – zur rechten Zeit.

Die Unzugänglichkeit von Shambhala und die Fragen, die daraus entstanden, beschäftigten in zunehmendem Maße den Geist der Gelehrten, die sich mit Tibet befassten. Edwin Bernbaum, dessen Buch *The Way to Shambhala* auf einem gründlichen Studium des Buddhismus und auf Gesprächen mit zahlreichen gebildeten Lamas beruht, sagt, dass für die Suche nach Antworten auf diese Fragen sehr viel Zeit, Energie und Enthusiasmus aufgebracht worden seien, aber ohne befriedigendes Ergebnis, so dass deshalb viele jüngere Tibeter nicht mehr an die Existenz von Shambhala glauben. Wie könnte es existieren, fragen sie, wo doch die Chinesen Zentralasien gründlich erforscht haben und in den meisten Regionen, in denen Shambhala liegen könnte, Tausende von Ölschächten in die Erde getrieben haben? Und jene lamaistischen Gelehrten, die noch immer fest an Shambhalas physische Realität glauben, neigen heute dazu, es irgendwo weit im Norden, im arktischen Sibirien oder am Nordpol, ja vielleicht sogar außerhalb der Erde auf einem anderen Planeten oder in einer anderen Dimension anzusiedeln.

Die Schwierigkeit liegt hauptsächlich in den tibetischen Reiseführern, die viel versprechen, aber in Wirklichkeit nichts klären, sondern eher verdunkeln. Sie wurden von buddhistischen Yogi-Gelehrten der Vergangenheit zusammengestellt, und manche von ihnen verwenden unbekannte oder nicht mehr gebräuchliche Ortsnamen, die es unmöglich machen, dem Weg zu folgen. Sie alle sind meist erstaunlich esoterisch. Zwar beginnen sie tatsachengetreu und der Geographie entsprechend mit Beschreibungen der verschiedenen Abschnitte des Weges in Bezug auf Berge, Flüsse und bewohnte Regionen, die man in der äußeren Realität wiederfinden kann, doch diese Angaben werden immer vager und abstrakter, je mehr man sich dem Ziel nähert. Man trifft auf phantastische Landschaften und mythische Wesen, dämonische Kräfte müssen überwunden werden, und die Beschreibung führt den Leser immer weiter in Richtung des Nordpols und noch darüber hinaus und nimmt die archetypischen Eigenschaften einer inneren Seelenreise an, einer mystischen Gralssuche, einer Pilgerfahrt zu einem himmlischen, nicht einem irdischen Ziel.

Edwin Bernbaum sagt über diese Reiseführer:

»Mindestens ein Lama hat geschrieben, dass die Unklarheit dieser Bücher beabsichtigt ist, um Shambhala vor den Barbaren zu schützen, welche die Macht über die Welt ergreifen werden.«[22]

Das kann durchaus stimmen und würde sich auch mit der Überlieferung decken, aber es gibt noch eine andere Erklärung. In den späteren Kapiteln dieses Buches werden wir sehen, wie die Tendenz, konkrete Informationen über dieses Thema fast unmerklich in mystische Abstraktionen zu verwandeln, die aus dieser Welt herausführen, immer wiederkehrt. Tomas erhellt dieses Phänomen, wenn er vom Heiligtum der Unsterblichen sagt, dass sich dort »die physische Welt mit dem unsichtbaren Reich der Götter vereint und dass all jene, die das Privileg haben, in ihr wohnen zu können, ständig in zwei Welten leben – der objektiven Welt der Materie und der feineren Ebene des Geistes.«[23]

Wenn man also sagt, dass das verborgene Heiligtum der Weisen auf verschiedenen Wirklichkeitsebenen existiert – sowohl sichtbaren wie auch unsichtbaren –, so heißt das nichts anderes, als dass es einen Aspekt dieses Ortes gibt, der nur in einem höheren Bewusstseinszustand erblickt werden kann.

Dies wird durch tibetische Mandalas bezeugt, die sehr alte Kalachakra- und Bönpo-Zeichnungen von diesem verborgenen Königreich aufweisen. Das bekannteste davon ist das Mandala der achtblättrigen Lotusblüte (Abb. 1), das Shambhala in einem doppelten Ring von schneebedeckten Gipfeln zeigt. Die äußere Zone, die in acht einzelne Segmente und Unterkönigreiche aufgeteilt ist, gleicht mit ihren Städten, Tempeln und Gärten der normalen Welt, aber die Region im Zentrum, die über das Ganze herrscht, ist ein Königreich, das von Symbolen der Transzendenz erfüllt ist: dem Königsturm, dem Berg Meru, der Weltachse, dem Baum der Unsterblichkeit, dem Königsthron, der von einer Schar von Göttern umringt ist. Diese Bilder erzählen uns von zwei Ebenen der

*Abb. 1: Das Land Shambhala. In der Mitte befinden sich der Berg Meru und der Palast des Königs, der von acht Regionen in der Form von Blütenblättern umgeben ist, die jeweils 96 Bezirke umfassen. Die Gestalten rings um das Mandala sind: eine Kalachakra-Gottheit, Buddhas und der Dritte Panchen Lama.*

Wirklichkeit. Sie sagen uns, dass Shambhalas Geheimnis und seine Macht über die Vorstellungskraft vor allem im Zentrum liegen, zu dem man nur dann gelangt, wenn die normalen Fähigkeiten durch paranormale ergänzt werden, die durch spirituelles Training erlangt werden können. Eine ähnliche Botschaft wird in einem chinesischen Gemälde übermittelt, das im British Museum hängt: Es stellt das idyllische Heiligtum der Unsterblichen dar, das auf den Höhen des Kunlun-Gebirges liegt und offensichtlich die chinesische Entsprechung von Shambhala ist (Abb. 2). Drei konzentrisch angeordnete Regionen sind in diesem Gemälde zu sehen, und die dritte und innerste entspricht dem magischen mittleren Reich im tibetischen Mandala. Eine Gruppe von ewig jungen Männern und Frauen sitzt gelassen im Vordergrund, in einem blühenden Garten der äußeren Region. Diese Menschen trinken Tee und unterhalten sich. Dann führt eine Treppe durch die Landschaft zu einem inneren Heiligtum, einer Art von Felshöhle, in der ein höherer Grad von Heiligkeit durch die Stille der kontemplativen Gestalten ausgedrückt wird, die in ihr stehen. Und noch höher, fast in den Wolken verborgen, schwebt der Palast von Hsi Wang Mu, der Königinmutter des Westens, die auch Kuan Yin oder Göttin der Gnade heißt. Aus frühen chinesischen Berichten wissen wir, dass ihr Palast auf dem höchsten Jadeberg im Kunlun-Gebirge steht, umgeben von goldenen Mauern und flankiert von einem Edelsteinsee. Die Transzendenz der königlichen Zone im Gegensatz zu der weltlichen Szene unten wird durch die ätherische Erhabenheit und die auf den Wolken schwebenden Gottheiten betont.

Dieses Bild stellt die aufsteigenden Bewusstseinsebenen dar, über die wir zum Verständnis des zentralen Mythos gelangen, und genau dieser Mythos ist der Schlüssel zur Sage von Shambhala. Aber das tibetisch-buddhistische Mandala und seine Kommentare sind noch eindeutiger. Sie zeigen die einzigartigen Bedingungen und verblüffenden Anweisungen, denen der Shambhala-Reisende gehorchen muss, wenn er jemals das Ziel seiner Suche erreichen will: Er unternimmt gleichzeitig eine innere mystische und eine äußere physische Reise durch ein ödes, felsiges Gebiet zu einem kosmischen Kraftspeicher, der im Zentrum der

*Abb. 2: Unsterbliche besuchen Xi Wang-Mu, die Göttin des Westens, in den Kunlun-Bergen. In der oberen linken Ecke sieht man ihren Palast auf den Wolken schweben.*

Erde verborgen liegt. Wir werden tatsächlich sehen, dass dieses Lotus-Mandala uns in vollkommener Einfachheit und Klarheit den wertvollsten Schlüssel zur Lage und Bedeutung von Shambhala und zum Weg dorthin bietet.

# 2

# DER MANDALA-SPIEGEL

Jahrtausende lang hat Shambhala für Zentralasien eine einigende Funktion gehabt; unter seinem Banner sind Kriege geführt und große spirituelle Bewegungen gegründet worden. Bis zur chinesischen Invasion war es das einende Band für die ganze tibetische Kultur. Für Tibet war es das Zentrum und die Basis seines religiösen Lebens. Die Lamas haben die Legende von Shambhala auf ewig im Symbol eines Mandala festgehalten, in dessen Herz der heilige Berg Meru liegt, der als das höchste einigende Prinzip des Kosmos gilt.

»Mandalas«, sagt Edward Conze, eine führende Kapazität auf dem Gebiet des Buddhismus, »sind eine besondere Form einer uralten Kosmosdarstellung, und zwar im Sinne eines lebendigen Prozesses, der sich aus einem Wesensprinzip entwickelt und rings um eine zentrale Achse, den Berg Sumeru, die Weltachse, rotiert. Dadurch können wir die Kräfte des Universums fesseln, beherrschen und auflösen, wir können eine Abkehr von all den illusorischen Dingen der Samsara-Welt bewirken und die Vereinigung mit dem Licht des einen absoluten Bewusstseins erlangen«.[1]

Mandala-Sandbilder und labyrinthische Steinzeichnungen sind ein universeller religiöser Ausdruck der frühen Menschheit, der in allen Teilen der Welt vorkommt, aber die raffinierten und fein ausgearbeiteten Kunstgegenstände, die Conze als Weihegegenstände des Hinduismus und des Buddhismus beschreibt, entwickelten sich in Zentralasien, einer Gegend, deren Kultur der Westen noch kaum angezapft hat. Es heißt, dass zahllose vergessene Städte unter dem Sand liegen, deren Künste, Handwerke und Quellen tiefen Wissens die Zivilisationen Indiens und Chinas nährten und groß werden ließen. Aber diese Gegend ist so sehr von den Spuren großer Migrationen und den Knochen toter Rassen bedeckt, dass ihr Vermächtnis nicht leicht zu lesen ist. Dort blühte der Buddhismus achthundert Jahre, bevor er Tibet erreichte, und der Taoismus begann im Kunlun-Gebirge oder vielleicht auch in einer der Oasen, die rings um das Tarim-Becken liegen. Seine mystische Metaphysik ging der des Industals mit all seinen Städten und der Shang-Dynastie des alten China voraus. Und in der tiefsten und esoterischsten Schicht dieser alten Wiege der Zivilisation begann die Entwicklung des Mandalas.

Die Vorstellung, dass solche mystischen Hilfsmittel für die Aufrechterhaltung der Zivilisation notwendig sind, ist mit der archaischen Auffassung verbunden, dass die Welt aus den gefrorenen mentalen Energien der Menschheit aufgebaut ist und deshalb von unserem *Glauben* aufrechterhalten wird. Wenn der *Glaube* sich ändert, so tut es auch die Welt. Wenn unser *Glaube* zusammenbricht, so bricht auch die Welt zusammen. Mandalas lieferten dem Yogi eine Möglichkeit, seine mentalen Energien ständig dem Werk der Schöpfung neu zu widmen. Aber sie sind auch ein Mittel der Lehre, durch das esoterisches Wissen in einer symbolischen Sprache übermittelt wird, die den Uneingeweihten undurchsichtig bleibt. Sie beleuchten gleichzeitig alle drei Ebenen der Wirklichkeit: die spirituelle, die psychische und die physische. Sie bieten dem Eingeweihten die Möglichkeit, mit einem Blick eine Übersicht über das Ganze zu gewinnen, das er mit den Begriffen einer jeden dieser drei Ebenen interpretieren kann. Dasselbe Prinzip der Entsprechungen wirkte auch in anderen sakralen Formen dieser Art in der Antike. Edouard Schuré, der französische Mystiker des 19. Jahrhunderts, weist darauf hin, dass die altägyptischen Priester eine Sprache hatten, die ihre Gedanken auf drei verschiedene Weisen gleichzeitig ausdrückte:

»Die erste war buchstäblich, die zweite symbolisch und bildlich, die dritte sakral und hieroglyphisch. Je nach Wunsch nahm derselbe Vorgang eine buchstäbliche, übertragene oder transzendente Bedeutung an. (...) Diese Sprache hatte für den Adepten eine einzigartige Ausdruckskraft, denn mit nur einem einzigen Zeichen evozierte sie die Prinzipien, Ursachen und Wirkungen, die aus dem Göttlichen in die blinde Natur, in das menschliche Bewusstsein und in die Welt des reinen Geistes strahlten. Durch diese Schrift konnten die Eingeweihten alle drei Welten gleichzeitig in einem Blick erfassen.«[2]

In derselben Weise besitzt das tibetisch-buddhistische achtblättrige Lotus-Mandala mit der Darstellung des verborgenen Königreiches in der Mitte eine mehrschichtige Funktion und kann auf dreierlei Weise interpretiert werden: geographisch, psychosomatisch oder metaphysisch. Wenn der Yogi mit Hilfe der Kalachakra-Texte und der verschiedenen alten Reiseführer über dieses Bild meditiert, so erkennt er es als magischen Spiegel, der die gleiche Wahrheit auf drei verschiedenen Ebenen reflektiert. Diese drei Dimensionen sind durch den Berg Meru, die Weltachse, vereint, die sie alle im Zentrum des Bildes schneidet und die der Schlüsselbegriff für die gesamte Shambhala-Mythologie ist. Allgemein gesprochen liegt der Zugang des Yogi zum Lotus-Mandala auf der mittleren Ebene: er sieht sie als psychosomatische Metapher, welche die Praxis bereichert und erleuchtet.

## Die Landschaft des mythischen Königreiches

Wie der Berg Meru, so vereint auch der König von Shambhala, der von seinem Palast im Zentrum seines Königreiches aus regiert, die drei Ebenen der Existenz. Die Hindus nennen diesen König Indra, den König der Götter, während nach tibetisch-buddhistischer Ansicht jeder König, der Jahrhunderte lang regiert, die Inkarnation eines wohl bekannten Bodhisattvas ist. In dieser Tradition war der erste buddhistische König Suchandra. Er reiste nach Indien, um die Kalachakra-Lehre von Gautama Buddha zu empfangen, und kehrte dann nach Shambhala zurück, um sie an sein Volk weiterzugeben. Die gängigere Version dieser Geschichte ist jedoch, dass das Kalachakra in Shambhala entstand und jeder Buddha dorthin reiste, um die Urlehren zu empfangen.

Dem Mythos zufolge ist dieses Königreich in der Form einer achtblättrigen Lotusblüte angelegt. Der heilige Berg erhebt sich im Zentrum eines Kreises von Schneebergen, die selbst wieder von einer weiteren Kette von Schneebergen umgeben sind, die einen übernatürlichen Glanz von sich geben. In einer Höhle im heiligen Berg oder auch auf seinem Gipfel liegt der Pagoden-Palast des Königs von Shambhala, der von den beiden Bergringen beschützt und von den Wohnstätten von Millionen von Göttern und Devas umgeben ist, die seine unmittelbaren Gefolgsleute sind. Der Palast des Monarchen ist der Mittelpunkt von Shambhala und liegt in einer Stadt namens Kalapa, die im Westen und Osten von zwei Seen flankiert wird, die mit Juwelen gefüllt sind; der eine hat die Form einer Mondsichel, der andere die eines Halbmondes. Im Norden befinden sich die Schreine von Heiligen und Gottheiten, und im Süden erbaute der erste König in einem wunderschönen Park von Sandelholzbäumen ein riesiges Mandala, um in ihm Kalachakra-Einweihungen zu erteilen.[3]

Innerhalb dieses mystischen Kreises befindet sich ein dreidimensionales Modell des Mandalas, das die eigentliche Bedeutung der Kalachakra-Lehre der Nicht-Dualität verkörpert, die im Buddhismus »Advaita« heißt. Advaita lehrt, dass Inneres und Äußeres keine Gegensätze sind, wie wir fälschlich glauben; es ist vielmehr so, dass die Kundala Shakti, die schöpferische Energie des Universums, sowohl Bewusstsein als auch Materie erzeugt und auf diese Weise die Seele der Menschheit und das materielle Universum vereint und zusammenhält. Dieses Corpus advaitischer Weisheit liegt im Zentrum von Shambhala und kann nur dort enthüllt werden.

In manchen Texten heißt es, dass die Lehren des Kalachakra in einem Ring von dreidimensionalen Mandalas aufbewahrt werden, die rings um den inneren Bereich von Shambhala erbaut wurden. Dort werden auch Einweihungen vollzogen. So besagt ein tibetisches Gebet, in dem der Wunsch nach einer Wiedergeburt in Shambhala ausgedrückt wird:

»Jedes Jahr bei Neumond im schwarzen Monat manifestiert der große König, der die Kraft der Verwirklichung besitzt, den Körper des allumfassenden Herrn, des ruhmreichen Lehrers, des Kalachakra selbst; und durch die Einweihungen lässt er das Bewusstsein seiner Schüler reifen.«[4]

Die Unterkönige der äußeren Region des Königreiches verfügen über magische Stäbe, die sie als »Besitzer der Macht des Geistes« auszeichnen und ihnen ermöglichen, in telepathischer Kommunikation mit der zentralen Befehlsgewalt und ihren eigenen Untertanen zu bleiben, und über allem liegt die leuchtende, körperlose Gegenwart der Schutzgottheit des Kalachakra, der »alles durchdringende Herr«. Er wird im Zentrum des Lotus-Mandalas durch die heiligen »Zehn Silben der Macht« dargestellt: *Om ha sva ha ksha ma la va ra yam.*[5] Diese sind in der tibetischen Ikonographie ein wichtiges Emblem, das über den Eingang von buddhistischen Klöstern als glückbringendes Symbol gemalt ist. Sie verkörpern das Klangprinzip, welches das sichtbare Universum erzeugt, und entsprechen dem schöpferischen »Wort« oder dem »Logos« der westlichen Metaphysik. Bernbaum sagt, dass die verschiedenen einzelnen Formen des Mandalas in der tibetisch-buddhistischen Methode der Visualisierung meist von der zentralen Silbe ausgehen und sich rings um diese gruppieren. »Am Ende der Meditation lösen sie sich wieder in diese Silbe auf, die zurück in die Leere entschwindet, aus der sie kam. Deshalb zeigt dieses Mandala im malerischen Detail alles, was in seinem Zentrum verborgen liegt.«[6]

Die heilige Silbe stellt, wie bereits erwähnt, die Kalachakra-Gottheit dar, die in der buddhistischen Überlieferung ein ruhmreicher Geist, ein kosmisches Wesen von jenseits der Erde ist, für das der König von Shambhala handelt. Aus alledem geht hervor, dass der Berg, der König und das Kalachakra Bestandteile eines einzigen transzendentalen Komplexes sind, der genau im Zentrum des verborgenen Landes liegt, und sie sind die letzten, die sich dem Verständnis des Suchenden ergeben.

Jeder König regiert mit der Unterstützung von zwei Beratern und wird als der Herrscher dieser und der nächsten Welt verehrt. Er besitzt Macht über das Schicksal aller Menschen auf der Erde. Deshalb wird er auch »König der Welt« genannt. Er ist von einer Schar von inkarnierten Göttern umgeben, die ihm bei seiner Arbeit helfen; er kennt die Geheimnisse des Lebens auf anderen Sternen und Sonnensystemen. Sein Palast ist ein juwelenverzierter Ort der Magie, der Tag und Nacht diamantartig funkelt. In dieser Zitadelle auf dem Berg Meru thront der König in Weisheit und Macht und entfernt sich niemals von ihr, denn das Wohlsein des ganzen Königreiches hängt davon ab, dass er sein Amt ohne Unterlass versieht. Er und seine Berater sind vollkommen erleuchtet, während die Bewohner der äußeren Zone noch auf dem Weg zur Vollkommenheit sind, auch wenn sie bereits weit fortgeschritten und imstande sind, in beiden Welten – auf der Ebene der materiellen Wirklichkeit und gleichzeitig auf einer höheren spirituellen Ebene – harmonisch zu leben. Diese Fähigkeit haben sie aufgrund der übernatürlichen Kräfte, die sie erlangt haben.

Jede der acht äußeren Zonen ist in zwölf Bezirke eingeteilt. Sie alle werden von Unterkönigen und Prinzen regiert, und jede Zone hat sich in einem bestimmten Zweig des Wissens (Medizin, Musik, Physik, Psychologie, Philosophie, Astronomie usw.) spezialisiert. Die Tibeter behaupten, sie hätten den größten Teil ihres medizinischen und kalendarischen Wissens sowie ihre okkulten Künste der Alchimie, der Astrologie, der Kontrolle über die Elementarkräfte der Natur und andere Bereiche ihrer Kultur aus Shambhala bezogen. So gibt es in den äußeren Regionen also große kulturelle Vielfalt, aber sie basiert auf Einheit, denn alle Bewohner studieren das Kalachakra und praktizieren sein Yoga, und alle 96 Unterkönige und Prinzen gehorchen dem großen König im Reich der Mitte.[7]

Die lamaistische Überlieferung behauptet, dass 27 buddhistische Könige in Shambhala regiert hätten und dass der gegenwärtige König den Thron im Jahre 1927 als Inkarnation von Manjushri, dem Bodhisattva der Weisheit, bestiegen habe. Man geht davon aus, dass er bis zum Jahre 2027 regieren wird. Während seiner bisherigen Herrschaftszeit erlebten Buddhismus und Kalachakra in Tibet, China, der Mongolei und anderen Teilen Asiens einen starken Niedergang, und zwar aufgrund der Invasion des

Islam und später des chinesischen Kommunismus. Aber Shambhala, so sagen die Lamas, hat die reine Lehre Buddhas unberührt von diesen katastrophalen äußeren Ereignissen erhalten. In der Herrschaftszeit des 32. Königs wird der große Krieger und Erlöser Rudra Chakrin, der »Zornige mit dem Rad«, an die Macht kommen, und er wird der Letzte seiner Linie sein. Mit seinen Armeen und mit der Macht des »Rades der Wahrheit« wird er die Feinde des Buddhismus besiegen, die zu dieser Zeit Shambhala erobert haben werden, und er wird in der ganzen Welt ein goldenes Zeitalter einleiten. Dies soll im Jahre 2327 stattfinden, aber die meisten Lamas sind der Meinung, dass nicht alle Könige hundert Jahre lang regiert haben und dass dieses apokalyptische Ereignis deshalb sehr bald stattfinden könnte.[8]

Den Anhängern der Bön-Religion zufolge hieß der erste König Shenrab. Im Jahre 16027 v. u. Z. bestieg er den Thron von Olmolungring, einem Land, das die Bönpo im Nordwesten von Tibet lokalisieren, irgendwo in den Bergen zwischen Samarkand und Alma Ata. Dann brachte Shenrab die heilige Lehre des Landes über die Berge und Wüsten zum Berg Kailasch in Tibet. Dort wurde eine große Bön-Schule gegründet, deren noch erhaltene lamaistische Form der schamanistische Friedhofskult des Dzog Chen ist. Danach kehrte Shenrab in sein eigenes Land zurück und setzte dort eine spirituelle Linie von Königen ein, die bis zum heutigen Tag die Geheimlehren erhalten hat.[9]

Im Gegensatz zur buddhistischen Version ist die Bönpo-Darstellung von Olmolungring quadratisch angeordnet, und die äußere Zone ist in acht Rechtecke aufgeteilt (Abb. 3). Ferner gibt es im buddhistischen Mandala nur zwei Regionen, eine äußere und eine innere, und der König und seine Höflinge beherrschen die innere Zone so sehr, dass man den Berg Meru manchmal gar nicht sieht. Aber im Bön-Mandala, das ja einer älteren ikonographischen Tradition entstammt, gibt es drei unterschiedliche, ineinander liegende Zonen, und der Berg Meru erhebt sich einsam und majestätisch in der dritten Zone im Innersten des Königreiches. Es ist ein Berg mit neun Ebenen, welche die neun Ebenen im kosmischen Spektrum des Seins symbolisieren. Insofern drückt das Bön-Bild deut-

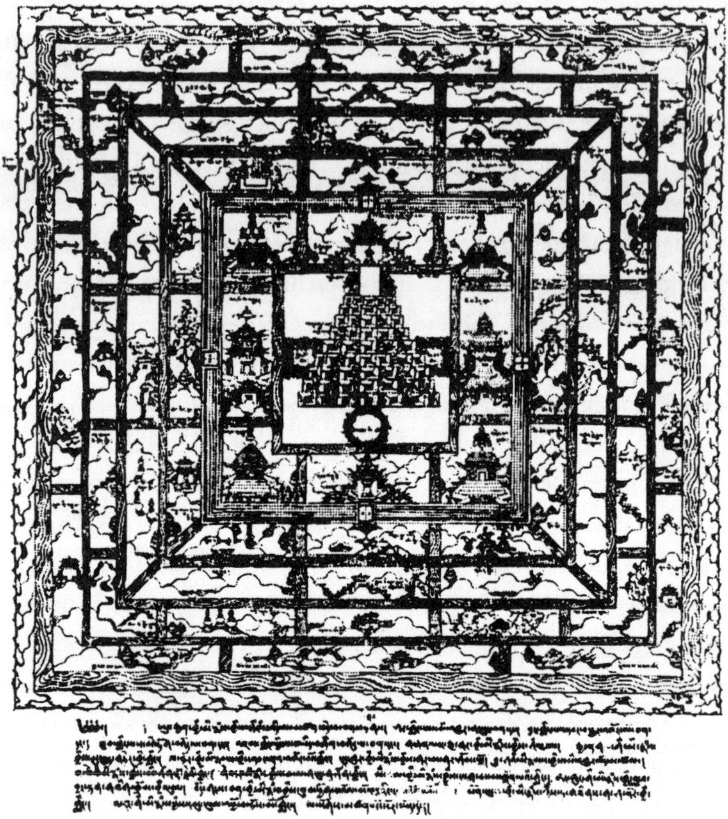

*Abb. 3: Olmolungring, das heilige Bön-Königreich, mit dem neunfach gestuften Berg Meru in der Mitte. Das Ganze ist von einem Viereck aus schneebedeckten Bergen umgeben. In der Inschrift am unteren Rand des Bildes wird Shambhala als einer der Namen von Olmolungring genannt.*

licher als das buddhistische Bild das dreifache Wesen des Kosmos als spirituelles, psychisches und physisches Reich aus und verdeutlicht dadurch, weshalb der König von Shambhala auch »König der drei Welten« genannt wird.

## Shambhala und Tantra Yoga

Am interessantesten sind die Beschreibungen des verborgenen paradiesischen Königreiches in Begriffen, die unmittelbar der Ikonographie des Kundalini Yoga entlehnt sind, jenem System, das dem Kalachakra den Ruf verschafft hat, die mächtigste und geheimste tantrische Disziplin der Welt zu sein. Zwischen dem tantrischen Yoga und Shambhala besteht eine enge Beziehung: Bezeichnungen und Bedeutungen Shambhalas, ja sogar sein Grundriss selbst, lehnen sich eng an das System der psychosomatischen Energiebahnen an, die der Yogi in seinem eigenen Körper visualisieren kann. Diese Beziehung ist eine äußerst merkwürdige Entdeckung und lässt vermuten, dass Shambhala nicht in all seiner Tiefe verstanden werden kann, wenn man nicht auch die grundlegenden Begriffe der Kundalini-Wissenschaft versteht, die ja selbst ihre Wurzeln im verborgenen Königreich haben soll.

Das Chakrensystem (Abb. 4), das eine Reflexion des Drüsensystems im menschlichen Körper ist, ist mittlerweile so bekannt, dass es nicht mehr erklärt zu werden braucht. Wahrscheinlich wurde es bereits in uralten Zeiten entdeckt und durch Hellsichtigkeit erforscht, um dann von Meisterschamanen aus Zentralasien systematisiert zu werden – lange bevor die alphabetisierten Zivilisationen entstanden.

Barbara Ann Brennan, eine hellsichtige Heilerin, die als Ärztin und Psychotherapeutin ausgebildet ist, beschreibt die Chakren als kegelförmige Energiewirbel, die aus einer Reihe von kleineren Energiekegeln bestehen (den sogenannten Lotusblütenblättern) und in einem vielschichtigen Energiefeld liegen, das den physischen Körper umgibt und durchdringt. Dieses allumfassende Feld besteht aus sieben Schwingungsebenen, die den sieben Hauptchakren entsprechen, und jede von ihnen ist ebenso differenziert aufgebaut wie der physische Körper; alle sieben Ebenen nehmen zur gleichen Zeit den gleichen Raum ein. Jede von ihnen reicht etwa 60 bis 90 Zentimeter über die Körperoberfläche hinaus.

In diesem Aurafeld, so sagt Brennan, »gibt es einen vertikalen Energiefluss, der an der Wirbelsäule auf und ab pulsiert. Er reicht über

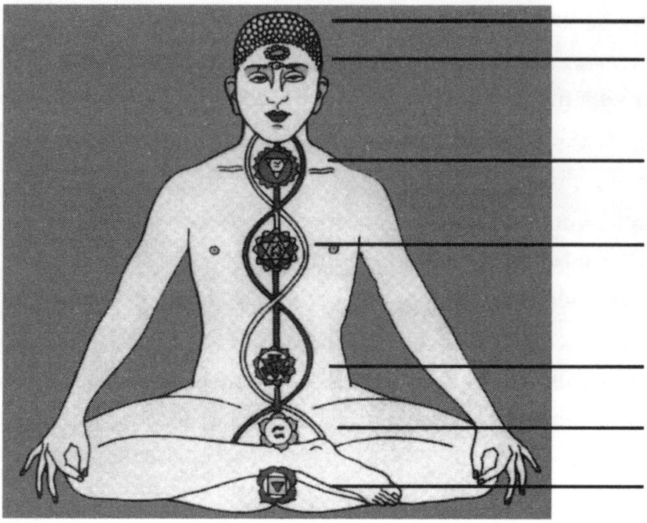


*Abb. 4: Das Chakrensystem*

dem Kopf und unter dem Steißbein über den physischen Körper hinaus«.[10] Die Spitzen der kegelförmig wirbelnden Chakren zeigen nach innen auf diesen senkrechten Energiestrom, und ihre offenen Enden reichen bis an den Rand der Schicht des Energiefeldes, in der sie liegen. Die Anzahl der Blütenblätter in jedem Chakra zeigt seine Position und Wertigkeit im ganzen Chakrenkomplex an und offenbart sofort die Eigenschaften, die dem jeweiligen Energiezentrum innewohnen.

Der vierblättrige Wurzellotus an der Basis der Wirbelsäule, das *muladhara*-Chakra, heißt Erdzentrum. Dort schläft die universelle schöpferische Energie, die bei Hindus und Buddhisten *kundalini shakti* heißt. Sie ist in sich selbst eingerollt wie eine Schlange, bis sie durch Yoga-Methoden erweckt wird und dann an der Wirbelsäule emporsteigt und dabei die verschiedenen Lotusblüten (Chakren) durchdringt und die höheren Ebenen nacheinander aktiviert. Das persönliche Ich regiert die drei unteren Zentren; wenn die Kundalini das Herz-Zentrum *anahata* erreicht, erwacht die Seele und betritt den richtigen spirituellen Weg. Von nun an kommt das höhere Selbst des Yogi zur Wirkung, das seine verborgenen Kräfte entfesselt, bis der höchste, tausendblättrige Lotus – *sahasrara* – auf dem Scheitel durchdrungen wird. Im *sahasrara*, dem Himmelszentrum, wird die Seligkeit des höchsten Bewusstseins gewonnen. Eine umfassende Untersuchung dieses feinen Energiesystems, das innerhalb des physischen Körpers liegt, aber von ihm unterschieden ist, findet man in Arthur Avalons (Sir John Woodroffes) Buch *The Serpent Power*.[11]

Und nun können wir erkennen, dass die Bedeutungen und Bezeichnungen innerhalb von Shambhala denen des Kundalini-Yoga gleichen. Kalapas zwei Seen besitzen die Halb- oder Sichelmond-Form, wie sie auch im Querschnitt der *nadis* oder Nervenkanäle auftaucht, die der Yogi in seinem eigenen Körper während der Meditation wahrnimmt. In der Polarität seiner Physiologie – Fruchtbarkeit und Lebensenergien im unteren Teil und kognitive Fähigkeiten im oberen Teil seines Körpers – taucht auch der Grundriss von Shambhala wieder auf: Die Sandelbaumhaine liegen im Süden, die Heiligtümer der Götter im Norden. Ferner entspricht die Gliederung des Königreiches im Ganzen dem der Lotusblüte. Das ist auch die Blume, nach der die Chakren im Energiesystem des Yogi benannt sind. Wie die Lotusblume, so weist auch das Königreich eine Reihe von kleineren Blütenblättern in seinem Inneren auf.

Es ist wohl bekannt, dass die Lotusblume wahrscheinlich wegen ihrer Reinheit, ihrer berauschenden Eigenschaften und ihrer Ähnlichkeit mit der blütenblättrigen und radförmigen Struktur der Chakren als Symbol für sie gewählt wurde; außerdem öffnet und schließt sie sich in ungewöhnlich sensibler Reaktion auf äußere Reize. In der tibetischen und chinesischen Kunst werden Buddhas und Bodhisattvas manchmal auf einem Lotus sitzend oder stehend abgebildet. Dies bedeutet, dass sie von den Leidenschaften der Welt unbefleckt sind, ebenso wie die Lotusblume nicht durch den Schlamm beschmutzt ist, aus dem sie hervorwächst. Jamblichus, einem Magier und Philosophen aus dem 4. Jahrhundert, ist der Lotus eine vollkommene Gestalt, da seine Blätter, Blüten und Früchte ebenso kreisförmig angelegt sind wie die Chakren. All diese Eigenschaften werden auch Shambhala zugeordnet.

Die achtblättrige Lotusblüte ist ein Symbol des Herzchakras (obwohl dieses manchmal auch mit zwölf Blütenblättern dargestellt wird)[12] und gilt in den meisten Tantras und vor allem im Kalachakra als das wichtigste Zentrum im psychosomatischen System wie auch als Sitz der Seele. Die Upanishaden sagen, dass das göttliche Selbst, »das alles versteht und dessen Ruhm sich im Universum manifestiert, im Lotus des Herzens lebt«.[13] Im *anahata*-Chakra wird der *Innere Lehrer*, das *Höhere Selbst* durch den Aufstieg der Kundalini-Energie aktiviert und lässt im Leben des betreffenden Individuums den Geist der Weisheit, des Mitgefühls, der Wahrheit und Wohltätigkeit entstehen. Dementsprechend blühen auch in Shambhala alle menschlichen Tugenden; es wird auch Sitz der Weltseele, Wohnort des *Großen Lehrers* und wahrer Eingang zum spirituellen Weg genannt.

Und schließlich ist auch der Name des heiligen Berges aus der Yoga-Physiologie entlehnt. Im Sanskrit ist *meru* oder manchmal auch *merudanda* die über das Rückgrat bis zum Gehirn verlaufende Achse des menschlichen Körpers, das Rückgrat selbst oder der Zauberstab, durch den die Kundalini-Energie verläuft und alle Chakren wie ein Faden verbindet, der durch eine Perlenkette läuft.[14] Und da die Kundalini-Energie im Tantra-Yoga als kosmische Lebenskraft betrachtet wird, die alles erzeugt und erhält, ist *meru* nicht nur der zentrale Stützpfeiler des Körpers, sondern auch sein schöpferisches Zentrum und seine Lebensquelle.

Der Gipfel des kosmischen Berges, sagt Mircea Eliade,

»(...) ist nicht nur der höchste Punkt der Erde, sondern auch der Nabel der Erde, der Punkt, an dem die Schöpfung ihren Ursprung nahm. Es gibt selbst in sehr frühen Gesellschaften Beispiele, in denen kosmologische Traditionen die Symbolik des Zentrums in Begriffen erklären, die durchaus der Embryologie entlehnt sein könnten. Das Heilige erschuf die Welt wie einen Embryo. Und wie der Embryo vom Nabel aus wächst, so begann Gott die Welt von ihrem Nabel aus zu erschaffen, und von dort breitete sie sich in alle Richtungen aus.«[15]

Das tibetische Yoga verwendet in Bezug auf Shambhala die gleiche Symbolik. Der Berg Meru wird als Nabel und Mittelachse, als Quelle des Lebens, der Macht und der Regierung des Landes betrachtet, und seine Energie erstreckt sich von der Mitte in die acht äußeren Zonen und von dort aus in die ganze Welt.

Obwohl der Yogi theoretisch glaubt, dass er durch die Visualisierung der achtblättrigen Lotusgestalt von Shambhala während seiner Meditation schließlich zur Heimat des Kalachakra und damit zur eigentlichen Essenz seiner Lehren geführt werden kann, ist seine Orientierung in der Praxis hauptsächlich psychologisch geworden:

»Um die verborgene Bedeutung von Shambhala aufzudecken, müssen wir erkennen, wie die in den Texten beschriebene physische Version das Wesen der beiden anderen (der psychischen und spirituellen) Versionen widerspiegelt. Das innere (psychische) Königreich gilt als das wichtigste unter den drei Reichen: Wenn ein Yogi es durch die Ausübung der Kalachakra-Methoden finden kann, so wird er das Bewusstsein besitzen, das erforderlich ist, um das physische und das spirituelle Königreich zu sehen.«[16]

Wenn der Yogi seinen Körper als Mikrokosmos des Universums betrachtet, so kann er sich das Mandala innerhalb seines Körpers vorstellen, und Shambhala liegt dabei im Herzchakra in der Mitte des Energiesystems der Wirbelsäule. Dort und in jedem der übersinnlichen Energiezentren, die als lotusförmige Mandalas visualisiert werden, können ihm die Schutzgottheiten des Kosmos im Zustand der Meditation erscheinen. Von diesen Gottheiten kommt in Übereinstimmung mit den Gesetzen der Analogie die göttliche Kraft, die seine tieferen Bewusstseinsebenen erweckt und ihn für die Erleuchtung öffnet.

In dieser Sichtweise wird das souveräne Selbst, das alles überwinden und bewältigen kann, in den Mythos eines großen Königs gekleidet, der über ein verborgenes Königreich herrscht. Im Zentrum des Lotus der inneren Zone von Shambhala liegt wie in einer Festung das Juwel des innersten Geistes, der nicht von Unwissenheit umwölkt und nicht von Leidenschaften verdüstert ist, das »mit der diamantartigen Klarheit des allertiefsten Bewusstseins funkelt – des Bewusstseins vom absoluten Wesen der Wirklichkeit selbst«.[17] Die Lamas betrachten die acht äußeren Zonen des Königreiches als Darstellung der acht Entwicklungsstufen des Geistes oder der acht Bewusstseinszustände, über die die Meditation während des yogischen *sadhana*, oftmals mit großen Schmerzen und Kämpfen, nach innen bis zum Dharma-Chakra des Herzens gelangt und schließlich das strahlende Bewusstsein der Erleuchtung enthüllt. Wenn man dieses Mandala als Abbildung des *anahata*-Chakra deutet, geht daraus hervor, dass der einzige Weg nach Shambhala durch Übungsmethoden führt, die auf radikale Weise das Herz reinigen. Aber dies sagt uns nur wenig über Shambhala als wirklich existierenden Ort auf der Erdoberfläche. Das Mandala dient nur als nützliche Metapher für das übergeordnete Selbst, das im Körper des Yogi weilt.

Aber die ältere Sekte der Rotmützen, eine spirituelle Linie der Nyingmapa Lamas, die von Guru Padma Sambhava gegründet wurde und als erste den Buddhismus nach Tibet brachte, hat dazu beigetragen, dass die vorbuddhistischen Bön-Lehren in ihrer ursprünglichen Reinheit erhalten blieben; in ihnen war Shambhalas geographische Wirklichkeit eines der wichtigsten Grundelemente. Die mystische Weisheit dieser *Uralten*, wie sie oft genannt werden, ist in Tibet und in der Mongolei sprichwörtlich, und viele gelehrte Tibeter glauben, dass sie sogar ein Vorposten von Shambhala selbst sind. Aber alle tibetisch-buddhistischen Schulen, einschließlich der Gelbmützen-Sekte des Dalai Lama, ehren die Lehren von Shambhala und ihr mystisch-magisches Glaubenssystem.

## Die Reise eines Lama nach Shambhala

Bernbaum erwähnt in seinem Buch eine Erzählung über einen Traum oder eine Vision von einer Reise in das heilige Königreich, die ihm von Garje K'ham-tul Rinpoche übermittelt wurde, einem inkarnierten Lama der Nyingmapa-Sekte, der gegenwärtig in Indien lebt. K'hamtul selbst glaubt fest, dass seine nächtliche Reise nicht übersinnlicher Natur, sondern ganz real war und ihn zu einem ebenso realen Ort führte, dessen Name »Shambhala« lautete, wie ihm mitgeteilt wurde. Der Lama, der gegenwärtig im *Council of Religious and Cultural Affairs* des Dalai Lama in Dharamsala arbeitet, erzählte Bernbaum, dass dieses Ereignis im Jahre 1948 stattgefunden habe, als er noch ein junger Mönch im Alter von einundzwanzig Jahren war.

Und dies ist seine Erzählung:

Er schlief eines Nachts nach einer Zeit der Zurückgezogenheit auf einem heiligen Berg in Tibet, als er den Ruf vernahm, nach Shambhala zu gehen, obwohl er damals noch nicht wusste, was das war. Sein Führer erschien in der Gestalt eines jungen indischen Mädchens, das ihn bat, aufzuwachen und mit ihm zu kommen, da sein Lama mit ihm zu sprechen wünsche. K'hamtul war überrascht und sagte, er wolle nicht mit ihr gehen. »Du bist eine ganz normale Frau, die nur Baumwollkleidung trägt, nichts Besonderes. Du machst auf mich keinen Eindruck«, antwortete er. Als sie ihm aber magische Zeichen an ihren Händen, ihren Füßen und ihrem Gesicht zeigte, willigte er ein, sie zu begleiten. Sie schnalzte mit den Fingern, und schon fühlte er, wie sein physischer Körper hinwegschmolz, obwohl er noch immer denken konnte. Dann nahm das Mädchen ihn in die Hand und verschluckte ihn.

Der erste Teil der Reise, auf die sich K'hamtul nun begab, fand in gewissem Sinne auf einer übersinnlichen Ebene statt, denn er war sich bewusst, dass er in den Körper der Erlöserin Tara hineingezogen und dann Schritt für Schritt gereinigt wurde, indem er nacheinander Einweihungen in jedem einzelnen Chakra der Göttin durchlief. Nachdem er alle Energiezentren Taras durchlaufen hatte und durch ihr Geschlechtsorgan wieder aus ihrem Körper ausgetreten war, fühlte er sich sehr merkwürdig, so, als habe er überhaupt keinen Körper. »Mein Bewusstsein war angenehm klar und gedankenlos. Es schien, als könnte ich überall hingehen, ohne die Füße zu bewegen.« Diese seltsame reinigende und stärkende Erfahrung bereitete ihn offensichtlich auf den Rest der Reise vor.

Nun nahm ihn seine Führerin an der Hand, und sie flogen in den Himmel. Sie machte ihn auf die verschiedenen Länder unter ihnen aufmerksam. Er, der niemals zuvor Tibet verlassen oder Karten anderer Länder betrachtet hatte, sah nun zum ersten Mal die geographischen Umrisse von Indien, Ceylon, China, Japan, Nepal und anderen kleineren Ländern, die unter ihm ausgebreitet lagen. Sie flogen über die Nordgrenze von Tibet, ließen schneebedeckte Gipfel hinter sich und sahen Länder und Berge verschiedener Farben, die mit Gold und kostbaren Juwelen, mit Diamanten, Rubinen, Smaragden und Saphiren gefüllt waren; offensichtlich waren mythische Elemente in die Landschaft aufgenommen worden, als K'hamtuls Wahrnehmungsvermögen mit spiritueller Kraft gespeist wurde.

Schließlich kamen sie zu einem Land, das von Schneebergen umringt war und in dem viele Städte lagen, die durch Seen und Flüsse voneinander getrennt waren. Dies war offenbar ihr Ziel, aber K'hamtul wusste noch immer nicht den Namen des Landes, viel weniger den Grund, weshalb sie sich dorthin begaben. Die Felsen bestanden aus Kristall, Silber, Korallen und anderen kostbaren Stoffen, und er sah Blumen, wie er sie noch nie zuvor auf den Wiesen hatte blühen sehen. Im Zentrum dieses Landes befand sich ein großer See, und an seinem Ufer erhob sich ein Palast mit einem goldglänzenden Dach. Nach verschiedenen Einweihungsritualen betraten K'hamtul und seine Führerin den Palast an der Ostseite, wie es Eingeweihte tun, wenn sie bei der Meditation in ein Mandala eintreten. Im Inneren war der Palast riesig groß – eine geheime, türkisfarbene Welt, die in der Ferne in eine Naturlandschaft auslief. »An einigen Stellen sah ich Sand, an anderen Quellen«, sagte K'hamtul.

In einiger Entfernung sah er ein großes blaues Pferd geduldig warten. Dies war Tamchog Mahabala, eine Emanation der Buddhaschaft, die auf ihren Reiter, den nächsten König von Shambhala, wartete. Einige Prophezeiungen sagten, dass der große Erlöser und Avatar Rudra Chakrin bald auf diesem magischen Ross, dessen Name »Große Willenskraft« bedeutet, daherreiten werde, um die letzte große Schlacht gegen die Kräfte des Bösen zu schlagen.

Als der Mönch die Westseite des Palastes hinter sich gelassen hatte, erreichte er den Palast des Lamas. Seiner Beschreibung zufolge glich dieses Gebäude einem tibetischen Kloster mit einem großen Hof, ähnlich jenem, in dem in seinem eigenen Land religiöse Diskussionen stattfinden. Er erklomm eine Treppe, die mit schwarzem und weißem Marmor getäfelt war, und trat dann in den Palast ein. Nun stand er in einer großen Halle, an deren entgegengesetztem Ende sich ein Sakralraum befand. In der Mitte dieses Raumes stand ein goldener Thron, der – wie in Tibet – von acht Löwen getragen wurde. Auf diesem Thron saß ein Lama, den K'hamtul niemals zuvor gesehen hatte.

Dieser Lama war alt und hatte eine gebräunte ledrige Haut; er hielt eine Gebetskette und rezitierte das *Om mani padma hum.* Als K'hamtul aber Zweifel in Bezug auf seine Legitimation anmeldete, verwandelte sich der alte Mann in den Bodhisattva Avalokiteshvara mit vier Händen. Die beiden mittleren waren zum Gebet gefaltet, von den beiden anderen Händen hielt die rechte eine Gebetskette mit Kristallperlen, die linke eine Lotusblüte. In dieser beruhigend göttlichen Gestalt führte der Lama dann den jungen Mönch in die gesamte Meditation von Avalokiteshvara ein, und zwar von den Anfangsübungen bis zu denjenigen, die ihm letztendlich die Erleuchtung bringen würden. Ferner gab er ihm ein besonderes Mantra, das er wiederholen sollte, sowie viele andere spirituelle Lehren und Ratschläge. Dann prophezeite der Lama in poetischer Weise das Ende des Buddhismus in Tibet, die Erhebung gegen die Chinesen, die sehr bald in Osttibet stattfinden würde, sowie die Veränderungen, die sich als Folge davon in allen drei Religionen ereignen würden. Er sagte, dass K'hamtul sein Heimatland im Alter von dreißig Jahren würde verlassen müssen, und er befahl dem jungen Mann, diese Neuigkeiten mit nach Hause zu nehmen, um auch andere auf das Ende des alten Tibet vorzubereiten. Er sollte seinen Brüdern auch mitteilen, dass der Krieg von Shambhala kommen und Tibet dereinst seine Freiheit zurückerhalten werde.

Zuletzt segnete der alte Mann K'hamtul, indem er beide Hände auf dessen Kopf legte und sagte: »Jetzt kannst du umhergehen und dieses Land betrachten, aber dann musst du wieder nach Hause gehen. Wenn du dann sechzig oder siebzig bist, wirst du hier wiedergeboren werden. Bete darum, und ich will auch darum beten.«

K'hamtul fragte ihn: »Welches Land ist das?«

Der Lama antwortete: »Dies ist Shambhala. Behalte alles, was ich dir gesagt habe, im Gedächtnis. Vergiss nichts davon.«

Und dann wurde K'hamtul auf demselben Weg, den er gekommen war, zurückgeführt. Er trat wieder in seinen Körper ein und wachte dann auf.[18]

Die Geburt der New-Age-Bewegung in den sechziger Jahren wurde von Erlebnissen begleitet, die dem von K'hamtul glichen, auch wenn sie meist weniger dramatisch verliefen. Damals berichteten viele junge Amerikaner davon, dass sie nachts in einem visionären Bewusstseinszustand nach Shambhala oder zu einem Shambhala ähnlichen Ort getragen wurden, an dem ihnen spirituelle Einweihungen zuteil wurden. Diese jungen Menschen gehörten verschiedenen oder auch gar keiner religiösen Glaubensrichtung an, sie waren nicht in tibetischer Tradition geschult und sprachen dennoch davon, dass sie zu einem Zentrum spirituellen Trainings gebracht wurden, das an einem geheimen Ort in Asien lag. Dort sei ihnen mitgeteilt worden, dass sie im Laufe der kommenden Weltereignisse eine Rolle zu spielen hätten.[19]

Vielleicht gehen viele Menschen im Schlaf auf solche spirituellen Reisen, ohne sich danach an sie zu erinnern und ohne sich dessen bewusst zu werden, dass sie eine kraftvolle Verbindung mit einem asiatischen Einweihungszentrum haben. Ein solches unbewusstes Training unter der Leitung von fortgeschrittenen Lehrern könnte scheinbar spontanen Wissenserweiterungen, Fällen von prophetischen Einsichten, neuen Kräften und einem Gefühl spirituellen Erwachens zugrunde liegen, wie es heute so viele Menschen erleben. Möglicherweise – und dies ist auch der Tenor dieses Buches – ist tatsächlich eine solche kollektive, nächtliche Programmierung für jene plötzliche und unerklärliche kulturelle Metamorphose verantwortlich, die in den sechziger Jahren als weltweites Phänomen begann und die noch immer anhält.

## Können wir Shambhala auf der Landkarte lokalisieren?

Diese eben genannte Idee entspricht auch der vielschichtigen Symbolik des Shambhala-Mandalas, in dem die Tradition eine sehr reale geographisch-okkulte Bedeutung vermutet. Zum Beispiel spricht der Kanjur-Text – die früheste aller tibetisch-buddhistischen Abhandlungen über dieses Thema – von Shambhala nur als einem runden Zentrum, von dem acht Straßen nach außen laufen, an deren Ende Wachtposten stehen.

In der megalithischen Kunst war das Rad mit den acht Speichen einstmals ein Sonnensymbol und bezog sich auf einen neolithischen Kalender, der das Jahr in acht verschiedene Sonnenstände unterteilte.[20] Die Kunst zeigt, dass diese Art des Rades ein wichtiger Teil der weltweiten Ikonographie der Sonnenreligion war, die sich von Zentralasien ausbreitete und aus der sich die buddhistische Symbolik unmittelbar ableitet.

In den Kalachakra-Texten zeigt ein Mandala den Berg Meru in der Mitte der Welt, von vier Kontinenten umgeben. Eine Deutung dieses Emblems wird von Bernbaum angeboten: Wenn der Yogi dieses Mandala in seinem Körper visualisiert, so identifiziert er den Berg Meru mit seinem Rückgrat und die vier umliegenden Kontinente mit seinen vier Gliedmaßen. Aber wir müssen über solche Beziehungen hinausgehen, wenn wir in die volle Bedeutung des achtblättrigen Emblems eindringen wollen. Denn trotz seiner Yoga-Symbolik lässt es eine unmittelbare geographische Bedeutung vermuten, die ihm wahrscheinlich ursprünglich auch zugrunde lag. Es ist sicherlich kein Zufall, dass dieses lotusförmige Mandala mit seinen vier oder acht Blütenblättern auf einer sehr pragmatischen Ebene eine getreue Wiedergabe der ethno-religiösen Topographie der gebirgigen Teile Asiens mit ihrem verschlungenen Ensemble von schneebedeckten Bergketten, von Flusssystemen und acht ethnischen Kulturgebieten ist – nämlich Sibirien, Mongolei, China, Tibet, Kaschmir/Indien, Afghanistan, Turkestan und Kasachstan (wobei das letztere zum alten Reich der Skythen gehörte). Alle acht Teile sind durch die physische Gestalt des Landes definiert.

Obwohl jedes dieser ethnischen Gebiete seine eigenen religiösen Glaubensvorstellungen und seine Kultur erhalten hat, können wir unter dieser Schicht Hinweise auf eine allen gemeinsame Ideologie finden, die in jeder dieser Kulturen auf eine gemeinsame Quelle in Shambhala zurückgeführt wird. So beschrieb Nicholas Roerich eine ungewöhnliche Flagge, die er in einem tibetischen Kloster hängen sah. Sie zeigte den König von Shambhala, Rigden Jye-Po, in der Mitte und rings um ihn die Vertreter der verschiedenen Religionen der umliegenden Nationen. »Da gab es einen Mann aus Ladakh mit seinem hohen schwarzen Hut, mehrere Chinesen mit ihrer runden, von einer roten Kugel gekrönten Kopfbedeckung. An einer Stelle war ein Hindu mit seinen weißen Gewändern, dort ein Moslem mit einem weißen Turban, hier Kirgisen, Burjäten und Kalmücken, und dort Mongolen in ihrer charakteristischen Kleidung.« Alle huldigten dem König, fährt Roerich fort, alle verehrten ihn als Mittelpunkt ihres Glaubens und »boten ihm die besten Geschenke ihres jeweiligen Landes dar«.[21]

Roerich erkannte, dass die Lehre von Shambhala die Religionen all dieser Kulturen in erstaunlicher Weise beeinflusste und ihnen eine innere mystische Bedeutung verlieh, die sie alle transzendierte. Die Prophezeiungen, die gemeinsamen Legenden und Traditionen von Shambhala und die geistigen Ziele, die mit der Suche nach diesem Land verbunden waren, beschäftigen die Völker jeden Glaubens in einer für Roerich sehr eindrucksvollen Weise. Wenn er mit seinen Begleitern um die nächtlichen Lagerfeuer saß und die tiefe und von Gefahren erfüllte Dunkelheit der Wüste rings um sich erlebte, war Shambhala mit seinem göttlichen König ein immer wieder auftauchendes und endlos faszinierendes Thema. Das Lied von Shambhala ertönte immer und immer wieder inmitten der Lieder all dieser Religionen, und jede Nacht, in der Roerichs Lastenträger das Lager bewachten, lautete die Parole »Shambhala«. Er selbst hegte nicht den geringsten Zweifel, dass die Autorität von Shambhala über all diese Völker ganz real war und dass sein esoterischer Zauber sie zu einem Kranz verschiedener Glaubensformen verwoben hatte, die sich in der Art eines achtblättrigen Mandalas über die Gebirgszüge Asiens breiteten.

Die Religionen des Ostens sind uns im Laufe der letzten zwei oder drei Jahrhunderte geläufiger geworden, und dennoch wissen wir so wenig über die Tradition von Shambhala, dass nur wenige jemals das Ausmaß zur Kenntnis nehmen, in dem seine spirituelle Überlieferung als Grundlage für sie alle dient. In dieser wie in manch anderer Hinsicht liefert uns das Lotus-Mandala als Darstellung des verborgenen Königreiches eine kodierte Information, die auf das Ganze des geographisch-kulturellen Gebietes von Innerasien passt, und daran können selbst die Kultureinflüsse und Grenzverschiebungen nichts ändern, die durch den russischen und chinesischen Kommunismus sowie eine partielle Islamisierung in Gang gesetzt wurden.

3

# EIN KRANZ VON RELIGIONEN

Im Laufe der Jahrhunderte haben Reisende, die Innerasien durchquerten, immer wieder von der geistigen Ausstrahlung gesprochen, die über diesem ganzen Gebiet liegt. In den einsamen, hoch gelegenen Tälern, in der Härte der steinigen, endlosen Ebenen, Hunderte von Meilen von bewohnten Gegenden entfernt, sind immer unsichtbare Kräfte zugegen. Ein chinesischer Reisender des 19. Jahrhunderts sagte: »Man kann schrilles Pfeifen oder laute Schreie geradezu hören; und wenn man zu entdecken versucht, woher sie kommen, erschrickt man, wenn man dann nichts findet.«[1] Die Berge, so erklärte Roerich, lassen lange, nachhallende Klänge wie aus einem Muschelhorn ertönen, obwohl sich kein Kloster in der Nähe befindet; jenseits der Lagerfeuer drängen sich nachts Hunderte von Geistwesen. Manche Menschen empfanden mit Schrecken oder Ehrfurcht eine geheimnisvolle numinose Gegenwart, die sie dem unsichtbaren Wirken von Shambhala zuschrieben.

Ferdinand Ossendowski schrieb zu Beginn des 20. Jahrhunderts, dass es Augenblicke in seinen Reisen durch die Mongolei gab, in denen Männer und Tiere reglos und schweigend innehielten, als ob sie lauschten. Die Vögel flogen nicht, die Murmeltiere rannten nicht, und die Hunde bellten nicht. »Erde und Himmel hörten auf zu atmen. Der Wind blies nicht, die Sonne bewegte sich nicht. (...) Alle Lebewesen wurden, ohne es zu wollen, ins Gebet geworfen und harrten ihres Schicksals.«[2]

»So war es immer«, erklärte ein alter mongolischer Schafhirte und Jäger, »und zwar immer dann, wenn der König der Welt in seinem unterirdischen Palast betet und das Schicksal aller Völker auf der Erde erforscht.« Denn in Shambhala, so sagte er, »leben die unsichtbaren Herrscher aller frommen Völker, der König der Welt oder Brahatma, der mit Gott so sprechen kann wie ich mit Ihnen, und ferner seine zwei Diener: Mahatma, der die Ziele zukünftiger Ereignisse kennt, und Mahinga, der die Ursachen dieser Ereignisse kontrolliert. (...) Er kennt alle Kräfte der Welt und liest alle Seelen der Menschheit und das große Buch ihres Schicksals. Unsichtbar regiert er achthundert Millionen Menschen auf der Oberfläche der Erde, und sie werden jeden seiner Befehle befolgen«.[3]

Nicht nur in der Mongolei, sondern in jedem Teil Zentralasiens übt Shambhala – auch noch in der säkularen, postkommunistischen Zeit – einen sehr greifbaren Einfluss aus, der alle Unterschiede von Ort, Rasse und Religion transzendiert. Vor allem in den abgelegeneren, bergigen Regionen Innerasiens, die noch kaum in die moderne Zeit eingetreten sind, werden die Geschichten und Lieder von Shambhala und all die zahlreichen Legenden über den König der Welt, seine Prophezeiungen und seine Armeen, seine göttlichen Helfer und seine heiligen Zeremonien in den unterirdischen Höhlen, die durch ganz Zentralasien laufen sollen, immer und immer wieder erzählt und gesungen, und die Menschen vermischen sie mit Legenden über Maitreya und den Krieger und Erlöserkönig Gesar Khan, den Heldenkönig der Mongolen. Große Mythen, die die Welt verändern, sind in dieser eigentümlichen Umgebung entstanden.

Die Hochgebirge Zentralasiens wurden auch als Nabel der Welt bezeichnet, als Befehlszentrale Asiens. Es gibt noch immer weite Gebiete, die noch nie erforscht wurden; geheime Täler, die von heißen Quellen gespeist werden und wie üppige, grüne, paradiesische Oasen inmitten der eisigen Öde der Gletscher und Schneefelder liegen; kartographisch noch nicht erfasste Pässe und gefahrvolle Höhenwege, die Ausblicke auf grüne Wiesen, Flüsse und blühende Urwälder in tief liegenden Tälern gewähren. Aus der Vogelperspektive erkennt man die eigenartig zerklüftete Oberfläche des Landes. Diese ist eine Folge der Auffaltung, die daher rührt, dass

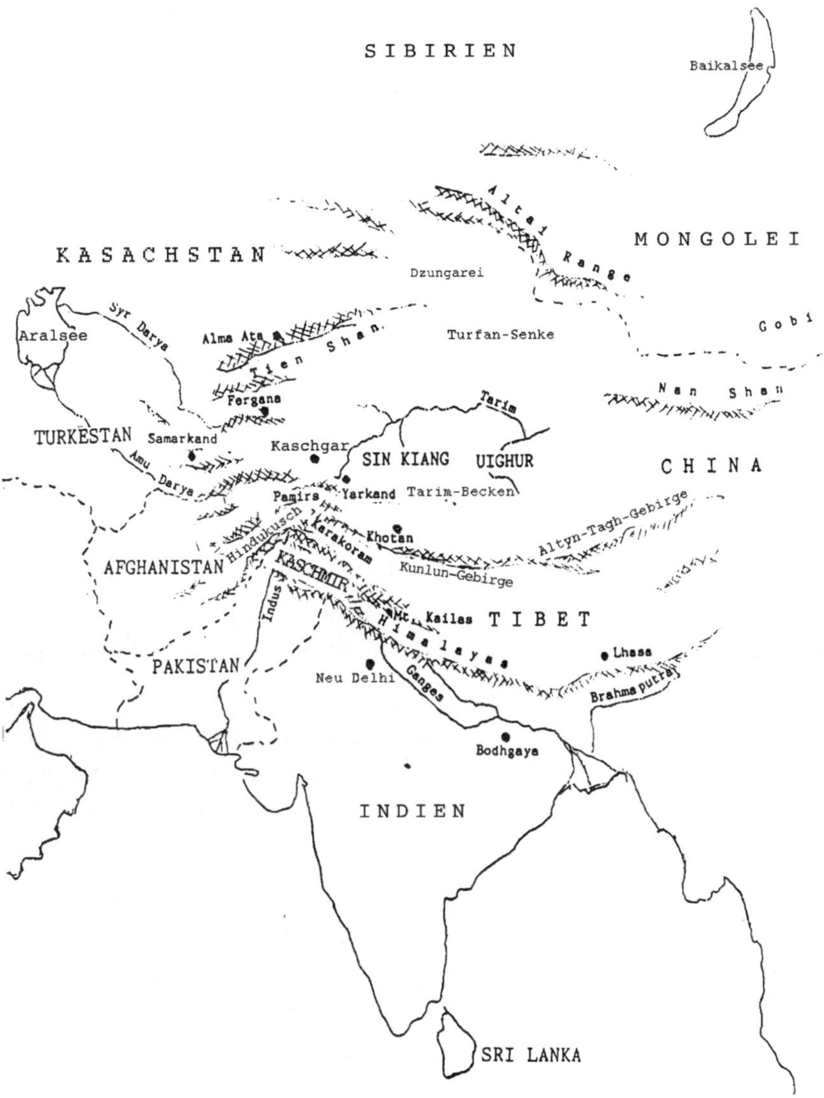


*Abb. 5: Karte von Zentralasien und Indien*

die indische Subkontinentalplatte auf die innerasiatische Platte drückt (Abb. 5). Jenseits des Transhimalaya und der tibetischen Hochebene erstreckt sich ein riesiges Gebiet von Wüsten und weiteren Bergrücken (den höchsten der Welt) in elliptischer Form nach Norden bis zu den großen sibirischen Wäldern. Entlang der Nordgrenze von Tibet erheben sich die Kunlun-Berge, und dahinter zieht sich das Altyn-Tagh-Gebirge östlich vom Nan-Shan-Gebirge und der Wüste Gobi nordwärts. Noch weiter im Norden finden wir in Südsibirien das Altai-Gebirge, und im Westen des Altai liegen die Tien-Shan-Berge Turkestans. Weiter im Süden überragt der Knoten des Pamir-Gebirges ganz Afghanistan und trifft auf den Hindukusch, das Karakorum-Gebirge nördlich von Kaschmir und den westlichen Ausläufer des Kunlun-Gebirges.

Innerhalb der Arme dieser großen Bergmassen befinden sich weitere Bergketten, die von Flusssystemen durchbrochen werden, und dieser ganze Komplex umschließt das Tarim-Becken und die Takla-Makan-Wüste, die verbotene Wüste der Xinjiang-Provinz in Westchina, wie auch das Becken der Dzungarei, die Turfan-Senke und einen Teil der Wüste Gobi. Den meisten zuverlässigen Quellen zufolge liegt Shambhala, wenn es überhaupt existiert, innerhalb dieser Umrisse. Bernbaum sagt: »Dieses riesige Gebiet, das nur dünn besiedelt und durch seine geographischen und politischen Barrieren abgeschnitten ist, ist noch immer der geheimnisvollste Teil Asiens, eine ungeheure Leere, in der fast alles verlorengegangen sein kann und darauf wartet, gefunden zu werden.«[4] Er erwähnt auch verborgene Täler, die den Tibetern heilig sind und eng mit Shambhala in Verbindung gebracht werden: geschützte Täler, die für die menschliche Besiedlung geeignet wären, doch sie sind isoliert, unbewohnt und fast unzugänglich, da sie in Klüften zwischen hoch aufragenden Bergen liegen, deren Wände bis in kaum vorstellbare Tiefen zum Talboden abfallen; dem Reisenden bleiben sie wegen des dichten Baumbestandes fast vollkommen verborgen.

Ein Lama erzählte Roerich:

»Inmitten der hohen Berge gibt es eingeschlossene Täler, deren Existenz man nicht vermuten würde. Viele heiße Quellen nähren eine üppige Vegetation. Auf diesem ungewöhnlich vulkanischen Boden gedeihen viele seltene Pflanzen und medizinische Kräuter. Vielleicht haben Sie auf den Hochebenen heiße Geysire bemerkt. Vielleicht haben Sie gehört, dass es nur zwei Tagereisen von Nagchu entfernt, wo man nicht einen einzigen Baum, nicht eine einzige Pflanze entdecken kann, ein Tal mit Bäumen, Gras und warmem Wasser gibt. Wer soll die Labyrinthe dieser Berge kennen?«[5]

Bei den Sherpas und anderen Menschen dieser Region ranken sich viele Legenden um diese Orte. Reiseführer erklären, welche persönlichen Eigenschaften vonnöten sind, um sie zu finden, und das sind auch genau diejenigen, die man braucht, um Shambhala zu entdecken: Die Suchenden müssen einen starken Charakter haben, in der Meditation geschult sein, sie müssen warten können, bis sie gerufen werden, und sie müssen ihre Suche zur richtigen Zeit beginnen, denn die heiligen Orte sind für profane Menschen verschlossen.

Die Legenden über die verborgenen Täler sind ein eigenes Genre spiritueller Literatur. Sie gehören zur geheimnisvollen Tradition der *termas* oder »verborgenen Schätze«. Dies sind zumeist sakrale Texte oder magische Objekte, die in den Tälern verborgen liegen und vielleicht erst Jahrhunderte später von einem *tertön* entdeckt werden. Ein *tertön* ist jene Person, der bestimmt ist, den Schatz zu finden; sie wird bereits zu dem Zeitpunkt schriftlich festgelegt, an dem der Text versteckt wird. Sie ist auch die einzige Person, die diesen Text finden kann. Nur sie wird von den himmlischen Mächten zur rechten Zeit an den richtigen Ort geführt werden. Die *terma*-Tradition ist bei den meisten Völkern bekannt, von den alten Ägyptern bis zu den Kelten und den Azteken, aber bei den Tibetern kennen wir sie am besten.

Den *Uralten* der Nyingmapa-Sekte zufolge versteckten Padma Sambhava und seine Gefährtin Yeshe Tsogyel, die selbst ebenfalls eine spirituelle Adeptin war, viele solcher Schätze für zukünftige Generationen. Meist nahm Yeshe Tsogyel die Lehren ihres Herrn und versteckte sie in »Diamantfelsen, in geheimnisvollen Seen und in festen Kisten«[6], und zwar in heiligen Tälern, die dann magisch verschlossen wurden; und damit sie nicht durch die falschen Personen entdeckt werden konnten, wurden Geister – die sogenannten *tetsung* – beschworen, sie zu bewachen, bis die Zeit des richtigen Suchenden angebrochen ist. Die Texte, die auf diese Weise durch Padma Sambhavas übernatürliche Kraft in Felsen, Strömen, Bäumen und selbst im Himmel versteckt wurden, bilden die Basis vieler religiöser Lehren und Methoden der Nyingmapa-Sekte. Dazu gehört auch das Tibetische Totenbuch oder *Bardo Thödol*.

Einige dieser verborgenen Täler versiegelte Padma Sambhava und machte sie zu Heiligtümern für das tibetische Volk, wenn es von Krieg oder Eroberung bedroht war. Auch sie mussten von einer bestimmten Person, einem namentlich genannten *tertön,* geöffnet werden, bevor sie genutzt werden konnten. »Jedes Tal«, berichtet Bernbaum, »soll zu einer ganz bestimmten Zeit geöffnet werden, um Menschen vor dem Aufruhr der Außenwelt zu schützen. (...) Einige Täler haben ihre Bestimmung bereits erfüllt, andere dagegen warten auf eine Zukunft, in der Kriege alle Spuren von Religion zerstören werden.«[7] Und tatsächlich haben Tibeter in der Vergangenheit und vielleicht auch noch in unserer Zeit in abgelegenen Bergtälern Sicherheit gefunden.

## Auf der Suche nach dem Berg Meru mit seinen neun Ebenen

Die *terma*-Tradition, die den Weg nach Shambhala weist, ist nur eines der zahlreichen Geheimnisse, die mit Zentralasien verbunden sind. Diese Region war immer eine Station auf langen Wanderungen und seit undenklichen Zeiten ein Schmelztiegel der Kulturen. Völker und Zivilisationen durchquerten wüstenartige Gebiete, die einstmals fruchtbare Landstriche waren. Weltreligionen wurden in ihren Bergen geboren, ihre heiligen Plätze bewahrten die tiefsten Geheimnisse des Geistes, und in vielen Traditionen heißt es, dass die *Söhne der Sonne* von diesem Schnittpunkt der Kulturen aus ihre Missionsreisen antraten und die Sonnenreligion in jeden Winkel der Erde brachten. Hier, in den Steppen des heutigen Kasachstan und Südsibiriens, ritzte eine schamanische Kultur, die bis in die Eiszeit zurückreicht, das erste bekannte Mandala auf Mammut-Elfenbein;

dem bekannten russischen Ethnologen Ivar Lissner zufolge entwickelte sich diese Kultur auch im prähistorischen Kernland des Altai-Gebirges. In einer Welt, die von der Mythologie der Berge, in denen Götter weilen, bestimmt wurde, umschließt die Kosmologie des altaischen Schamanen eine sakrale Bergwelt, deren Name – Sumyr, Sumbyr oder Subur – dem Namen des mythischen Berges Meru, der auch Sumeru genannt wird, klanglich ähnelt.[8]

Und hier in Innerasien liegt auch der Ursprungsort der indischen Heldenepen, des Mahabharata und des Ramayana. Im Tarim-Becken, so glauben die Gelehrten, lag Uttarakuru oder »Nord-Kuru«, eine Variante von Shambhala, die das Mahabharata als das selige Land der Weisen beschreibt, zu dem Arjuna, der Krieger-Prinz der Bhagavad-Gita reiste, um dort die Erleuchtung zu erlangen. Nord-Kuru ist ein wundersamer Ort, an dem magische Obstbäume den Nektar der Unsterblichkeit spenden; es ist der Sage nach eine der vier Regionen, die den Berg Meru wie die vier Blütenblätter eines Lotus umgeben und außerdem die Wohnstätte der Siddhas, erleuchteter indischer Yogis, die für ihre wunderbaren tantrischen Kräfte berühmt sind. »Die Menschen dieses Landes«, sagt das Mahabharata, »sind frei von Krankheit und immer heiter. Sie leben zehntausend und zehnmal hundert Jahre, mein König, und sie lassen einander niemals im Stich.«[9]

Zu einem Bergparadies am östlichen Ende des Kunlun-Gebirges reiste auch der chinesische Philosoph Lao Tse vor 2500 Jahren, nachdem er seine Lebenszeit im fernen chinesischen Reich verbracht hatte. Er kehrte zur Quelle der taoistischen Religion, seines Volkes und seiner Zivilisation zurück. Denn es gibt eine Legende, dass das erste Menschenpaar, Nu und Ku, das Adam und Eva in der jüdisch-christlichen Tradition entspricht, im Land von Hsi Wang Mu, der Königinmutter des Westens, geboren wurde und dass die *Söhne des Himmels* im dritten Jahrtausend v. u. Z. ihre Kultur von diesem Ort höchster Erleuchtung nach China brachten.[10]

Es heißt, dass der Juwelenpalast von Hsi Wang Mu mit seinen neun Stockwerken auf dem Gipfel eines Jadeberges im Kunlun-Gebirge steht, und dieser Jadeberg wird in der Legende mit dem Berg Meru gleichgesetzt. Dort oben wächst im Palastgarten der Pfirsichbaum der Unsterblichkeit, der nur alle sechstausend Jahre blüht. Männern und Frauen von großer Tugend und großem Wissen, Weisen wie Lao Tse ist es erlaubt, von seinen Früchten zu essen und in vollkommenem Glück in diesem Heiligtum zu weilen und dadurch unsterblich zu werden. »Man kann Musik aus unsichtbaren Instrumenten hören und an der Quelle des ewigen Lebens das Elixier der Jugend trinken«, sagt die chinesische Folklore. »An diesem Ort gibt es die ›Felder der Zufriedenheit‹. Die Menschen ernähren sich von den Eiern des Vogels Phönix und trinken süßen Tau. Alles, was sie sich wünschen, liegt für sie bereit.«[11]

Jede der religiösen Traditionen Asiens identifiziert einen anderen Berg mit dem Berg Meru, und er muss nicht einmal notwendigerweise in dem jeweils eigenen ethnischen Gebiet liegen. Die Chinesen verehren zum Beispiel einen Gipfel im Kunlun-Gebirge, der weit außerhalb der Grenzen des chinesischen Reiches liegt, während der heilige Berg der indischen Yogis weit im Norden Indiens liegt. Bei den Tibetern glauben einige Yogis – darunter auch der dritte Panchen Lama –, der Berg Kailash, der sich majestätisch als einzelner und höchster Gipfel aus der Bergkette des Transhimalaya erhebt, könne der heilige Berg Meru sein, aber die meisten glauben, er liege außerhalb von Tibet.

Der Kailash ist ein vollkommen symmetrischer Berg, dessen vier von Eis und Schnee bedeckte Hänge in die vier Himmelsrichtungen weisen. Er trägt eine riesige natürliche Swastika, das Symbol der Mittelachse, auf seinem Südhang. Von den Bönpo wird er als der heilige *Swastika-Berg mit seinen neun Stockwerken* bezeichnet, und er besitzt einzigartige geographische und geologische Eigenschaften. Er ist die Quelle der vier großen Flüsse – Indus, Sutlej, Ganges und Brahmaputra –, die nach Meinung der Hindus die Welt reinigen.[12] Er ist das Mekka zahlloser Hindus, Buddhisten und jainistischer Pilger, die ihn Kang Rimpoche («Schneejuwel«) nennen und als die Wohnstätte des Gottes Shiva betrachten. Deshalb waren die Höhlen in seinen Hängen von meditierenden Yogis besiedelt, bevor die chinesische Invasion dem ein Ende machte.

Auch Lama Anagarika Govinda, ein bekannter buddhistischer Gelehrter aus dem Westen, setzte den Kailash mit dem Berg Meru gleich:

»Ob der Kailash nun als ›Thron der Götter‹ und ›Wohnstätte von Shiva und Parvati‹ oder als das ›Mandala der Dhyani-Buddhas und Bodhisattvas‹ oder als ›Meru‹, das spirituelle und physische Zentrum der Welt bezeichnet wird, immer beruht das, was in den symbolischen Sprachen verschiedener Traditionen ausgedrückt wird, auf der Erfahrung einer höheren Wirklichkeit. Und diese wird durch eine merkwürdige Kombination von natürlichen und spirituellen Phänomenen übermittelt, denen sich auch Menschen nicht entziehen können, die sich nicht nach religiösen Glaubensvorstellungen richten. Wie ein riesiger Tempel, der sich in regelmäßigen Schichten von waagrechten Simsen und in vollkommener Symmetrie erhebt, bildet der Kailash das Zentrum des Daches der Welt, das Herz des größten Tempels, den Sitz der kosmischen Kräfte, die Achse, welche die Erde mit dem Universum verbindet, die höchste Antenne für das Hereinströmen und Ausfließen der spirituellen Energien unseres Planeten.«[13]

Auch wenn die transzendentalen Eigenschaften, die dem Kailash zugeschrieben werden, denen des Berges Meru ähneln, sprechen die Anleitungen, die in den Reiseführern den Weg zum heiligen Königreich weisen, ausnahmslos von einer Gegend im Nordwesten des Berges Kailash außerhalb der Nordgrenze Tibets. S. K. Ali, der eine umfangreiche Untersuchung über die Geographie von Puran veröffentlicht hat, nennt den großen Pamir-Knoten als Sitz des Berges Meru, während die Kirgisen den Muztagh Ata, einen riesigen, pyramidenförmigen Berg, für diese Rolle ausersehen haben. Wie der Kailash ist er von Eis und Schnee bedeckt und ragt über alle anderen Gipfel im Pamir-Gebirge hinaus.[14] Die sibirischen Schamanen wiederum verehren den Berg Belucha, den höchsten Berg im Altai-Gebirge, als heilige Wohnstätte der Götter.

## Eine Oase religiösen Friedens

Diese Fülle von Religionen, die Shambhala umgeben, entstand in einem Land, das für die einzigartige spirituelle Kraft seiner heiligen Männer berühmt ist. Immer wieder sind in diesen Gebirgsfestungen Innerasiens spirituelle Traditionen entstanden, und die Weisen, Heiligen und Magier haben bei der Bevölkerung unsterbliche Legenden ins Leben gerufen: die Siddha- und Shiva-Yogis aus Indien, die taoistischen *hsien-jen* oder mystischen Bergmenschen Chinas, die Khwajagan-Sufis aus Turkestan, die Nyingmapa und die Dzog Chen-Yogis aus Tibet und der Mongolei, die Magier aus Afghanistan sowie die Schamanenherrscher aus Südsibirien. Sagen und Legenden, in denen diese Gemeinschaften ins Reich der Götter versetzt wurden, haben sich über lange Zeiträume gehalten und den Aufstieg und Fall von zahllosen weltlichen Königreichen überlebt. Ihre verborgenen Einweihungszentren wurden von Aspiranten aller Länder aufgesucht und in den Volkstraditionen der Welt mythologisiert. Nirgendwo sonst auf der Erde blühte eine Aristokratie des Geistes so dauerhaft und in so tiefer Isolation wie hier in Innerasien, und hier müssen wir auch nach den letzten Antworten auf das Rätsel von Shambhala suchen.

In diesem Gebiet liegen Klöster und religiöse Siedlungen verschiedenster Glaubensrichtungen – manchmal Hunderte von Kilometern voneinander entfernt – in den Falten der Gebirgsklüfte, in warmen, fruchtbaren Tälern und Oasen verborgen, und ihre Ausbildungszentren sind für die äußere Welt so sehr verschlossen, dass selbst ihre Existenz überrascht. Hier lebten Gemeinschaften vieler verschiedener spiritueller Traditionen viele Jahrhunderte lang abgeschlossen und unbehelligt von äußeren Störungen: Schamanen, Buddhisten, Taoisten, Hindus, Magier, Bönpo, Manichäer, Zoroastrier, Gnostiker, nestorianische Christen, Sufis – und sie alle waren in der Lage, ihre spirituellen, philosophischen oder wissenschaftlichen Ziele in friedvollem Zusammenleben zu verfolgen. Der esoterischen Tradition zufolge verschmolzen sie zu einem dauerhaften Organismus, der – in den Worten des Mystikers Karl Eckartshausen, der im 18. Jahrhundert lebte – »vor der Welt verborgen und nur der Herrschaft des Göttlichen unterworfen ist«.[15]

Vom 17. Jahrhundert an haben lamaistische Texte die Angriffe der »Barbaren« erwähnt und auf die Religionskämpfe verwiesen, die in Asien wüteten, als der Vormarsch der Moslems und (in geringerem Maße) der nestorianischen Christen und anderer den Buddhismus zerstörten, wo immer sie ihn antrafen. Dieselben Texte haben die Bestrafung verkündet, die diesen gottlosen Barbaren bevorstehe, wenn dereinst der große Kriegerkönig Gesar mit seinen mächtigen Horden aus Shambhala hervorreitet, um die dämonischen Kräfte des Bösen zu besiegen.[16] Aber wie Tomas, so sagt auch der britische Philosoph und Mathematiker J. G. Bennett, dass in Xinjiang, dem Kernland Innerasiens, moslemische Sufis Jahrhunderte lang in Harmonie mit den Lamas lebten und viele ihrer Lehren und tiefer gehenden tantrischen Methoden mit ihnen teilten. Im Altai-Gebirge besuchte Roerich eine Gruppe von Altgläubigen, eine mystische christliche Sekte, die in ihrem Heimatland von der russischen orthodoxen Kirche verfolgt wurde und in guter Freundschaft mit ihren schamanischen Nachbarn lebte. Juden, Zoroastrier und Gnostiker haben gleichermaßen in den Ausläufern der asiatischen Berge inmitten von Gemeinschaften anderer Glaubensrichtungen freundlichen Schutz gefunden.

Diese Oase des Friedens existiert noch immer. Die verschiedenen kleinen spirituellen Gemeinschaften leben die höchsten Ideale religiöser Bruderschaft vor und sind in weitem Umkreis für ihre Milde, Toleranz, Menschlichkeit und die Bewahrung okkulter Methoden geachtet, die aus einem Wissen über physikalische Gesetze stammen, die der Wissenschaft unbekannt sind. Zwar ist jede dieser Gemeinschaften ihrer eigenen religiösen Tradition treu und folgt ihren eigenen geheiligten Regeln, Lehren, Vorschriften und liturgischen Bräuchen, aber die Esoteriker sind der Meinung, dass alle im Tiefsten eine geheime innere Spiritualität verbindet, die der äußeren Welt niemals geoffenbart wird. Manche Esoteriker behaupten auch, dass diese Bruderschaften im Geheimen als Kader einer unsichtbaren Hierarchie fungieren und für den Dienst an der Welt unter einer einzigen zentralen Befehlsgewalt stehen. In dieser Weise entsprechen sie Shambhalas acht äußeren Königreichen, von denen jedes seine eigene Tradition und Hierarchie besitzt, dennoch aber durch eine übergeordnete spirituelle Autorität mit den anderen verbunden ist.

Es wurde versucht, das verborgene Paradies mit dem einen oder anderen der kleinen, inzwischen vergessenen und zerstörten Königreiche zu identifizieren, die in verschiedenen Teilen Innerasiens blühten – etwa mit einem der griechischen Königreiche von Baktrien, die Alexander der Große hinterließ, oder mit dem Kuschan-Reich, das dem der Griechen folgte, oder mit dem uigurischen Königreich Kocho, das von den Türken in der Turfan-Senke im Süden der Tien-Shan-Berge errichtet wurde. Als weitere Möglichkeit wurde genannt, dass ein Ring von kleinen Königreichen, darunter Kaschgar, Yarkand und Khotan, die einst in den fruchtbaren Oasen rings um das Tarim-Becken blühten, ein Modell für den Mythos von Shambhala geliefert haben könnte. Der Orientalist Helmut Hoffman schlug ein vergessenes Königreich im Ferghana-Tal in der Nähe des Pamir-Gebirges vor, das dem Reich Olmolungring entsprechen soll.[17] Der westliche Gelehrte Wolfgang Bauer wiederum ist der Meinung, dass das mythische Königreich Hsi Wang Mu vielleicht einem kleinen chinesischen Land nachgebildet sein könne, das inzwischen verschwunden ist und nur seinen Namen hinterlassen hat.[18]

Doch Shambhala war niemals ein gewöhnliches, politisch geformtes, weltliches Königreich. Vielmehr entspricht seine äußere Region, wie bereits erwähnt, dem Netzwerk der spirituellen Orden, das sich noch immer über das gesamte Gebiet der hoch liegenden Teile Innerasiens erstreckt und eine Art von Zusammenschluss von halbautonomen Körperschaften unter einer einzigen mystischen Leitung darstellt.

Bernbaum drückt es so aus:

»Vielleicht verbirgt sich der historische Ort Shambhala hinter seiner Offensichtlichkeit und wird einfach deshalb übersehen, weil er die gesamte Region von Zentralasien darstellt. (...) Insofern könnte Shambhala eine Geheimgesellschaft sein, deren Mitglieder über ganz Asien verstreut sind.«[19]

Wenn die Bewohner von Shambhala tatsächlich so verstreut sind, ist es kaum verwunderlich, dass Pilger, die es besucht haben wollen, so viele verschiedene Richtungen angeben oder dass die Angaben von Forschern und Theoretikern so sehr voneinander abweichen. Die Äußerung des namhaften buddhistischen Gelehrten und Entdeckers Giuseppe Tucci, der die Erwartung aussprach, dass man Shambhala in der Gegend des Altyn Tagh finden werde, stünde dann nicht mehr im Gegensatz zu Alexandra David-Neels ebenso fester Meinung, die sie nach ihren langen Reisen in Zentralasien äußerte und die auch der afghanische Sufi Idries Schah teilt, dass es mit Balkh, der uralten »Mutter der Städte« in Afghanistan identisch sei, die von Dschingis Khan zerstört wurde. Sie wäre auch vereinbar mit dem durch gute Argumente gestützten Forschungsergebnis von Geoffrey Ashe – dargestellt in seinem Buch *The Ancient Wisdom* –, dass es auf dem Berg Belukha oder in dessen Nähe im Altai-Gebirge liege. Es scheint also, dass sowohl das taoistische Kloster im östlichen Kunlun-Gebirge, die Sufi-Siedlung Sarmun in Afghanistan, die Dzog-Chen-Schule auf den Hängen des Kailash oder Muztagh Ata, das buddhistische Kloster in einer Oase des Tarim-Beckens, als auch das manichäische Zentrum im Ferghana-Tal zu diesem geheimen Königreich gehören. Wenn ein Moslem sich gerufen fühlt, so geht er zu einem Derwisch-Zentrum vielleicht im Hindukusch oder im Tien-Shan-Gebirge, ein hinduistischer Yogi begibt sich zu einem Kloster im westlichen Kunlun-Gebirge, ein Schamane zum Altai-Gebirge. Und doch gehen sie alle nach Shambhala. Denn Shambhala liegt innerhalb der Mauern der Bruderschaften.

Zeitgenössische Sufi-Veröffentlichungen sprechen davon, dass wir eines Tages entdecken werden, dass diese Siedlungen nicht nach dem Zufallsprinzip verstreut sind, sondern auf den Umrisslinien eines riesigen Mandala angeordnet sind und auf diese Weise die Gebirge von Zentralasien in die tradierte Mandala-Vorstellung von Shambhala einfassen. Im Jahre 1960 notierte der amerikanische Reiseschriftsteller Peter King, dass es in Nuristan (früher Kafiristan), einer Gegend Afghanistans, die in der Nähe des Hindukusch liegt, Sufiklöster gibt, die für Fremde fast unzugänglich sind. Sie wurden in einem Kreis rings um einen noch unzugänglicheren inneren Kreis von Klöstern oder Ausbildungszentren erbaut, die zu einem Volk gehören, über das wir fast nichts wissen, das aber in Verbindung mit dem Sufismus steht. Am unzugänglichsten Ort befindet sich das *merkez* oder Kraftzentrum dieser inneren Meister, aber niemand gibt Auskunft, wie es beschaffen ist.[20]

Die Afghanen behaupten, der gefeierte armenische Magier und spirituelle Lehrer Gurdijeff sei der einzige Außenstehende gewesen, dem es erlaubt war, in den äußeren Ring der Sufi-Zentren einzutreten und sich dort von Bahauddin Nakshband, einem der äußeren Meister, ausbilden zu lassen. Doch über die Eingeweihten in den zentralen Festungen »erzählt niemand einem Außenstehenden mehr, als dass ihre Klöster existieren«.[21] Bei den Afghanen heißen die Eingeweihten »Volk der Tradition«, und man glaubt, dass sie mit außerirdischen Intelligenzen in Berührung stehen und die Wächter der geheimen Traditionen sind, die allen Religionen und jeglicher menschlichen Entwicklung zugrunde liegen. J. G. Bennett, der eng mit dem Sufismus verbunden war, glaubte, dass sie einen inneren Kreis der Menschheit bilden, und prägte für sie die Bezeichnung »Die geheime Weltregierung«.

Peter Kings Bericht stellt uns eine Art dreidimensionales Mandala vor, das die Sufi-Hierarchie ausdrückt und uns an das dreidimensionale Mandala erinnert, das der erste König von Shambhala in einem Park am südlichen Ende der mythischen Stadt Kapala erbauen ließ. Auch dieses Mandala verkörperte die Essenz der tiefsten spirituellen Lehren, die der Menschheit bekannt sind, und es verdichtete sich zu einem transzendentalen Zentrum, das von Gottheiten bewohnt war. Die Sufi-Hierarchie, an deren Spitze der *Qutub* (»die Achse«) und seine zwei Assistenten stehen, weist viele gemeinsame Züge mit Shambhala auf und könnte in seiner Struktur sogar den anderen ethnisch-religiösen Orden Innerasiens gleichen, wie auch der Sufi-Autor Ernest Scott vermutet.[22]

## Shambhala – ein Ring von spirituellen Kraftzentren?

Die Annahme, dass ein riesiges natürliches Mandala bewusst und absichtlich über diese ganze Region gebreitet ist, mag unwahrscheinlich klingen, aber sie liegt durchaus im Geiste der traditionellen Gesellschaften der Antike. Alle Niederlassungen, sagt der englische Kabbalist und Autor John Michell, entstehen als kosmologische Anordnungen, die im Mikrokosmos die Ordnung des Himmels darstellen oder der Ordnung des Lebens und dem Muster des menschlichen Geistes entsprechen. »Die Spuren, die Menschen auf dem Boden hinterlassen, spiegeln das Denken der jeweiligen Zeit.«[23] Deshalb finden wir überall auf der Erde Reste von Städten, Palästen und Tempeln, die nach metaphysischen Prinzipien in Mandala-Form angelegt wurden. Dies diente auch praktischen Zwecken, die mit der Kontrolle und Vermehrung irdischer und himmlischer Kräfte zu tun hatten.

Meist wurden diese lebendigen Mandalas als Bild des kreisförmigen Universums der antiken Kosmologie angelegt, in dessen Zentrum ein großer Festungsfelsen oder ein künstlicher Hügel stand, der das Himmelsgebirge, die Weltachse und den Kanon des ewigen Gesetzes bildete. Denn in der metaphysischen Sprache, so sagt Michell, »verkörpert der Berg den Zustand der Vision; im dynamischen Sinne ist er ein Energiegenerator, der heiligen Wahnsinn oder Prophetie ermöglicht, und deshalb liefert er nach den Gesetzen der Analogie die richtige Bühne für Propheten und Prediger«.[24]

Viele andere antike Städte und Dörfer wurden nach den Prinzipien des keltischen Kreuzes oder des Sonnenrades erbaut. Mit der Ausbreitung der Sonnenreligion, die den größten Teil der bekannten Welt zivilisierte, richteten sich Tempel und Paläste immer mehr nach solaren Prinzipien. Für solare Gesellschaften, sagt Michell, »enthält der Palast die solare Kraft des Kaisers, und wie in allen Herrschaftssitzen in der ganzen Welt nähert man sich ihm über lange, gerade Straßen, welche die Energie durch das ganze Königreich leiten und gleichzeitig auch die Abgaben und Tribute der Bevölkerung in das Zentrum ziehen«.[25] So wurde etwa Versailles, der Sitz des französischen Sonnenkönigs, wie ein Rad als solares Zentrum angeordnet. Und tatsächlich war im Fernen Osten und in Afrika der heilige Monarch mit seiner solaren Macht, die er den Menschen übermittelte, eine universelle Institution. In beiden Teilen Amerikas regierte er als »Große Sonne« von einem Observatoriums-Tempel aus, der auf einem Hügel oder einer Pyramide in der Mitte des Maya-Königreiches stand.

Noch bedeutsamer aber ist die Entdeckung, die vor kurzem in Rennes-le-Château in Südfrankreich gemacht wurde: Dort stieß man auf ein riesiges Gebilde, das sich kilometerweit durch die Landschaft zieht

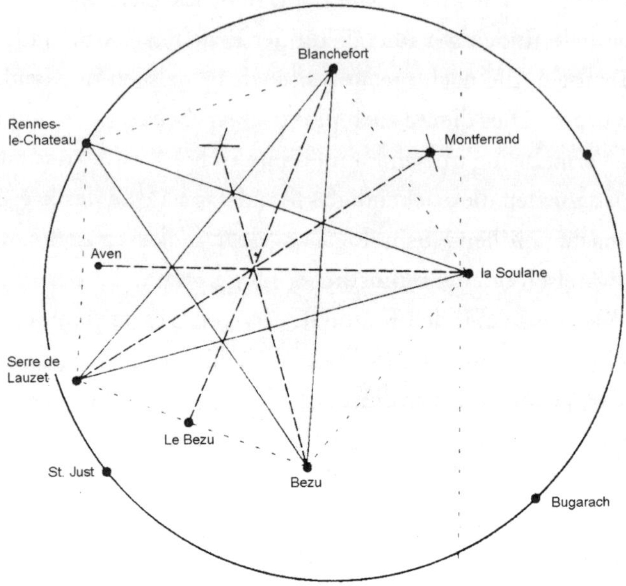


*Abb. 6: Der Heilige Platz von Rennes-le-Château inmitten der Berge, der durch die Position von Kirchen usw. bestimmt und auf den Null-Meridian von Paris ausgerichtet ist.*

und aus einem vollkommenen Fünfeck von Berggipfeln besteht, in deren Mitte ein sechster Berg liegt. Und aus diesem regelmäßigen natürlichen Fünfeck entfaltet sich – als grandiose Leistung der Landvermessung – ein Labyrinth von noch komplexeren Mustern: sich schneidende Kreise, Dreiecke und Sechsecke. Diese Figuren, von denen einige eine tiefe okkulte Bedeutung haben, werden durch die Positionen von Kirchen, Heiligtümern, Kalvarienbergen, Schlössern und natürlichen Landschaftsbildungen wie Quellen und Grotten markiert (Abb. 6 und 7). Das Ganze ist durch ein Grundmuster strukturiert, das zuallererst durch das Fünfeck der Berge bestimmt und durch parallele Linien gebildet ist, die sich in exakten 90°-Winkeln an Kirchen, Schlössern usw. schneiden. Dieses Netz

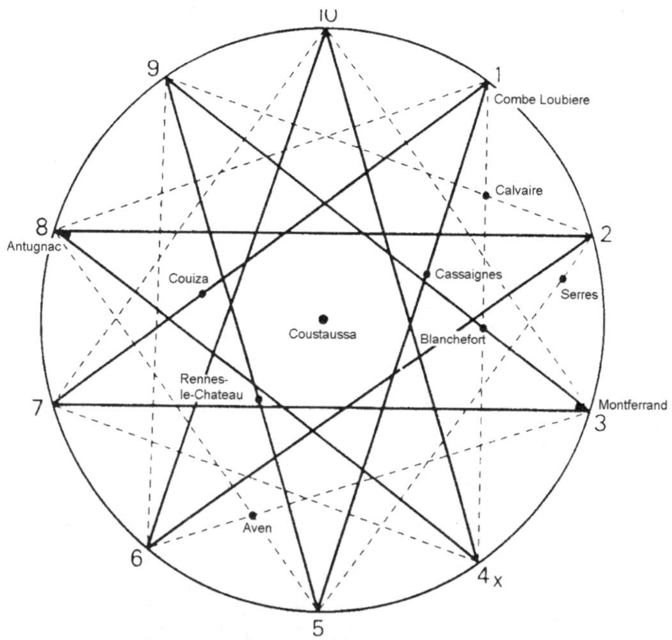


*Abb. 7: Der Heilige Platz von Rennes-le-Château mit einem Stern mit zehn Spitzen, der aus zwei ineinander verflochtenen Fünfecken besteht. »Man kann über die ausgeklügelte Kunstfertigkeit ihrer Schöpfer nur staunen«, sagt Lincoln. »Ich vermute, dass der Tempel ohne unsere heutigen genauen Karten, die wir erst jetzt im 20. Jahrhundert erstellen können, niemals entdeckt worden wäre.«*

zieht sich weit über die Umgebung von Rennes-le-Château hinaus und erinnert an die britischen *ley-lines*.

Henry Lincoln, der diesen Ort gründlich erforscht hat, nennt ihn das achte Weltwunder, einen heiligen Ort, einen ungeheuer großen von Menschen geschaffenen Tempel, der in der Komplexität seiner Anordnung, in der Beherrschung von Maß, Entfernung und Entsprechungen und der Genauigkeit der Vermessungsmethoden schier unglaublich scheint. Lincoln meint, die Anlage sei im 12. Jahrhundert von den Tempelrittern erbaut, eigentlich aber nur einer früheren Megalith-Konstruktion nachempfunden worden, die zweifelsohne der Großen Göttin geweiht war. Henry Lincoln ist der Meinung, dass dafür eine viel größere Beherrschung von Geometrie und Baukunst vonnöten war als beim Bau der Pyramide von Gizeh.

»Im Gegensatz zu anderen großen Leistungen der frühen Zivilisation ist dieser Tempel nicht in Schutt und Asche zerfallen. Er ist noch immer ebenso real und greifbar, wie er es am Tage seiner Fertigstellung war – und trotzdem ist er eigentlich unsichtbar. Der Tempel ist unsichtbar, einfach weil er zu groß ist, um gesehen zu werden.«[26] Lincoln entdeckte Rennes-le-Château, nachdem geheimnisvolle Hinweise von einer alten und renommierten französischen Geheimgesellschaft, des *Prioré de Sion,* zu ihm gedrungen waren. Diese Gesellschaft rühmt sich ihrer unmittelbaren Abkunft vom Templerorden und gehört offensichtlich zu einem kleinen Kreis von Eingeweihten, die viele Geheimnisse über den Komplex von Rennes-le-Château und seine Erbauer bewahrt haben. In einem Nachwort zu seinem Buch berichtet Lincoln von der Entdeckung eines weiteren Tempels von erstaunlicher geometrischer Genauigkeit und Komplexität auf der Insel Bornholm in der Ostsee. Wie Schottland liegt Bornholm auf dem 55. Breitengrad, also wahrscheinlich auf einer Linie mit dem von Plinius erwähnten Land der Hyperboräer, von denen wir später mehr hören werden. Die zerstörten Kirchen, Schlösser und Festungen, die diesen heiligen Ort in Südskandinavien definieren, wurden von den Deutschordensrittern, den Erben der Templer, an den nördlichsten Grenzen ihrer Aktivitäten erbaut. Aber der große Tempel von Bornholm war vielleicht nur einer von mehreren solchen heiligen Orten, die die Ritter auf ihrem Weg nach Norden errichteten. Jedenfalls gewann Lincoln, als er seine verblüffenden Forschungen in Südfrankreich fortsetzte, die sichere Überzeugung, dass Rennes-le-Château nur ein kleiner Teil eines größeren Wunders war.

Er schreibt:

»Welche Kultur auch immer diesen Tempel geschaffen hat – sie war unleugbar und in erstaunlicher Weise in Geometrie, Mathematik und Vermessungskunde höchst geschult. Einige, und vielleicht sogar alle notwendigen Fertigkeiten gab es ganz offensichtlich schon in den neolithischen Gemeinschaften, in denen die megalithischen Steinkreise entstanden. Die wenigen Spuren solcher Gemeinschaften – Dolmen und Menhire – treten alle in bestimmten Anordnungen auf. (...) Ich vermute, dass die Erbauer des Tempels von Rennes-le-Château zu jener Kultur gehörten, die Stonehenge und Carnac hervorgebracht hat, und dass sie ungefähr in derselben Zeit, nämlich etwa 1500 v. u. Z. wirkten.«[27]

John Michell, der einen ähnlich angeordneten heiligen Platz in der Landschaft von Glastonbury – allerdings in Sechseckform – entdeckte, vermutet, dass eine unbekannte vor-keltische Bevölkerung in einer noch ferneren Vergangenheit ein weltweites Netz von solchen Tempeln erbaut hat, das an die Erd-Chakren rings um den Erdball gebunden war, und dass dieses Netzwerk noch immer unter der Oberfläche unserer modernen Zivilisation existiert.

Dessen Zweck habe darin bestanden, starke magnetische und sogar noch feinere Erd- und Himmels-Kräfte zu beschwören und sie durch verschiedene Formen der *magia naturalis* (»Naturmagie«) wie numerische Proportionen, Klänge und Muster auf die Erde zu ziehen, damit sie dort zum Nutzen der Menschheit wirken konnten. »Ebenso, wie sich das Nervensystem der Erde im Körper Gottes und des Menschen spiegelt«, sagt Michell, »spiegeln sich auch die Verbindungslinien zwischen den magnetischen Erdzentren, und sie folgen dem Muster der leuchtenden Energieströme zwischen den Sternen, die manchmal in Träumen und Visionen wahrgenommen werden.«[28]

Auf diese Weise wurde die Kraftbasis einer uralten Zivilisation geschaffen, deren Spuren wir fast vollkommen aus dem Auge verloren haben. Michell merkt weiterhin an, dass ein solches Energie-Netzwerk nach einem Zentrum verlangt, in dem alle heiligen Orte verbunden sind, eine Art religiöser Welthauptstadt.

Als hypothetisches Weltzentrum nennt er die Cheops-Pyramide von Gizeh, die vor kurzem von Robert Bauval, einem Bauingenieur, der sich seit langem mit Ägyptologie befasst, untersucht wurde. Auch Adrian Gilbert, ein Verleger, der sich – neben anderen gnostischen Lehren – auf die ägyptische hermetische Tradition spezialisiert und mehr als zwanzig Jahre lang das alte Ägypten erforscht hat, hat sich mit ihr beschäftigt. In ihrem Buch *The Orion Mystery* äußern diese beiden Autoren die Vermutung, dass die Pyramiden von Gizeh vielleicht ein Bestandteil eines Pyramiden-Komplexes sind, dessen Muster die Orion-Konstellation im ägyptischen Sand widerspiegelt.[29] Doch Shambhala, das in der Mitte der eurasischen Landmasse liegt, ist eher qualifiziert, diese von Michell geäußerte Funktion zu erfüllen. Jedenfalls kann man sich nur schwerlich einen Ort vorstellen, der besser geeignet wäre, das noch immer funktionierende geographische Zentrum und den höchsten Sitz einer Regierung eines Kultursystems darzustellen, das einst auf dem ganzen Erdball wirkte und mittlerweile in Vergessenheit geraten ist. Deshalb ist es möglich, dass Shambhala nach genau denselben geometrischen Prinzipien angeordnet ist wie die heiligen Orte in Rennes-le-Château, Glastonbury und Bornholm – aber auf der Basis eines Achtecks, und nicht als Fünfeck oder Sechseck, denn die Achteck-Form ist sowohl bei buddhistischen wie auch bei Bön-Mandalas verbreitet. Das Achteck mit einem neunten Punkt in der Mitte nimmt auch eine zentrale Stelle in der Symbolik des Sufismus ein. Es ist das Siegel oder Muster, das Ernest Scott zufolge »die innersten Geheimnisse des Menschen berührt«.[30] Dieses wichtige geometrische Symbol, das Ganzheit, Kraft und Vollkommenheit bedeutet, assoziierten die Sufis mit Shambhala, und es ist sowohl in primitiven wie auch in fortgeschrittenen Gesellschaften ein Archetypus von universeller Bedeutung, wie uns der Mythenforscher Joseph Campbell sagt:

»Der *hogan*, die Lehmhütte der Navahos von New Mexico und Arizona, ist nach dem Bild konstruiert, das sich die Navahos vom Kosmos machen. Der Eingang liegt an der Ostseite. Die acht Seiten stellen die vier Himmelsrichtungen und die dazwischenliegenden Richtungen dar. Jeder Pfosten entspricht einem Element im großen Hogan der Erde und des Himmels, die das All bilden. Und da die Seele des Menschen selbst als formgleich mit dem Universum betrachtet wird, ist die Lehmhütte eine Abbildung der Urharmonie zwischen Mensch und Welt und erinnert an einen verborgenen Lebensweg, der zu Vollkommenheit führt.«[31]

Shambhala, das sicherlich in der von Michell beschriebenen Epoche der Landschaftsmagie lag, könnte durchaus einen Grundriss gehabt haben, der entlang der kosmologischen Linien als Tempelbezirk oder riesiges Heiligtum des Allerhöchsten lag und als Architektursymbol die Erhabenheit dieses mystischen Zentrums der Welt vermitteln sollte. Aber wenn es so sein sollte, so wurde es in riesigen, zyklopenhaften Ausmaßen konstruiert, die keine Entsprechung in anderen Teilen der Welt fanden und selbst den großen heiligen Platz von Rennes-le-Château als zwergenhaft erscheinen ließen. Ein solches Zentrum wäre imstande gewesen, seinen Einflussbereich auf ganz Zentralasien auszudehnen. Wer hätte über die Ressourcen und das Können verfügt, um die Erde in so riesigen Dimensionen zu vermessen? Wann könnte dies geschehen sein? Und wie kann es sein, dass wir in der »äußeren Welt« nichts darüber wissen?

Lincoln hat bereits einige der Antworten gegeben. Ein von Menschen geschaffenes Bauwerk von so titanischen Ausmaßen konnte Jahrtausende lang in den hoch aufragenden Gipfeln von Innerasien unentdeckt bleiben, seine Geheimnisse blieben auf immer verborgen, wenn wir keinen Schlüssel zu einer bestimmten Art des Wissens fänden, das uns offenbar vor langer Zeit verloren ging. Aber die Frage, wie die organisierende Intelligenz beschaffen war, die sich vielleicht einem Territorium eingeprägt haben mag, das so riesig und gefährlich ist wie die Gebirge von Zentralasien, wirft nur weitere Fragen auf, die für uns ebenso unbeantwortbar sind wie für Lincoln. Ja, wenn wir Shambhala als wirklichen Ort ernst nehmen, so müssen wir gleich zu Beginn zugeben, dass jeder seiner Aspekte – und nicht nur das Rätsel des Berges Meru, den wir auf keiner Landkarte in der Welt finden – den Eindruck eines Geheimnisses vermittelt, das sich umso mehr vertieft, je weiter wir vordringen.

# 4

# DER KOSMISCHE BERG

»Es ist nicht zuviel gesagt«, schreibt Joseph Campbell, »dass der Mythos ein geheimes Tor ist, durch das die unerschöpflichen Energien des Kosmos in die Manifestation der menschlichen Kultur hereinströmen. Religionen, Philosophien, Künste, die Gesellschaftsformen des primitiven und historischen Menschen, die Haupt-Entdeckungen in Wissenschaft und Technologie, ja sogar die Träume, die den Schlaf bewegen, sprudeln aus dem elementaren magischen Ring des Mythos hervor.«[1]

Innerhalb dieses Ringes nimmt das Bild des kosmischen Berges eine wichtige Stellung ein, und zwar sowohl wegen seiner Universalität wie auch wegen seiner spirituellen Resonanz. Als Schnittpunkt von Himmel, Erde und Unterwelt und als Achse eines kreisenden Firmamentes kam er in der Mythologie fast aller Völker der Erde vor und wurde selbst in Ländern verehrt, in denen es keine Berge gibt. Er wird immer als eine Weltachse gedacht, welche die Wohnstätten von Weisen, Heiligen oder Göttern in sich trägt, er hat vier oder sechs Seiten und ist mehr als hundert Kilometer hoch, der Himmel dreht sich um seine Spitze, und über ihm leuchtet der Polarstern. Alle Berichte sagen, dass er so hoch ist, dass er das Firmament durchdringt, während seine Wurzeln in den Abgrund unter der Erde reichen, in dem das Chaos herrscht. Er besitzt sieben Ebenen, bei manchen Völkern auch neun[2], die den sieben oder neun inneren Welten und damit auch den aufsteigenden Stationen des Bewusstseins entsprechen, die der Eingeweihte auf seiner Pilgerreise zum Himmel durchschreitet.

In der nordischen Mythologie besteht der kosmische Berg aus Glas, und der Held muss ihn besteigen, um die Tochter des Königs zu gewinnen, die auf seiner Spitze eingesperrt ist. Aber er ist auch der Berg Sinai, auf dem Moses die Gesetzestafeln von Gott empfing. In der mittelalterlichen Gralstradition heißt er Montsalvat, in der isländischen Edda Himinbjörg, und dort verbindet ihn der Regenbogen Bifrost mit dem Zenith. Selbst bei den prähistorischen Semang-Pygmäen von Malaysia stellte man sich vor, dass sich ein riesiger Fels namens Batu-Ribn in der Mitte der Welt erhebt, aus dem dann ein magischer Baumstamm in den Himmel emporragt. In Palästina nannten die Israeliten den heiligen Berg Gerizim, der die Sphären des Irdischen und des Himmlischen verband, »Nabel der Erde« oder *gymbal* (»verbindender Pfahl«). Menschen, die rings um den Nordpol lebten wie etwa die altaischen und skandinavischen Völker, wussten vom Weltenberg als dem Zentrum des Universums. Auch im alten Sumer wurde er in der Zikkurat mit ihren sieben Stockwerken, auf deren Spitze sich die Hochzeitskammern der Götter befanden, symbolisch dargestellt. Die Araber kannten den Qaf, den »Berg der Heiligen«, und die Iraner glaubten, dass der heilige Berg Haraberesaitiz (El-Burs) in der Mitte der Welt liege und mit dem Himmel verbunden sei.

In all diesen Mythen vom kosmischen Berg erkennt man Hinweise auf eine höchste spirituelle Macht, die ihre Wohltaten auf die ringsum liegende Erde verströmt und einst, als die Welt noch jünger war, von Kulturheroen und Königen als wertvollstes Gut des Lebens eifrig gesucht wurde. Und so sagen Anne Baring und Jules Cashford, zwei Psychoanalytiker, die auch in den Bereich von Mythologie und Geschichte eingedrungen sind, in ihrem Buch *The Myth of the Goddess*, dass der Mythos vom kosmischen Berg in der Antike deshalb geschätzt wurde, weil er auf symbolischer Ebene eine göttliche Kraft manifestierte, die sich im Urzustand der Schöpfung bewegte:

» (...) denn in seiner Form liegt der ursprüngliche Hügel, der hohe Hügel, der als erstes aus den Wassern hervortauchte und zu bewohnbarem Land wurde; und in vielen Kulturen war der Berg das Bild der Erde als Göttin. In Sumer stand der Berg auch für die Unterwelt – Kur – oder den Schoß der Mutter, und in Kreta steht die Göttin auf ihrem Berg, während sie von Löwen flankiert wird und ihr goldenes Zepter der Herrschaft in der Hand hält.«[3]

Entsprechend dieser Symbolik war der Berg auch mit dem Thron der Könige assoziiert, und es hieß, dass der Thron den König schuf und ihm die Eigenschaften eines Herrschers verlieh, denn es geriet ja niemals in Vergessenheit, dass sich im Grunde eine himmlische Macht, eine elementare Kraft in dem Thron oder Hügel manifestierte, die zwar selbst unsichtbar war, aber die sichtbare Welt erschuf und ordnete. Aus genau diesem Grund trug auch die ägyptische Göttin Isis einen Thron auf dem Kopf.

Aus Zentralasien brachten die Hindus die Legende eines im Norden liegenden Paradiesberges nach Indien, der, wie das Mahabharata erklärt, »die Welten über, unter und neben ihm trägt«.[4] Sie halten ihn bis zum heutigen Tag für den Prototyp aller anderen mythischen Berge. Er wurde von sieben großen Rishis bewohnt, die immer dann in der Welt erschienen, wenn eine neue spirituelle Offenbarung erforderlich war. Eliade stellt fest, dass der kosmische Berg die höchste Zinne der mystischen Erhabenheit, der Erleuchtung symbolisiert. Deshalb, so sagt er, hatte in der Antike jedes religiöse Zentrum an der Bedeutung des heiligen Berges teil. Der Tempel war der höchste Punkt des ganzen Landes, das Zentrum der Welt, das Tor zu Offenbarung, Prophetie, himmlischen Gaben und menschlichen Gesetzen, die von den Göttern empfangen wurden. Wo es keinen Berg gab, errichteten die Menschen einen solchen – als Hügel, Pyramide oder Zikkurat.

Babylon war eigentlich *Bab-Ilani* oder »Tor der Götter«, denn hier stiegen die Götter zur Erde herab, um sie zu segnen, und die Tempel und heiligen Türme der Stadt wurden dem heiligen Berg geweiht und trugen Namen wie »Berg des Hauses«, »Haus des Berges aller Länder«, »Berg der Gewitter«, »Verbindung zwischen Himmel und Erde«.[5] In ähnlicher Weise wurde auf Java der Tempel von Borobodur als Bild des Kosmos erbaut, als künstlicher Berg im Zentrum der Welt, dessen sieben Ebenen der buddhistische Pilger durchquert, indem er von einer Ebene zur anderen emporschreitet, bis er auf der höchsten Terrasse den profanen Raum ganz und gar transzendiert und in eine reine Region eintritt, in eine Zone paradiesischen Friedens und innerer Erleuchtung. Auch Dantes Berg des Fegefeuers kann man sich als einen christlichen Berg Meru vorstellen. Er wird als eine Art von Zikkurat mit sieben spiralig aufsteigenden Ebenen abgebildet, die für die sieben Ebenen der Reinigung der Seelen stehen. Auf seinem Gipfel liegt die göttliche Brautkammer, aus der Beatrice Dante durch die Sphäre der Sterne zum Thron Gottes führt.[6]

Einige Forscher glauben, die Universalität dieses Themas beruhe nicht auf zufälligen Faktoren oder einer parallelen Kulturentwicklung, wie man aufgrund einer oberflächlichen Betrachtung vermuten könnte, sondern sei einer einzigen Quelle irgendwo in den Tiefen Nordasiens entsprungen, einem ursprünglichen Eden, und habe von dort aus alle späteren Kulturen beeinflusst. René Guénon ist einer der bedeutenden Autoren, die diese Ansicht vertreten. Er behauptet, dass sich jedes sakrale Zentrum in der Antike an Shambhala oder Agarttha als seinem Prototyp orientierte und die Mystik dieses heiligen Berges widerspiegelte.

## Das erste irdische Paradies

Guénon bezeichnet den Berg Meru als »Achse« oder »Achsenberg«, weil er die Achse ist, um die sich alle anderen spirituellen Zentren drehen und aus dem sie ihr Einweihungswissen ableiten. Er stellt fest, dass Agarttha einst über dem Erdboden lag und einen anderen Namen – *Paradesha* – trug, was auf Sanskrit »Höchstes Land« bedeutet. Von dort kommt er zum Begriff *Pardes* bei den Chaldäern, und er zeigt auf, dass der Berg Meru, der Berg des Irdischen Paradieses, deshalb genau dieselbe Bedeutung wie das *Pardes* der hebräischen Kabbalah hat. Und so ist für östliche und westliche Traditionen, für Hindus, Moslems und Juden, für Buddhisten und Christen der Berg Meru das ursprüngliche »Höchste Land«, das »bestimmten Veden und avestischen Texten zufolge«, so sagt Guénon, »ursprünglich in der Gegend des Nordpols lag, und das sogar im buchstäblichen Sinne des Wortes. Auch wenn er seinen Standort je nach den verschiedenen Phasen der menschlichen Geschichte veränderte, so bleibt er doch in symbolischem Sinne polar, da er im wesentlichen die feste Achse darstellt, um die sich alles dreht.«[7] In seinem Buch *The Ancient Wisdom* gelangt Geoffrey Ashe zu einer ähnlichen Schlussfolgerung. Sorgfältig und genau hat er einen Mythos zusammengesetzt, der von einer (möglicherweise) altaischen Quelle zu den Tempeln und Königshöfen von Ägypten, Indien, Griechenland und China gewandert sein könnte, wobei er sich dann in viele verschiedene Mythen aufspaltete.

»Im fernen Norden«, so sein Szenario, »gibt es einen hochgelegenen und paradiesischen Ort, der von einer Versammlung von Lebewesen von übermenschlicher Langlebigkeit und Weisheit bevölkert ist. Sie haben ihre Verbündeten und Kontakte in niedrigeren Ebenen. Der Zugang ist schwierig. Dies ist der Ort, an dem sich die Erde erhebt, um das Himmelszentrum, den Himmelspol zu erreichen. Hier ist die Himmelsachse, und darüber liegt die Kraft, die sie in kreisförmiger Bewegung hält. Das sichtbare und erhabene Zeichen dieser Kraft ist die große Konstellation der sieben Sterne (der Große Bär), der göttliches Leben enthält und sich ohne Unterlass im Zentrum dreht. Unsere scheibenförmige Erde besitzt ein sakrales Zentrum, das in Einheit mit jenem anderen Zentrum steht, in dem der Himmel verankert ist.«[8]

Dieses sakrale Zentrum auf der Erde ist Ashe zufolge Shambhala-Agarttha. Ashe legt dar, dass die Argumente für die Vorstellung eines gemeinsamen Zentrums merkwürdigerweise in den heiligen Schriften der Weltreligionen verborgen sind, in denen traditionelle Völker ihren heiligen Berg nicht in ihrem eigenen Land, sondern im fernen Norden ansiedeln. So waren zum Beispiel Set und Horus im äquatorialen Ägypten Götter des Nordsternes, und im Koran ist der höchste Ort der Erde die Ka'aba, weil »der Polarstern beweist, dass sie dem Zentrum des Himmels gegenüberliegt«.[9] Und im Psalm 48 des Alten Testamentes wird der Berg Zion ohne weitere Begründung als »Berg Zion im fernen Norden« bezeichnet.

Ashe äußert hierzu:

»Der heilige Berg scheint seine Bedeutung dadurch erworben zu haben, dass er auf mystische Weise mit einem anderen höheren Berg identifiziert wurde, der gar nicht in Palästina lag. Derselbe nördliche Berg kommt auch in den verwandten Mythen der Kanaaniter vor. Sie nannten ihn ›Safon‹ und sagten, dass auf ihm ein irdisches Paradies liege. ›Safon‹ kommt in der Bibel als Synonym für Zion vor, und Ezechiel versetzt ›Eden, den Garten Gottes‹, auf einen ›heiligen Berg Gottes‹, der unmöglich der irdische Berg von Jerusalem sein kann (Ezechiel 28,11-16).«[10]

Auch die Babylonier scheinen sich an einen heiligen Berg im fernen Norden orientiert zu haben. Im Buch Jesaias 14,13 prangert Jesaias die Hybris des Königs von Babylon an und erklärt: »Du hast in deinem Herzen gesagt: ›Ich werde zum Himmel aufsteigen; über den Sternen Gottes werde ich meinen Thron in der Höhe errichten; Ich werde auf dem Berg der Versammlung im fernen Norden sitzen.‹« Und Ezechiel sah in seiner babylonischen Gefangenschaft die Vision eines göttlichen Wagens, der nicht aus Zion im Heiligen Land nach Süden kam, sondern vom Sturmwind aus dem Norden herbeigetragen wurde (Ezechiel 1,4).

Die alten Griechen hatten trotz aller lokalen Kulte ebenfalls ihr nördliches Elysium. Für sie war Delphi das Zentrum der Welt; aber Apollo, der Gott des delphischen Heiligtums, war ein fremder schamanischer Ankömmling im griechischen Pantheon und galt als Gott eines geheimen Landes fern im Norden, in dem die Weltachse die Konstellation der sieben Sterne trug, die bei den Griechen *helix* oder » Spirale« hieß. Dieses Land war die Heimat einer halbgöttlichen Rasse von Weisen, den so genannten Hyperboräern, in deren gesegneter Gesellschaft Apollo drei Monate im Jahr verbrachte. Jedes Jahr kehrte er rituell dorthin zurück und fuhr in einem Wagen, der von Schwänen über den Himmel gezogen wurde. Ashe sagt, dass Apollos »Schwäne, die seinen Wagen ziehen, an eine ›Straße von Vögeln‹ erinnern, die in der nördlichen Folklore, etwa der von Litauen, zu den himmlischen Reichen führt«.[11]

Die Griechen nahmen an, dieses rings um den Pol lebende Volk von Weisen, dem wir später noch begegnen werden, sei überall zu finden, von Großbritannien bis an die Grenzen Chinas. Aber der Gelehrte W. K. C. Guthrie behauptet, dass die Hyperboräer ursprünglich sibirische und mongolische Schamanen und Medizinmänner waren und dass Apollo, dessen Name »Gott der Versammlung« bedeutet, seine Karriere vor langer Zeit im Altai-Gebirge begann, bis dann seine Lehren und Ekstasemethoden durch Kleinasien ans Mittelmeer gelangten.[12] Ashe zitiert Guthrie und vermutet, dass die Vorstellung des kosmischen Berges ihre Quelle fast mit Sicherheit im südsibirischen Schamanismus hatte und dass die Vorstellung von Shambhala bei den halbmythischen Magiern und Polherren des Altai-Gebirges entstanden war.

Er zitiert eine mongolische Legende, die voll von esoterischen Symbolen ist und von Nicholas Roerich in dessen Buch *Altai-Himalaya* erzählt wird. Es geht dort um sieben Schmiede, die zu den sieben Sternen des Großen Bären wurden; und da Schmiede und Schamanen in der sibirischen Tradition eng miteinander verbunden sind – der Schmied ist im Sprichwort der ältere Bruder des Schamanen – , ist Ashe überzeugt, dass die sieben Rishis der hinduistischen Mythologie vielleicht die Meisterschamanen im Kult des Großen Bären sind. »Sowohl diese mongolische Geschichte wie auch der Rishi-Mythos der Hindus könnte seine Wurzeln in einem einzigen altaischen Konzept der sieben Sterne (des Großen Bären) haben, nämlich als die sieben unterschiedslosen Weisen oder Schamanen-Schmiede.«[13]

Er verbindet diese Vorstellung von einer sibirischen Versammlung von schamanischen Adepten mit Roerichs Äußerungen über das Altai-Gebirge als sakrale Region. »Roerich bezieht sich mit einer Art von Staunen«, so schreibt er, »auf die ›allgemeine Verehrung für das Altai-Gebirge‹ und auf ›das Kommen der Gesegneten zum Altai-Gebirge‹ sowie ›die wahre Bedeutung des Altai‹. In einem anderen Eintrag vermerkt er, dass der Berg Belukha, der Hauptgipfel des Altai-Gebirges, den Namen ›Orion-Wohnstätte der Götter‹ trägt – und das, so sagt er, steht in Beziehung zu dem Weltenberg in anderen Mythologien.«[14] Und so scheint es, schreibt Ashe weiter, dass das hyperboräische Paradies vielleicht das gleiche war, das andere Mythen auf die Spitze des Berges im Norden versetzten, und dass seine halbgöttlichen Bewohner die Wesen waren, die man sich anderswo als Rishis oder Götter vorstellte.

All diese Anspielungen auf ein prähistorisches Zentrum hoher Spiritualität in Südsibirien werden durch die Feldforschungen von Ivar Lissner bestätigt, der die Wanderungen des altaischen Volkes verfolgte, das sich an den Sternen orientierte: Es gelangte im siebten Jahrtausend von Nordostasien bis in die Steppen von Zentralasien und brachte ein höchst komplexes Wissen über den Polarhimmel sowie Trancetechniken mit sich, die ihresgleichen suchen.[15] Die gleichen Anspielungen führten Ashe auch dazu, einen sibirischen Ursprung der Zivilisation anzunehmen, der mit Shambhala gleichgesetzt werden kann, inzwischen aber längst vergessen ist. Auf der Basis der Sternentradition des Großen Bären glaubt er, dass der Hintergrund von Shambhala in der Astralweisheit eines Zentrums der höchsten Magie im Altai-Gebirge wurzelt.

Wie Guénon vermutet er, dass der Mythos vom Berg Meru einen realen Grund hat; und wie Guénon behauptet er, dass unsere von den Griechen ererbte Wissenschaft, ja sogar die gesamte mediterrane Mysterienkultur ursprünglich von einer zirkumpolaren Kultur abstammte, die im Nebel der Zeit verloren ging und deren Zentrum Shambhala war; dass ferner auch Shambhala selbst noch immer irgendwo in Südsibirien lebendig ist und von Eingeweihten bevölkert wird, die bei Steinzeit-Jägern als »Unsterbliche«, »Götter« oder »Himmelsgeborene« gegolten haben.

»Wir können es wagen, die Überlegung anzustellen«, schreibt Ashe, »dass es einen wirklichen Einfluss von Mythos und Kult aus einem real existierenden Zentrum gegeben haben könnte, einem ganz realen sibirischen oder mongolischen Meru. (...) Man kann sich vorstellen, dass sich die altaische Weisheit in den südlicheren Gegenden ausbreitete und dabei verschiedene Formen annahm – immer jedoch mit einem Kern der ursprünglichen Essenz – , nämlich Vorstellungen über das kosmische Zentrum, den kreisenden Himmel, der vom Großen Bären beherrscht wurde, die siebenfache Verbindung von Oben und Unten, den Berg, die paradiesische Versammlung usw.«[16]

Bei Guénon finden wir eine Interpretation des Berges Meru, die in der gesamten Literatur einzigartig ist. Er verweist darauf, dass dieses Wort im Sanskrit eigentlich »Rückgrat« bedeutet, und bringt es wie im Kundalini-Yoga in Verbindung mit einem subtilen inneren psychospirituellen Energiesystem. Er behauptet, dass Meru deshalb kein Berg, sondern eine Metapher für die Leitung von Erdenergie ist und die wichtigste Kraftquelle der Erde darstellt, deren Wesen, Ort und Funktion uns gegenwärtig noch unbekannt sind. Er äußert die Vermutung, dass das Wissen über diese Tatsache zu einem äußerst geheimen und nur wenig bekannten Zweig der tantrischen Wissenschaft gehört, die mit der kosmischen Shakti und dem Aufbau der Welten zu tun hat und aus diesem Grunde viele Jahrtausende lang vor den Blicken der Öffentlichkeit geschützt wurde.

## Die terrestrische Kundalini und die Weltachse

Die Kundalini-Wissenschaft ist eine Wissenschaft, die den Kosmos in seiner Ganzheit zu begreifen sucht und deshalb im Zentrum aller hinduistischen Philosophien steht, und diese haben sich mit der Erforschung der Erde und ihrer Kräfte ebenso befasst wie mit der Religion.

Das Kundalini-Yoga basiert auf der Annahme, dass ein spiritueller, feinstofflicher Körper den physischen Körper des Menschen durchdringt und über ihn hinausreicht. »Im höchsten Tantra«, so erklärt Lama Thubten Yeshe, »existieren Körper und Bewusstsein nicht nur auf der groben Ebene, mit der wir normalerweise vertraut sind, sondern auch auf subtilen Ebenen, die den meisten von uns vollkommen unbekannt sind. ... Innerhalb der Grenzen bzw. der Atmosphäre dieses physischen Körpers gibt es einen viel subtileren Körper, den sogenannten *vajra*-Körper, wobei *vajra* die Bedeutung von ›unzerstörbar‹ hat.«[17] Innerhalb dieses bewussten Vajra-Lichtkörpers zirkuliert eine elementare, nicht-physische Schwingung namens Kundalini, die den gröberen Schwingungen des physischen Systems zugrunde liegt und mit dem Nervensystem so innig verbunden ist, dass sie oftmals fälschlicherweise mit ihm identifiziert wird.

Die indische Kosmologie nennt die schöpferische Ur-Energie des Universums in ihrem statischen Zustand *maha-kundali* oder »große, zusammengeringelte Kraft«, und von ihr leitet sich die Kundalini-Energie in individuellen Körpern ab. Diese Ur-Energie ist das Lebensprinzip, das alles durchdringt, ernährt und organisiert. Sie erfüllt den gesamten Raum und die gesamte Materie, findet sich aber in konzentrierter Form in den Chakren, die rings um das menschliche Rückgrat angeordnet sind, das die Energie im ganzen Körper verteilt. Wenn die Kundalini durch spirituelle Methoden verstärkt wird, intensiviert sie die Aktivität der Chakren, erweitert auf diese Weise das Bewusstsein und öffnet die Intuition für den subtilen Energiekörper, der dem physischen Körper zugrunde liegt. Dadurch werden Intelligenz und Liebesfähigkeit verstärkt, und der physische Körper wird in einem Zustand der Gesundheit und Vitalität erhalten. Das Chakrensystem erscheint auch im Äskulapstab, dem Emblem der Medizin und der Pharmazie.

»Zwei Schlangen in einer Doppelhelix, die sich um einen Stab in der Mitte ringeln, werden im Yoga ›Ida‹ und ›Pingala‹ genannt. ›Ida‹ steht für Mondkraft im Sinne der weiblichen, negativen oder magnetischen Polarität in der Natur, und ›Pingala‹ für die Sonnenkraft im Sinne der männlichen oder positiven oder elektrischen Polarität in der Natur«, sagt Mark Balfour in seinem Buch *The Sign of the Serpent.* »Sie stellen zwei der wichtigeren Nadis oder Kanäle dar, durch die polarisierte Bio-Energie (Lebenskraft, Kundalini oder Schlangenkraft) normalerweise durch das gesamte biophysikalische System geleitet wird.«[18]

Der Stab in der Mitte heißt *Sushumna*; in ihm verläuft der feine Mittelkanal *Brahma Nadi*, der die erweckte Kundalini-Energie bis zum Scheitel trägt – Voraussetzung für die Erlangung höherer Bewusstseinszustände.

Dr. Hiroshi Motoyama aus Tokio hat dieses Energie-Verteilungssystem in Menschen gründlich dokumentiert. Er ist ein Yogi und gleichzeitig auch ein höchst qualifizierter Wissenschaftler mit einer Ausbildung in empirischen Forschungsmethoden. Im Jahre 1974 wurde er von der UNESCO als einer der zehn bedeutendsten Forscher im Bereich der Parapsychologie nominiert.

Über die Kundalini-Energie sagt er:

»Das Chakra-Nadi-System gleicht in auffallender Weise der Anordnung des autonomen Nervensystems. Dies ist insofern beachtenswert, als das Yoga-Modell entwickelt wurde, bevor die anatomischen Bestandteile des Nervensystems wissenschaftlich begriffen waren. Der Sushumna-Kanal scheint genau an dem Ort zu sein, der von dem Nervenstrang in der Wirbelsäule eingenommen wird, und Ida und Pingala verlaufen in ähnlicher Weise entlang den wichtigeren Sympathicus-Nerven. Jedes Chakra besitzt ein ihm entsprechendes Nervengeflecht (Bündel von Nervengewebe, die bestimmte Körperregionen mit den jeweiligen inneren Organen kontrollieren).«[19]

Er fasst zusammen:

»Wir haben abschließend bewiesen, dass der Mensch mehr ist als ein Körper und eine beschränkte Intelligenz. Er besitzt nicht-physische Eigenschaften und Energien, die in der traditionellen Wissenschaft noch immer weitgehend unbekannt sind. Der Mensch besitzt drei Körper, den physischen, den astralen und den kausalen, die sich überlagern und gegenseitig durchdringen. Jede Ebene dieser drei Wesensarten des Menschen wird durch die Energie der jeweiligen Dimension genährt. Feinere Materie kann in den höheren Dimensionen gefunden werden. (...) Die Kräfte, mit denen wir es zu tun haben, sind von dem, was wir als materielle Welt verstehen, so weit entfernt, dass sie Physik und Philosophie vollständig revolutionieren und einen tiefen Wandel in der Wirklichkeitswahrnehmung der Menschheit mit sich bringen werden.«[20]

René Guénon war sich dieser Kräfte und der tantrischen Lehren des Vedanta über die Rolle der Kundalini in der Evolution des Menschen vollkommen bewusst. Aber indem er seine Begrifflichkeit ausdehnte, um ein viel weiteres Feld der Untersuchung zu erfassen – nämlich das spirituelle Wesen und die Evolution des Planeten selbst –, war er seiner Zeit voraus. Die revolutionären Veränderungen der menschlichen Erkenntnis, von denen Dr. Motoyama spricht und die gegenwärtig immer schneller um sich greifen, sah er bereits voraus, und er befruchtete mit seinen Gedanken die Geowissenschaften.

Guénon war Franzose, starb im Jahre 1957 in Kairo und verkehrte in der Blütezeit des französischen Okkultismus gleichzeitig mit Gurdijeff und Nicholas Roerich in den intellektuellen Zirkeln von Paris. Zum Islam konvertierte er im Alter von 26 Jahren. Er qualifizierte sich in der islamischen und der Sufi-Mystik, ließ sich später in Ägypten nieder und heiratete in die Familie eines Sufi-Scheichs ein. Seine esoterische Bildung war umfassend; er kannte sich auch in der kabbalistisch-hermetischen Tradition der europäischen Post-Renaissance aus und trug in beträchtlichem Maße zu unserem Verständnis der Symbolik bei, die nicht nur den islamischen Lehren, sondern allen wichtigeren religiösen Traditionen zugrunde liegt. Seine Quellen offenbarte er nicht, aber da es in Nordafrika ein sehr altes und berühmtes Zentrum des tantrischen Sufismus gibt, das auf der praktischen Kabbala beruht und das sich dort zu einer modernen Schule der Sufi-Symbolkunde entwickelt hat, bezog er seine ungewöhnlichen Erkenntnisse wahrscheinlich aus den Geheimnissen der ägyptischen Tradition.[21]

Sowohl in Frankreich wie auch in Ägypten bewegte sich Guénon unter Mitgliedern alter esoterischer Gesellschaften, in denen die kleine Flamme der Erleuchtung in der westlichen Welt in Jahrhunderten der Verfolgung gehütet und in denen dem Ideal der Bruderschaft und der Toleranz der Religionen gehuldigt wurde. Denn obwohl der Sufismus seit Mohammeds Zeit mit dem Islam verbunden war, reichen seine Wurzeln viel weiter zurück. Er wurde auch, wie Lady Drower in ihrer Untersuchung über eine irakische Derwisch-Sekte sagt, »immer des Pantheismus und der Vorliebe für die antiken Glaubenswelten verdächtigt«.[22] Er lehrt auch, dass die mystische Erfahrung alle Religionen transzendiert und sie in einer Bruderschaft des Geistes vereint.

Guénon glaubte, dass die eigentliche Funktion des Sufismus die der Synthese sei, und in seinem Exposé von Shambhala-Agarttha brachte er die Symbolik aller Religionen ins Spiel, indem er vor allem die taoistischen und hinduistisch-buddhistischen tantrischen Vorstellungen von der Weltachse als einigendem Prinzip des Kosmos hinzuzog. Alle Religionen, so sagte er, entstehen aus einer universellen Urweisheit, die in ihrem unverdorbenen Zustand in Shambhala bewahrt wurde, und alle führen zu dieser Quelle zurück, die ihr Sein einer höchsten Energie verdankt, die von der Wissenschaft noch nicht entdeckt wurde. Er nannte sie »Ewiges Licht« – eine Energie, die außerhalb von Raum und Zeit liegt, sich aber in der irdischen Welt als Kundalini-Shakti manifestiert und in ihrer irdischen Form im Zentrum von Shambhala als Berg Meru oder Weltachse ruht.

Guénon war nicht sehr geneigt, seine Ideen zu veröffentlichen, aber er meinte, dass die Zeit es unbedingt erfordere, zumindest einen Zipfel vom Schleier des Geheimnisses zu lüften, das über Shambhala gebreitet lag. Das Geheimnis entstand dadurch, dass die Existenz dieses asiatischen Weisheitszentrums verborgen gehalten wurde. Aufgrund des gefährlichen Potentials der höchsten Energie war, so meinte Guénon, diese Geheimhaltung auch notwendig, dennoch sah er ein baldiges kollektives Erwachen der ganzen Menschheit voraus, das auch vorbereitet werden musste. Als er sein Wissen preisgab, um die Menschheit für ihr Erwachen vorzubereiten, äußerte er eine der erstaunlichsten Theorien der modernen Zeit: Außer den beiden Erdachsen, die wir gegenwärtig kennen, nämlich der Drehungsachse und der magnetischen Achse, könnte es noch eine dritte geben, die wir noch nicht entdeckt haben und die in traditionellen Gesellschaften als »Weltachse« bekannt war.

Guénon ist der Meinung, dass die Prinzipien, die die Organisation des menschlichen Körpers steuern, auch auf den ganzen Planeten und das gesamte Universum zutreffen. Auch die Erde besitzt ihren spirituellen Energiekörper, der dem physischen Körper zugrunde liegt, sowie Kundalini-Kanäle, die denen des menschlichen Körpers analog sind. Auch die Erde verfügt über ein Chakrensystem, ein Rückgrat und einen zentralen Energie-Kanal, der in konzentrierter Form durch sie verläuft. Er vergleicht Shambhala-Agarttha mit einem Hauptchakra der Erdenergie und beschreibt es als feinstofflichen Akkumulator, als ungeheuren Speicher einer Energie, die auf dieselbe Weise im Zentrum der Erde eingeschlossen ist wie die Kundalini in ihrer latenten Form im Wurzelchakra an der Basis des menschlichen Rückgrats. Und genau wie Sushumna, der feine Kanal der Kundalini, innerhalb des menschlichen Rückenmarks vom Wurzelchakra bis zum höchsten Nervengeflecht im Kronenchakra auf dem Kopf verläuft, so stellt der Berg Meru den mittleren Kanal Brahma Nadi dar, der einen großen Strom der Lebensenergie transportiert.

Die terrestrische Kundalini ist keine blind mechanische Kraft wie der Elektromagnetismus. Sie liegt hinter dem Elektromagnetismus und ist eine intelligente und zweckgerichtete psychospirituelle Kraft, die sich in jeder Dimension der von ihr geschaffenen Formen ausdrückt und damit dem Leben der Körper und der Seele Energie verleiht. Sie ist sozusagen die gemeinsame Wurzel aller physischen, biologischen, psychischen und parapsychischen Kräfte des Universums und verwirklicht sie alle. Und deshalb symbolisiert der Berg Meru eine Art von erzeugendem Organ im Körper der Erde, ein Reservoir konzentrierter psychospiritueller Lebenskraft, das gegenwärtig in Asien verborgen liegt, und zwar unter Bedingungen, die sie vor Korruption und Ausbeutung schützen – genauso wie das Muladhara-Chakra im menschlichen Körper verborgen liegt und dieselbe schöpferische und energetisierende Funktion in sich trägt.

Guénon gelangte damit zu einer Neudefinition unseres Planeten, die sich von der materialistischen Philosophie des 19. Jahrhunderts abkehrt, und auch darin war er seiner Zeit voraus. Wie einige der führenden modernen Physiker ist die grob materielle Wirklichkeit für ihn nur illusionär, eine bloße Fassade von Zeichen und Symbolen, die auf elementare Energiemuster verweisen, aus denen die tiefere Wirklichkeit besteht, und deshalb ist die Erde, wie wir sie kennen, nur ein Symbol für die Erde, wie sie wirklich ist. Sie stellt nicht einfach eine rotierende Masse von Felsen und Plasma dar, sondern ist Gaia selbst, ein astrales Lebewesen, das in seiner Essenz spirituell, intelligent, nährend und in gewisser Weise empfindungsfähig ist, ein Lebewesen, das wie wir einen Energiekörper aufweist mit polarem Aufbau und einem System von Energiewirbeln oder Chakren, die sich über die physische Gestalt hinaus ausdehnen, sowie alle übrigen Eigenschaften, Neigungen und Gesetze, die auch beim Menschen vorkommen.

## Das indianische Medizinrad

Das Medizinrad des indianischen Schamanen ist im Grunde eine mikrokosmische Version von Shambhala, die auf vereinfachte Weise seine Beziehung zu den psychospirituellen Prinzipien von Zentrum und Peripherie spiegelt. Die nordamerikanische Indianerin Lesley Crossingham, die die Verwendung des Medizinrades bei den Cree- und Schwarzfuß-Indianern von Alberta gelernt hat, sagt, dass das »kleine Sternenvolk« – kurz gewachsene Menschen mit nur drei Fingern und großen Augen – allen nordamerikanischen Völkern das Geschenk des Medizinrades gebracht habe und dass Archäologen bei ihren Ausgrabungen diese uralten Steinkreise gefunden hätten, die in großer Tiefe in der Erde aufeinander lagen. Dies zeigt, so sagt sie, dass sie Jahrtausende lang ständig verwendet wurden und während dieser ganzen Zeit für die Stämme eine Quelle der Weisheit und des Wissens über die Natur waren. Auch andere Wissenschaftler hätten diese Kreise untersucht und dabei festgestellt, dass sie den Zeitpunkt des Aufgangs von einzelnen Sternen und Konstellationen anzeigten.[23]

Der indianische Schamane ist sich sehr wohl bewusst, dass die Kundalini im Energiekörper der Erde ebenso vorhanden ist wie in den Chakren des Menschen, und er verwendet das Prinzip der Entsprechung, um im Trancezustand einen Wirbel terrestrischer Kundalini zu erzeugen, der ihn in Kontakt mit dem Kosmos bringt. Dies tut er, indem er als Erstes ein Medizinrad auf den Boden zeichnet, das aus zwei konzentrischen Kreisen und vier Speichen für die vier Himmelsrichtungen besteht. Als Nächstes ruft er die Energien der Schutzgottheiten der vier Himmelsrichtungen an und gewinnt dadurch die Kraft, vom äußeren Kreis in den inneren vorzudringen und die Energien der senkrechten Achse seines Mandalas zu beschwören. Dieses Zentrierungsritual erlaubt ihm, das Rad durch die entsprechenden schamanistischen Beschwörungen zu aktivieren und sein Bewusstsein auf das siebte Tor, die heilige Spirale, einzustimmen, die sich um die senkrechte Achse in der Mitte windet.

Dieses Ritual wird zu einer Quelle von Heilungen, Orakeln und paranormalen Erscheinungen, zu einer terrestrischen Kundalini in konzentrierter Form, zu einem Shakti-Phänomen, einem Pfeiler der Ur-Energie aus unsichtbarem Licht, der in der Form eines Kegels oder Berges emporragt und die innere Welt des Schamanen mit dem äußeren Kosmos vereint. Indem der Schamane sein Bewusstsein in der Trance mit dem gesamten kosmischen Spektrum verbindet, kommt er mit den Energien der Sterne über ihm, der Erde unter ihm und mit den tieferen Schichten seiner eigenen Seele in Berührung.

Das indianische Mandala mit seinen sechs Richtungen ist ein universeller Archetypus, und der damit verbundene Ritus wurde einst in allen religiösen Zentren der frühen Völker ausgeübt. (Das siebte Tor ist dann die höhere Bewusstseinsebene des Schamanen, das Tor zu den jenseitigen Welten.) In Details unterschieden sich diese Riten, aber überall war das Grundmuster dasselbe: Der wichtigste Bestandteil ist der »Berg«, der senkrechte »Dynamo«, ein Lichtkegel über dem Altar in der Mitte des Tempels. Dementsprechend wurden Siedlungen, Städte und Tempel mit Bezug auf den heiligen »Berg« im Zentrum gegründet, der durch einen »Omphalos« (Nabel), einen Menhir oder eine ewig brennende Fackel gekennzeichnet sein musste.

Seit den sechziger Jahren ist unser Bedürfnis nach spiritueller Information, und zwar insbesondere über unseren Planeten, durch die Zunahme der ökologischen Probleme äußerst dringlich geworden. Wie als Reaktion darauf gelang es Pionieren der New-Age-Bewegung wie etwa David Spangler und John Michell, den Energiekörper der Erde mehr in das öffentliche Bewusstsein zu bringen.

So sagt etwa David Spangler, der Philosoph der Findhorn-Gemeinschaft in den siebziger Jahren, dass die Erde von ihrem ätherischen Feld oder Vitalkörper umgeben sei, der Energien, die durch den Kosmos oder aus höheren Schwingungsebenen fließen, empfangen und sie in Eigenschaften transformieren kann, die imstande sind, die dichtere Materie der physischen Ebene zu vitalisieren. Insofern ist das ätherische Feld die Quelle der elementaren Ur-Energie, aus der die physischen Formen geschaffen sind und am Leben erhalten werden.[24] Er beschreibt im Grunde, was ein Buddhist allgemeiner als den *vajra*-Körper oder Licht-Körper der Erde bezeichnen würde. Wie der menschliche Körper, so besitzt auch die Erde kosmische Energiezentren.

»Dieses Feld«, sagt er, »ist von Kraftlinien durchzogen – ähnlich wie eine Gegend, in der elektrische Hochspannungsleitungen verlaufen. Wenn man dieses Gesamt von Linien medial wahrnimmt, entsteht der Eindruck eines Gewebes – daher der Ausdruck *ätherisches Energienetz*. Kosmische Kraftplätze empfangen Energie aus Quellen im Universum und transformieren sie, damit sie die Bedürfnisse unseres Planeten erfüllen kann.«[25]

Aufgrund der Entsprechung zwischen dem menschlichen und dem irdischen ätherischen Feld konnten in der Antike die Adepten und Eingeweihten, die über ein entsprechendes Wissen verfügten, diese kosmischen Kraftplätze verwenden, um ihre eigenen Zentren spiritueller Kraft zu errichten.

Dies alles wird heute in der Öffentlichkeit mehr und mehr akzeptiert. Doch die Erkenntnis, dass die Erde durch Linien und Punkte eines feinstofflichen Kraftflusses markiert ist, ist nur der erste Schritt der Erkenntnis. Esoterische Autoren behandelten schon oft die magnetischen Ströme und Chakra-Kraftpunkte in der Erde, nicht jedoch das gemeinsame Arteriensystem, zu dem diese Energielinien gehören. Auch wurde ein solches System noch nicht mit der geheimnisvollen *axis mundi* in Verbindung gebracht, von der hin und wieder die Rede ist, ohne dass wir mehr über sie erfahren. Wenn wir also die Bedeutung dieser Weltachse und ihre Beziehung zu Shambhala verstehen wollen, so müssen wir immer wieder zu René Guénon und den – manchmal sehr alten – Quellen zurückkehren, aus denen er sein Wissen bezog.

# 5

# EIN WEG FÜR DIE ENGEL

Dem hinduistischen Kurma Purana zufolge lag im nicht mehr vorhandenen Nordmeer eine Insel namens Sweta-Dvepa oder »Weiße Insel«. Sie war die paradiesische Heimat großer Yogis, die über höchste Weisheit und Bildung verfügten. Die Wüste Gobi, sagt Tomas, ist der Boden dieses ehemaligen Binnenmeeres, das vor vielen Jahrtausenden ausgetrocknet sein muss, als eine tief greifende Klimaveränderung einen Großteil von Zentralasien in Wüste und dürre Steppenlandschaft verwandelte.

Diese Insel ist heute eine Gruppe von hohen Bergen, die aus der Ebene ragen. Auf sie bezieht sich möglicherweise eine mongolische Legende, von der der russische Forscher Prjevalsky vor mehr als einem Jahrhundert berichtete:

»Eine weitere sehr, sehr interessante Geschichte betrifft Shambhaling, eine Insel, die fern von hier im Nordmeer liegt. Gold ist in Hülle und Fülle auf ihr vorhanden (wie es ja auch im Altai-Gebirge der Fall ist), Getreide wächst zu stattlicher Höhe heran. Armut ist in diesem Land unbekannt, ja, in Shambhaling fließen Milch und Honig.«[1]

Da das Nordmeer schon vor sehr langer Zeit ausgetrocknet sein muss, ist die Sage von der Insel Shambhaling wahrscheinlich sehr alt und war schon vor dem Aufstieg der alphabetisierten Zivilisationen in Umlauf.

Wie bereits bemerkt, ist Ashe der Meinung, dass in der Region, die vom Altai-Gebirge bis zur Wüste Gobi reicht, am ehesten alte Weisheiten zu finden sind, die vielleicht später nach Indien, Griechenland, China und Ägypten weitergegeben wurden.[2]

Auch mesopotamische und griechische Quellen sprechen davon, dass wir hier am ehesten ein hyperboräisches Kompendium von Shambhala-Lehren finden können, aus dem die intellektuelle Entwicklung der Menschheit entstand – mit den frühesten Vorstellungen von Zahl, Naturgesetz und einem geordneten und begreifbaren Kosmos. Diese Vorstellung des Kosmos ist es, so bemerkt Ashe, von der die gesamte Wissenschaft und alles rationale Denken noch immer abhängen.

Ashe wendet sich dann Griechenland und einem seiner größten Genies zu, nämliche Pythagoras, um seine Behauptung zu stützen. Pythagoras war der eigentliche Gründer der griechischen Philosophie und Wissenschaft, sagt Ashe, ein Mathematiker höchsten Ranges, der unter anderem lehrte, dass »alle Dinge Zahlen sind«. Damit meinte er, dass »wir durch die Verwendung von numerischen Methoden – Maß und Kalkulation – ein begreifbares, harmonisches System des Universums aufbauen können«.[3] Er entdeckte die numerische Proportien der Oktave in der Musik und formulierte die Vorstellung von der atomaren Grundlage der Materie, die ebenfalls numerisch bestimmt werden könne. »Mit diesem Bewusstsein von der Gesetzmäßigkeit in der Natur«, sagt Ashe, »die zuvor von keinem Griechen erlangt worden war, war es ihm möglich, die ersten klaren Begriffe des mathematischen Beweises zu formulieren, beispielsweise in der Geometrie.«[4] Möglicherweise bezog Pythagoras einiges von diesem Wissen aus einer altaischen Quelle, denn er war ein Anhänger von Apollo und wurde von einem hyperboräischen Lehrer namens Abaris unterwiesen, von dem es hieß, dass er auf einem goldenen Pfeil durch die Luft reite. Als magische Fahrzeuge oder Embleme eines magischen Astralfluges sind Pfeile bis zum heutigen Tag ein Bestandteil der sibirischen Überlieferung.

Und so fragt Ashe:

»Ist es abwegig, wenn man diese geistigen Fortschritte als Folgen der Inspiration durch das hyperboräische Zentrum betrachtet – ob dies nun durch wirklichen Kontakt oder durch die Neuentdeckung der logischen Ableitungen geschah? Schließlich verfügt ja auch ein moderner Schamane über eine Art von Kosmos. Seine Schlüsselzahlen bezeichnen Himmel und Hölle. Sein Weltenbaum in der Mitte vereinigt Himmel und Erde und bringt alles in den Bereich seines übergreifenden Wissens.«[5]

Diese erste Erkenntnis eines geordneten Universums ist vielleicht zunächst zu einem Volk von Schamanen gekommen, das gleichzeitig imstande war, die geordneten Muster der Polarsterne und des menschlichen Chakrensystems zu beobachten, ihre Zahlen zu erfassen und schriftlich niederzulegen. Diese Kenntnisse wurden dann vielleicht in einem Kompendium zusammengestellt, das später zur Basis der Kalachakra-Wissenschaft werden sollte.

Lissners Forschungen in Sibirien haben den Wahrheitskern der zahlreichen Legenden bestätigt, die von dem astronomischen Wissen und vielen anderen geheimen Naturkenntnissen der altaischen Schamanenmeister und *Pol-Herren* der prähistorischen Zeiten erzählen. Er glaubt, dass der sibirische Schamane der Erbe einer einstmals großartigen Tradition ist, in der die Zahl ein integraler Teil der Erforschung der Bewusstseinsebenen im inneren Sein und am äußeren Himmel war. Auf Abbildungen dieser Schamanen oder Schamaninnen sieht man als traditionellen Schmuck numerische und astrologische Symbole aus Eisen von ihren Kostümen hängen. Aber das entscheidende Element in dem Ideenkomplex, der die schamanische Kunst bestimmt, ist die uralte Vorstellung von einer kosmischen Achse, die durch einen Weltenberg oder einen Weltenbaum dargestellt wird. Sie ist das Ordnungsprinzip der schamanischen Kunst und leitet Ashe zu der Vermutung, dass die hyperboräischen Ahnen der Schamanen die eigentlichen Gründer der Zivilisation waren.

## Was ist die Weltachse?

In der Literatur der Antike wird die Weltachse nie auf eine Weise erklärt, die dem modernen Bewusstsein logisch erscheint. Meist glauben wir, dass frühere und primitivere Kulturen mit diesem Konzept die Drehungsachse der Erde meinten, die sie dann bis zum Zenith verlängerten, damit sie dort den scheinbar kreisenden Himmel stützen konnte. Aber das vermuten wir nur. Denn dieselben antiken Quellen besagten auch, dass die Weltachse mit dem Zentrum von Shambhala verbunden ist und deshalb keinesfalls mit der Drehungsachse der Erde zusammenfallen kann, es sei denn, Shambhala liege am Nordpol. Auch die Beziehung zum Polarstern hilft uns kaum weiter, denn dieser steht wegen der Präzession nur für eine relativ kurze Zeit direkt über dem Nordpol. Es überzeugt auch wenig, wenn wir die Weltachse mit der Magnet-Achse gleichsetzen, deren wandernder Nordpol gegenwärtig in Kanada liegt

Müssen wir den Berg Meru dann für eine dritte Erdachse halten? Genau so sieht es aus. Guénon nennt ihn den *Nabel der Welt*, die *Nabe, um die sich alles dreht*, den *festen Punkt*, das *unbewegte Bewegende im Zentrum*, den *spirituellen Pol* oder die *unveränderliche Mitte*. Er richtet die Aufmerksamkeit auch auf die einzigartige *spirituelle* Funktion des Berges Meru als Ventil von terrestrischer Shakti, welche die Erde für höhere Dimensionen öffnet, wie sich auch die Kundalini, wenn sie durch *brahma-randhra* oder die Fontanelle in der Mitte des Schädeldaches verläuft, mit dem herabsteigenden »Sonnenstrahl« vereinigt und auf diese Weise das Bewusstsein des Yogi für die spirituellen Dimensionen jenseits des Geistes und ihre herabströmenden Energien öffnet. So verbindet der Berg Meru unseren Planeten mit dem spirituellen Universum und ermöglicht den Austausch von Energien.

Guénon zufolge verfügt unsere Erde also über drei Achsen. Die Hauptachse, die in der nördlichen Hemisphäre irgendwo in Zentralasien, vielleicht im Pamir- oder Tien-Shan-Gebirge, und in der südlichen Hemisphäre irgendwo in der Nähe der Osterinseln herausragt, ist ein psychospiritueller Energiestrom, der von den beiden anderen Achsen deutlich unterscheidbar ist. Diese dritte Achse verleiht dem ganzen System Gleichgewicht, ist frei von der Erdanziehung, reicht deshalb wie eine riesige Antenne über die Gravitations- und magnetischen Felder der Erde hinaus und steht mit höchsten Frequenzen aus Sternsystemen in der Tiefe des Alls in Resonanz.

Wir sollten die Vorstellung von einer dritten Achse nicht einfach deswegen von der Hand weisen, weil sie abstrakt ist, denn die beiden anderen bekannten Achsen sind für unsere Sinne ja ebenso unsichtbar.

Guénon zeigt uns, dass der Glaube an eine dreiachsige Kosmographie vermittels verschiedener Codes und Symbole in den heiligen Texten der Welt verborgen liegt, denn er findet ihre Spuren in einer umfassenden Untersuchung des Taoismus, des Vedanta und der Kabbala, vor allem aber in den tantrischen Texten, die in Passagen der fünf Bücher Moses versteckt sind. Er ist einer der wenigen Kabbalisten, die auf die früheren Symbolschichten in den Texten des Alten Testamentes aufmerksam machen. Er zeigt uns die wirkliche Bedeutung von scheinbar einfachen Volkslegenden in der Bibel, die erbaulich oder pseudohistorisch sein sollen, deren wirkliche Bedeutung jedoch in numerischen Codes und sorgfältig konstruierten Metaphern verborgen liegt, die bestimmten Regeln der symbolischen Verwandlung gehorchen. Wenn wir den Code verwenden, den Guénon uns liefert, wird die Bibel zu einer Quelle geheimen kosmologischen Wissens.

Jocelyn Godwin, Professorin an der Colgate University im Staat New York, die eine Reihe von Werken über Mystik und Magie geschrieben hat, erklärt:

»Wenn Kabbalisten die fünf Bücher Moses analysieren und die Wörter in ihre numerischen Äquivalente umwandeln, so finden sie in jedem Buchstaben des Textes metaphysische und kosmologische Lehren (...) Dies lässt vermuten, dass die Autoren dieser frühesten hebräischen Schriften, wer auch immer sie gewesen sein mögen, bereits darin geschult waren, das tiefste Wissen zu verstehen und zu verschlüsseln.«[6]

Und in seinem Buch *Essene Odyssey* zitiert Hugh Schonfield, der Autor des Bestsellers *Passover Plot,* eine Reihe von geheimen Codes in der Bibel, darunter einen, der alphabetischer Natur ist. Er heißt *atbash sepher* und kommt im Buch Jeremias und in den Schriftrollen vom Toten Meer vor.[7]

Um seine Achsentheorie zu illustrieren, interpretiert Guénon die Geschichte von Jakobs Himmelsleiter aus der Genesis (Gen. 28,11-16). Er deutet sie als tantrische Metapher, deren Sinn weit über die normalen hebräischen Stammesmotive dieser Zeit hinausgeht, und interpretiert sie auf zwei verschiedenen Ebenen: erstens als den verhüllten Bericht einer Yoga-Initiation, die dem hebräischen Patriarchen ein spirituelles Mandat für die Gründung des Volkes Israel verlieh; zweitens als metaphorische Beschreibung des Berges Meru. Diese Geschichte wurde sehr spät in den ursprünglichen Text eingeschoben, wahrscheinlich erst nach dem babylonischen Exil, als der größte Teil der jüdischen Schriften verfasst wurde, und sie spiegelt die mystischen Sonnen-Lehren des Zarathustra wider, die damals das Judentum ebenso wie die anderen Religionen des Nahen Ostens beeinflussten.

Oberflächlich gesehen ist diese Geschichte ganz einfach. Sie erzählt, wie Jakob während seiner Reisen durch Kanaan zu einer Stadt namens Luz kam. Dort legte er sich zum Schlaf nieder, sein Kopf ruhte auf einem Stein, und er träumte von einer Leiter, die von der Erde zum Himmel reicht. Auf dieser Leiter stiegen Engel auf und ab, und ganz oben war der Allerhöchste, Gott selbst. »Sicher ist Gott an diesem Ort, und ich wusste es nicht!«, rief Jakob in heiliger Ehrfurcht aus, als er erwachte. »Dies ist nichts anderes als das Haus Gottes, und hier ist das Tor des Himmels.« Und nach diesem Ereignis verlieh er der Stadt Luz den Namen *Beit-El* oder »Haus Gottes« und errichtete einen Menhir, einen heiligen Nabel-Stein im Zentrum des neu gegründeten Landes Israel und salbte ihn mit Öl. In Übereinstimmung mit den Gepflogenheiten der Einweihung wurde Jakobs Name später zu Israel. Dies bedeutet »erhaben« oder »fürstlich«. Auch der Name seines Großvaters war von Abram zu Abraham verwandelt worden.

Wir erinnern uns, dass Abraham ein Kaufmann und Patriarch war, der mit seinen Herden und seinen zahlreichen Clanmitgliedern von Babylon nach Kanaan reiste, wo er von Melchizedek, dem Priesterkönig von Salem in die Verehrung des höchsten Gottes El oder Elion eingeweiht wurde.[8] Guénon spricht von diesem geheimnisvollen Hierophanten als dem Typus des Sonnensohnes aus Zentralasien und einem Propheten höchsten Ranges.[9] Diese Einweihung fand wahrscheinlich zu Beginn des zweiten

Jahrtausends v. u. Z. statt, als sich neue prophetische Lehren im Nahen Osten ausbreiteten, zu denen auch Sonnen-Kulte aus den Gebieten jenseits des Kaukasus gehörten. Damit vollzog sich eine religiöse Erneuerung, die den Monotheismus brachte und den einfachen Stammesglauben der hebräischen Hirten zu einer großen prophetischen Tradition erheben sollte.[10]

Der esoterischen Tradition zufolge empfing Abraham durch seine Begegnung mit Melchizedek die Kabbala und konnte daraufhin eine neue spirituelle Traditionslinie gründen. Auch die Geschichte seines Enkels Jakob enthält das Thema der dynastischen und religiösen Machtergreifung, durch die sein Volk zu einer Nation zusammengeschweißt werden sollte. Aber da in jenen Zeiten ohne himmlisches Mandat und die dazugehörigen Einweihungsrituale kein König gekrönt, keine Stadt erbaut, keine Nation gegründet werden konnte, dürfen wir Jakobs Traum auch als symbolischen Bericht über ein heiliges und glückbringendes Ereignis dieser Art deuten.

Die okkulte Symbolik lässt vermuten, dass dieser Text ein Kryptogramm in der geheimen Sprache der Bruderschaften war, in das die mystische Kosmologie der praktischen Kabbala eingebettet wurde. Guénon zufolge ist es ein kodierter Bericht über die höchsten metaphysischen Lehren des jüdischen Volkes.

Der Name der Stadt Luz liefert den Schlüssel. In der Überlieferung besaß diese Stadt eine Reihe von sehr rätselhaften Eigenschaften. Einige Legenden besagten, dass es ebenso wie Agarttha eine unterirdische Stadt in der Nähe eines heiligen Berges war, die »Wohnstätte der Unsterblichkeit« hieß, dass wie bei Agarttha der Engel des Todes nicht eintreten konnte und keine Macht über sie hatte, dass ein Mandelbaum – im Hebräischen *luz* – in ihrer Nähe wuchs, in dessen Wurzelhöhlung ein Weg zum unterirdischen Zentrum verborgen war, und dass sie manchmal auch als *blaue Stadt* bezeichnet wurde – und Blau war die Himmelsfarbe, die mit dem Südhang des Berges Meru identifiziert wurde. Guénon ist der Meinung, dass wir in diesem uralten Mythos eine weitere Verkleidung des archetypischen Komplexes von Berg, Baum und Höhle sehen, der Shambhala symbolisiert.[11]

Die wirkliche Bedeutung der Stadt Luz, sagt er, besteht darin, dass sie dem untersten der sieben Chakren im menschlichen Nervensystem, dem Muladhara-Chakra, entspricht, dessen kabbalistischer Name im Hebräischen *luz* lautet. Dieser Name leitet sich, wie auch der Name Agarttha, von einer Wortwurzel her, die alles bezeichnet, was bedeckt, umhüllt, verborgen, geheim und verschwiegen ist. Diese Bedeutung orientiert sich an der Form der Mandel, die ja ein Kern ist, der in der Schale verborgen liegt. Und genauso ist auch der Sitz der Kundalini-Energie der verborgene und umhüllte Teil des Muladhara-Chakra. Der Kern, sagt Guénon, »lässt auch die Vorstellung von der Unverletzlichkeit aufkommen, die im Namen der Stadt Agarttha angedeutet ist«.[12]

*Luz* ist außerdem der hebräische Name eines unzerstörbaren Organes im feinstofflichen Körper, das an der Basis der Wirbelsäule liegt und den Keim des Lebens enthält, in dem alle Elemente vorhanden sind, die für die menschliche Existenz vonnöten sind. Nach dem Tod bleibt der feinstoffliche Körper an dieses Organ geheftet, aus dem sich das Individuum neu konstituieren kann. Diese Neuerschaffung »wirkt unter dem Einfluss von ›himmlischem Tau‹ [der Shakti-Energie], um die trockenen Knochen wiederzubeleben«[13]; denn ebenso wie der Kern den Keim enthält und der Knochen das Mark, so enthält die Mandel das erneuernde Reinkarnationsprinzip, das gegen den Tod immun ist. Die unzerstörbare Mandel ist der *Kern der Unsterblichkeit*, ebenso wie Meru die *Wohnstätte der Unsterblichkeit* ist. Und »dort hört in beiden Fällen die Macht des Todesengels auf«, sagt Guénon.[14]

Dieser Interpretation zufolge symbolisiert der Stein, auf dem Jakob seinen Kopf ruhen ließ, das unterste Chakra, das »Erd-Zentrum«, das durch die Einweihung in das Kundalini-Yoga geöffnet wird; die Leiter steht für den Kanal Sushumna, die feinstoffliche Energiebahn, durch welche die erwachte Kundalini-Energie aufsteigt, und zwar vom physischen Pol an der Wurzel des Körpers bis zum göttlichen Pol an seiner Krone, wo die Gottheit weilt; die Engel symbolisieren die Bewegungen des höheren Bewusstseins, durch die der neue Mensch göttlich wird. »Daraus scheint sich zu ergeben«, schließt Guénon, »dass die Position der Mandel im unteren Teil des Körpers (...) mit dem Ort des höchsten spirituellen Zentrums in der unterirdischen Welt vergleichbar ist.«[15]

Er führt weiter aus, dass dem Mikrokosmos auch der Makrokosmos entspricht. Wie Sushumna im menschlichen Körper, so ist der Berg Meru im Körper der Erde: Sein *merudanda* oder Achsenstab ist der mittlere Weg der Shakti-Energie. Die Jakobsleiter ist tatsächlich ein Archetypus, der sich gleichermaßen auf das menschliche Wesen, die gesamte Erde, das Sonnensystem, die Milchstraße und wahrscheinlich auch auf das ganze Universum bezieht. Und so handelt diese Geschichte von einer Einweihung; sie erzählt, wie Jakob seine Vision an einem unterirdischen Ort erlangte, wie es in den Mysterienschulen dieser Zeit üblich war, dass er die Welt des Göttlichen erreichte – was auf einen hohen Grad der spirituellen Meisterschaft hinweist – und dass sein Bewusstsein in Sushumna aufstieg, dem Weg der Engel, Devas und Gottheiten, die zum Reich des Göttlichen gehören, das über unserer Erde liegt. Diese Geschichte erzählt uns auch, dass die Weltachse eng mit der religiösen Funktion im Bewusstsein der Menschen verbunden ist und dass sie für Menschen in einem aufnahmebereiten Bewusstseinszustand überall zugänglich ist.

## Das Chakrensystem der Erde

»Wenn man die Erde vom Mond aus betrachtet«, schreibt Lewis Thomas in *The Lives of a Cell*, »ist das Verblüffende und Atemberaubende an ihr, dass sie lebt (...) Sie schwebt fein unter der feucht glänzenden Membran des strahlend blauen Himmels und ist in diesem Teil des Kosmos das einzige üppig blühende Objekt. (...) Sie hat das organisierte, sich selbst genügende Aussehen eines lebendigen Wesens, sie ist voller Information und auf wunderbare Weise geschickt im Umgang mit der Sonne.«[16]

Diese Vorstellung von der Erde als einem wunderschönen Lebewesen war bei der Menschheit intuitiv immer vorhanden und findet gegenwärtig auch bei der Bevölkerung des Westens Eingang. Die Menschen im Westen werden sich zunehmend der Lebenskraft und des Wertes ihrer eigenen spirituellen Traditionen bewusst, die die Mutter Erde zu einem göttlichen Wesen erheben. Sie formulieren es auch immer deutlicher, und im selben Maße rückt immer mehr ins Bewusstsein, wie dürftig das westliche Verständnis der Erde als eines toten und anorganischen Objektes ist, das ohne Sinn und Zweck blind und seelenlos um die Sonne geschleudert wird und das nur einen dünnen Film von ebenso sinnlosen, zufälligen Lebensformen trägt. Die alten Traditionen, die viele Jahrtausende lang der Ökologie der Erde dienten und bis heute überleben konnten, erinnern die westliche Wissenschaft immer mehr an deren Vergänglichkeit.

Bis in das 18. Jahrhundert glaubte man allgemein, dass unser Planet eine Ähnlichkeit mit dem organischen und spirituellen Wesen des Menschen selbst besitze. Vor allem in den esoterischen Kreisen seit Pythagoras dachte man so. Die gnostisch-hermetischen Eingeweihten wie Jamblichus, Porphyrius, Paracelsus, Fludd und viele andere, die ihr Leben während der Renaissance damit verbrachten, die verborgenen Prinzipien der Natur zu erforschen, huldigten der Erde als einem großen, vom Geist erfüllten Wesen. Vasilius Valentinus, ein Alchimist aus dem Mittelalter, sagte:

»Die Erde ist kein toter Körper, sondern wird von einem Geist bewohnt, der ihr Leben und ihre Seele darstellt. Dieser Geist ist Leben, wird von den Sternen ernährt und schenkt allen Dingen Nahrung, die in ihrem Schoß Schutz suchen.«[17]

Auch John Michell bemerkt, dass die Erde in den Augen der antiken Philosophen »ein Lebewesen« sei und »ihr Körper wie der eines jeden anderen Lebewesens ein Nervensystem in seinem Inneren trage und eine Beziehung zu ihrem magnetischen Feld aufweise«.[18] Dieses Nervensystem der Erde mit seinen fließenden und wirbelnden elektromagnetischen Linien der Yin- und Yang-Kraft war einst das Thema einer universellen, spirituellen Geomantie, die bei den Chinesen *feng shui* hieß. Mit ihrer Hilfe wurden riesige Flächen bevölkerten und kultivierten Landes vom Fernen Osten bis nach Afrika vermessen und in Harmonie mit den Bewegungen des Erdgeistes gestaltet. Dadurch wurden Gegenden, die heute öd und verlassen sind, einstmals dazu gebracht, einer blühenden Bevölkerung von neolithischen Bauern reiche Ernten zu liefern.[19]

Eine Geomantie dieser Art war wahrscheinlich ein Zweig der Wissenschaft, die das Netzwerk der heiligen Orte erzeugte, über die Michell berichtete. Heiligtümer, Tempel, Bauernhäuser, Kirchen, Marktflecken, Pyramiden, Städte, Paläste und Verbindungswege wurden allesamt entlang den Arterien platziert, die den elektrischen und magnetischen unterirdischen Energieströmen folgten. Und dies gilt auch für Menhire, Grabhügel, Verteidigungswälle, Brunnen und andere Werke von prähistorischen Gemeinschaften rings um den Globus. Umgekehrt wurde das Strömen der feinstofflichen Kräfte in der Erde auch durch das Muster dieser Gebäude auf der Erdoberfläche modifiziert. Und so ergab sich ein Austausch von Energiemustern, der sowohl der Menschheit wie auch dem Planeten zugute kam.[20]

In seinem Buch *The Rebirth of Nature* zeigt der Biologe Rupert Sheldrake, dass die Profanisierung der Natur im 17. Jahrhundert ihren Höhepunkt erreichte. Damals geriet *feng shui* zumindest in der westlichen Welt in Vergessenheit:

»Durch die mechanistische Revolution wurde das alte Modell vom lebendigen Kosmos durch die Vorstellung des Universums als Maschine ersetzt. Dieser neuen Theorie der Welt zufolge besaß die Natur kein eigenes Leben mehr; sie war seelenlos, bar aller Spontaneität, Freiheit und Kreativität. Mutter Natur war nicht mehr als tote Materie, die sich in treuem Gehorsam gegenüber den gottgegebenen mathematischen Gesetzen bewegte.«[21]

Es weist einiges darauf hin, dass die vitalistische Philosophie, die mit der industriellen Revolution in Vergessenheit geriet, nun eine Auferstehung erlebt. Dennoch bleibt die geomantische Vorstellung von einer terrestrischen Lebenskraft eine amorphe und wenig definierte Sichtweise an den äußeren Grenzen des wissenschaftlichen Denkens, und das trotz der wertvollen Arbeit, die in diesem Bereich von Ökologen wie James Lovelock verrichtet wurde. Das liegt an unserem geschlossenen Weltmodell, in dem die Wissenschaft keine schlüssige Theorie über eine höchste kausale Energie, eine Emanation des Göttlichen im Universum, anbieten kann. Da die göttliche *dynamis* aus der Welt ausgeschlossen wird, besitzt das zentrale Prinzip des *feng shui* keine Bedeutung für die Wissenschaft und kann in dieser Welt nicht genutzt werden.

Das Wesen des Geistes, der die Erde belebt, ist »subtil, allgegenwärtig und dennoch in den für unsere Sinne erfahrbaren Dimensionen undefinierbar. Für die modernen Physiker wie auch für ihre Vorgänger, die Magier, stellt es das letzte und höchste Problem dar. (...) Und dennoch können wir sicher sein, dass diese Kraft, die früher mit dem heiligen Geist identifiziert wurde, die Kraft und Inspiration bot, aus denen sich die Zivilisationen der Antike speisten. (...) Man hielt es für eine Art von Lebensessenz, ein durchdringendes Fluidum, mit dem der Geist im Augenblick des Todes verschmilzt und aus dem der lebendige Funke entsteht, der neues Wachstum anregt. Es ist unter einer Vielzahl von Bezeichnungen bekannt. Bei den östlichen Metaphysikern ist es das *prana* oder *mana*, bei den Okkultisten das universelle formbare Medium *vril*, in der Alchimie die *anima mundi.*«[22]

Reich nennt es »Orgon«, die Chinesen *qi* oder *chi.* »Die chinesische Philosophie«, sagt Paul Dong, ein amerikanisch-chinesischer Autor, der über paranormale Phänomene auf dem chinesischen Festland schreibt, »ist der Meinung, dass *qi* die Urmatrix der Schöpfung ist, aus der die Yin- und Yang-Kräfte entspringen, die wiederum die Materie und ihre Formen entstehen lassen. Deshalb ist ein Chi-Meister ein Mensch, der die eigentlichen Kräfte des Lebens selbst steuert. Eine solche Person kann Taten vollbringen, die wirklich paranormal sind.«[23]

Guénon zufolge entspricht das riesige Netz der magnetischen und elektrischen Erd-Ströme, das bei den Chinesen »Blauer Drache« oder »Weißer Tiger« heißt, dem indischen System der *nadis* im menschlichen Körper und wird ebenso von der Hauptarterie der Erd-Kundalini gespeist, die wie ein großes Rückgrat durch unseren Planeten verläuft. Es gibt noch andere Kraftzentren als den Berg Meru, die über den Globus verstreut liegen: den Berg Athos, den Berg Shasta, den Berg Kailash, den

Arunachala und andere mehr; aber Guénon betrachtet sie nur als Ausflüsse des wichtigsten Kraftzentrums, das in Shambhala liegt – so wie die verschiedenen Nervenzentren im menschlichen Körper nur Abzweigungen des Zentralnervensystems sind.

Die Vorstellung von einer energetischen Entsprechung zwischen dem menschlichen und dem planetarischen System wurde auch von dem Naturforscher, Anthropologen und Archäologen Lyall Watson formuliert. »Das Magnetfeld der Erde«, schreibt er, »fluktuiert etwa acht- bis sechzehnmal pro Sekunde. Der vorherrschende Rhythmus unseres Gehirns liegt bei etwa denselben Werten.«[24] Als er erfuhr, dass es in vielen Teilen der Welt eine besondere elektromagnetische Strahlung bei Sonnenaufgang gibt, schrieb er: »Wir stellen fest, dass die Frequenz mit der Physiologie assoziiert ist. (...) Unsere Systeme, und zwar sowohl das der Erde wie auch unser persönliches, werden von demselben Metronom bestimmt.«[25]

Der antiken Kosmologie zufolge war diese Synchronisation möglich, weil eine einzige universelle Energie die Vielfalt aller bekannten Energien und Phänomene, jeden Teil des Universums mit jedem anderen Teil in Beziehung setzt. Guénons Weltsicht beruht auf demselben Einheitsprinzip. Er betrachtet die universelle Energie als synergistisch, als außerhalb der entropischen Prozesse des Kosmos liegend und nur indirekt erkennbar, indem man sich an ihren Eigenschaften im Raum-Zeit-Kontinuum orientiert. Ob wir sie als *Kundalini*, *Göttliches Licht*, *Heiligen Geist*, *Schechinah* oder *vis vitalis* bezeichnen (Guénon verwendet nacheinander all diese Namen, die aus dem Sprachschatz der Religionen bekannt sind) – sie wird als eine Kraft begriffen, die allem anderen übergeordnet ist und allen Phänomenen innewohnt. Sie ist absolutes Sein und transzendentales Leuchten, das jenseits aller Dinge liegt und sie dennoch mit ihren Informationen durchtränkt. Diese Kraft, so glaubt Guénon, strahlt nicht nur vom Shambhala-Zentrum aus und inspiriert und nährt all seine Gemeinschaften, sondern spielt auch eine unerwartet zentrale Rolle im Leben der Erde als Ganzem.

## Gaia: Die Erde als lebender Organismus

Guénons Konzept ist beeindruckend und verleiht der Erde Leben, Bewusstheit und Seele. In jedem wichtigen Aspekt stimmt sie mit James Lovelocks Gaia-Hypothese überein, geht aber noch weit über sie hinaus. Wie wir wissen, hat Lovelock der Erde den wunderschönen Namen der griechischen Erdgöttin Gaia verliehen, weil sie intelligent und zweckvoll ist, »ein Superorganismus, ein Lebewesen mit dem Ausmaß eines Planeten«[26], das sich wie alle Organismen selbst organisiert und fähig ist, sein eigenes Leben und Wohlsein aufrechtzuerhalten.

In seinem Buch *The Ages of Gaia*, das er im Jahre 1988 veröffentlichte, stellte Lovelock die Erde als integriertes Ganzes dar, als Muttergewebe des Lebens, in dem Organismus und Umwelt interagieren, sich symbiotisch entwickeln und ein lebendiges Ganzes bilden, in dem jeder Teil mit jedem anderen Teil kooperiert, um die Weitergabe und Evolution von immer neuem Leben zu ermöglichen. Alle sich selbst regulierenden Mechanismen der Erde, so glaubt er, zwingen zu dieser Schlussfolgerung. Die Stabilität der Atmosphäre, die sich Millionen von Jahren trotz ihrer instabilen und reaktiven Gase erhalten hat, das Gleichmaß der Temperatur und die offensichtliche Fähigkeit der Erde, unter vielen möglichen klimatischen Bedingungen und chemischen Aufbaustoffen genau jene zu wählen, die für die kontinuierliche Gesundheit ihrer Lebensformen optimal sind, verweist auf das zutiefst lebendige und zweckvolle Wesen unseres Globus.[27]

Lovelock erntete für seine unorthodoxen Ansichten viel Kritik in Wissenschaftskreisen und hat inzwischen seine Position modifiziert. In einem Aufsatz aus dem Jahr 1996 wird erklärt, dass Lovelock inzwischen der Meinung sei, dass sich Gaia wie ein lebendiger Organismus *verhält*, aber nicht selbst einer *ist*. Da die Erde »eine Tendenz aufweist, Stabilität zu erzeugen und zu überleben«, erklärt er, »musste ich zeigen, dass diese Stabilität aus den Eigenschaften des Systems entsteht und nicht durch irgendeine lenkende Hand absichtsvoll erzeugt wird«.[28]

Zweifelsohne bedauern viele Lovelocks Neufassung seiner Theorie, die der Erde lediglich ein roboterhaftes Wesen zuzugestehen scheint –

falls man sich so etwas ohne lenkende Intelligenz vorstellen kann. Aber er hat wertvolle Anregungen gegeben, die von anderen weiter verfolgt werden können. Wissenschaftler wie Sheldrake suchen nach einer passenden Formel, mit der sie ihre Vision von Gaia als lebendem, zweckvollem Organismus ausdrücken können. Vor allem seit der Neuformulierung der *Unified Field Theory* durch die Physiker hat das Streben, die Erde ganzheitlich und als belebten Organismus zu bestimmen, ständig zugenommen.

Doch Guénon geht, wie bereits gesagt, getreu der antiken kabbalistisch-hermetischen Tradition noch weiter. Die Erde, behauptet er, ist nicht nur lebendig, sondern sogar ein spirituelles Wesen wie der Mensch. Auf der feinstofflichen Ebene besitzt auch sie einen inneren Licht- oder *vajra*-Körper. Auch sie ist hoch entwickelt und besitzt eine Art von Äquivalent zu unserem phylogenetischen Aufbau – eine Entsprechung zu unserer Wirbelsäule, unserem Nervensystem und unserer Hirnrinde als Steuerungszentrale. Deshalb funktioniert Mutter Erde unter denselben sich selbst steuernden Evolutionsprinzipien, wie wir sie auch beim Menschen erkennen können.

## Ein psychospirituelles Modell der Natur

Eine solche spirituelle Sicht der Erde, die zwar auch in Lovelocks Gaia-Theorie implizit vorhanden ist, rückt die Frage nach der Existenz von höheren Mächten im Universum sowie nach einem zielgerichteten Wesen der Evolution ins Bewusstsein – Themen, die auch die Biologie und die Physik betreffen und den Darwinismus in Frage stellen. Wie Sheldrake sagt, sind fundamentale Modelle oder Paradigmen der Wirklichkeit, wie wir sie kennen, in Gefahr. Sind wir an eine lebendige Natur und ihre organischen und sich selbst steuernden Ziele gefesselt? Gibt es eine selbstbestimmte, intelligente und kooperative Seelenhaftigkeit im Herzen lebender Organismen, oder sind wir und alle anderen Lebensformen das Ergebnis von zufälligen physikalischen und chemischen Interaktionen in unserer Umwelt (wie es die meisten Wissenschaftler noch immer glauben)? Wohnen wir in einem mechanischen Universum, das von einem blinden Überlebenswillen beherrscht ist, mit dem wir uns auf Kosten aller anderen durchsetzen? Wo liegt die Wahrheit?

Die esoterische Auffassung von einem psychospirituellen Energie-Zentrum der Erde – ihrer Seele bzw. ihrem Organisationsprinzip – stellt eine ernste Herausforderung aller heutigen Theorien dar, sei es nun der Darwinismus oder der Schöpfungsglaube, und stellt den mechanistischen Zugang der meisten Biologen zur Entwicklung der Biosphäre und ihrer Lebensformen einschließlich der Menschheit in Frage. Diese esoterische Auffassung sagt uns, dass es zwar Determinismus gibt, dass die schöpferische Freiheit ihn jedoch transzendiert. Den Zufall gibt es, aber er steuert nicht die Evolution. Es gibt im Universum eine göttliche Gegenwart, die sich aber mittels ihrer geschaffenen Formen entfaltet. Es gibt Raum für natürliche Zuchtwahl, und dennoch wird die Evolution auch durch Intelligenz, bewusste Güte und den Willen zu Freude, Vollkommenheit und Harmonie mit dem Ganzen angetrieben. Das Gesamt der Schöpfung kann also auch als spiritueller Prozess verstanden werden, der viele verschiedene untergeordnete Organisationsebenen kennt, deren Gesetze jeweils innerhalb ihres begrenzten Bezugsrahmens Gültigkeit besitzen. Die physikalische Welt liegt innerhalb dieses Organisationsspektrums, aber auf seiner untersten Ebene. Dort gelten zwar bestimmte Gesetze, doch werden sie durch die Gesetze der darüber liegenden Ebenen eingeschränkt.

## Ist die Kundalini »Dark Matter«?

Die kabbalistisch-hermetische Tradition in Guénons Interpretation behauptet, dass die Steuerungszentrale der Erde, die unserer Gehirnrinde entspricht, in Shambhala liegt und dass die Hierarchie, die dort ihren Hauptsitz hat, die Evolution sowohl der Menschheit wie auch der gesamten Erde überwacht, die ja beide untrennbar miteinander verbunden sind.

Nach dieser Theorie muss es einen gemeinsamen Faktor geben, wenn eine kongruente Beziehung zwischen den Organismen und ihrer natürlichen Umwelt vorhanden sein soll. Dieser Faktor wäre dann die Shakti, die elementare Schöpfungsenergie des Universums, die in ihrer kinetischen Form durch alle Geschöpfe fließt und die Erde organisiert und belebt und dennoch ewig davon abgehoben bleibt.

Dieses Konzept ist in der heutigen wissenschaftlichen Auseinandersetzung sehr wichtig, denn es bietet einen Ansatz zur Erklärung der *Dark Matter*, jener dunklen Materie, die 90 bis 95 Prozent des gesamten Universums erfüllt und deren Zusammensetzung – abgesehen von ihren Schwerkraftwirkungen – vollkommen unbekannt ist, da sie keiner anderen Art von Materie gleicht, mit der die Physiker vertraut sind. Die Entdeckung dieser Schatten-Wirklichkeit hinter dem sichtbaren Universum führt manche Wissenschaftler zu einer neuen organischen Auffassung des Universums, die mit der esoterischen Theorie eines Guénon eher vereinbar ist. Ein Wissenschaftler schreibt, dass Astronomen »langsam und widerstrebend eine dunklere, passivere Stofflichkeit hinter dem blassen Film des sichtbaren Universums anerkennen«, die das Universum vielleicht eines Tages »in einem letzten, strahlenden Glanz« durch die Zusammenziehung der Schwerkraft an sein Ende bringen wird.[29] Es ist offensichtlich, dass dieser Ozean der dunklen Stofflichkeit, in dem wir alle leben, der Kundalini-Energie in unserer Umwelt sehr ähnlich ist.

Wenn wir das traditionelle Konzept der Erdseele mit ihrer zweckgerichteten Organisation gleichsetzen, so »wurde in der modernen Evolutions-Physik der Begriff der Seele des Universums durch die Vorstellung der *Unified Field Theory* ersetzt, aus dem die bekannten Kraftfelder der Physik entstanden. In gleicher Weise kann man sich die Seele der Erde am besten als das *Unified Field* Gaias vorstellen«[30]. Durch dieses Feld formt die dunkle Materie die Art und Weise, in der sich alles entfaltet. Sheldrake fährt fort: »Da diese dunklen Partikel nur wenig mit den uns vertrauten materiellen Dingen, unseren Sinnen oder Werkzeugen interagieren, sind sie ihrem innersten Wesen nach flüchtig. Sie sind immer in unserer Nähe, ohne dass wir es wissen. Ihre möglichen Eigenschaften sind noch immer spekulativ.«[31] Und dennoch hat die dunkle Materie durch das universelle Schwerkraftfeld die Entwicklung des Universums bestimmt, wie ja auch die Kundalini-Shakti die Welten erschafft. Diese dunkle Materie »besitzt die archetypische Kraft der dunklen zerstörerischen Mutter; sie ist wie Kali, deren Name bereits ›schwarz‹ bedeutet«[32]. Sie erinnert an den Ozean der unendlichen Schöpfungskraft, die bei den indischen Weisen *adhar shakti* oder Ur-Shakti heißt. Und von ihr, so drückt es Gopi Krishna, eine moderne indische Mystikerin und Yogini aus, »hängt die Existenz des Körpers und des Universum, des Mikrokosmos und des Makrokosmos ab«.[33] Sie erinnert auch an den hinduistischen Glauben, dass Brahma am Ende eines jeden großen Zeitalters das Universum zerstört, indem er es in seine undifferenzierte Stofflichkeit zurückruft, wo es bis zum nächsten Schöpfungsakt ruhen kann.

Offensichtlich berühren sich die moderne Physik und das Yoga-Tantra bei der Erhellung des großen Mysteriums, welches das Denken der Gegenwart beschäftigt: der Ursprung des Universums und der Naturordnung. Aber ob die Physik darin erfolgreich sein kann, ohne, wie das Tantra-Yoga, eine Hierarchie der Ebenen und eine universelle Energie anzuerkennen, die all diesen Ebenen Informationen zukommen lässt, ist fraglich.

6

# DIE VOLLKOMMENHEIT DES KÜRZESTEN WEGES

Das langsame Fortschreiten der Seele zu Gott, die von einer spirituellen Station zur nächsten den kosmischen Berg emporsteigt, ist ein Bild, das fast allen mystischen Systemen der Welt gemeinsam ist. Aber nur wenige erwähnen den direkten Weg vom Fuße des Berges bis zum Gipfel. Selbst das Tibetische Totenbuch spricht nur ein einziges Mal vom direkten Weg und geht dann wieder zu einer Beschreibung der zirkulären Reise der Seele durch die himmlischen Welten in der Zeit nach dem Tode über. Der kurze Weg des Helden, der die himmlischen Welten oder *bardos* überspringt und innerhalb eines einzigen Lebens direkt in die göttliche Welt gelangt, wird in der religiösen Literatur so eifersüchtig gehütet, dass die entsprechenden Texte des tibetischen Buddhismus in einer dunklen Sprache geschrieben sind, die nur mit Hilfe einer Erklärung verstanden werden kann. Dies ist ein Thema, das eng mit dem bislang verborgenen esoterischen Wissen um die Weltachse und ihren Energiestrom zusammenhängt. Dieses Wissen ist der Kanal, durch den der direkte Weg verläuft.

Unser Wissen um die universelle Energie, die Shakti, ist erst wenige Jahrzehnte alt und bruchstückhaft, und es gibt nur sehr wenig Material über sie, das uns weiterhelfen könnte. Vor Jahrhunderten ist das Kundalini-Yoga in Indien in Misskredit geraten, es stagnierte als Disziplin, und seine Einweihungswege gingen der Welt verloren. Es wurde zu einer theoretischen Abstraktion, die von Pandits dargelegt wurde, die seine Wirkungsweise nicht aus erster Hand kannten und deshalb für die Verbreitung vieler Irrtümer über die Kundalini-Energie verantwortlich waren.

Aber während der sechziger Jahre wurden die uralten Vedanta-Systeme des Siddha-Yoga und des Sahaja-Yoga wieder ausgegraben und boten nun einem breiten Publikum in Ost und West die ersten echten Unterweisungen im Tantra-Yoga. Dabei wurden die Erweckung der Kundalini-Energie gelehrt und einige der praktischen Geheimnisse des Tantra geoffenbart. Die Arbeit dieser wie auch anderer Shakti-Schulen (z.B. die shinto-buddhistische Mahikari-Sekte, die indonesischen Schulen Subud und Sumarah, das tibetisch-buddhistische Vajrayana und die Dzog-Chen-Schulen), die in ihren Einweihungen sanftere und ungefährlichere Methoden zur Erweckung der Kundalini-Energie einführten, eröffnete neue Perspektiven für die psychologische Erforschung des Kundalini-Phänomens.[1] Deshalb erfahren wir nun viel mehr über diese evolutionäre Energie. Aber das Kundalini-Konzept wird nur selten auf die Erde ausgedehnt, obwohl dies eigentlich geschehen sollte und bei früheren Völkern auch geschah. Dementsprechend gibt es einen Mangel an Information über die weiteren Anwendungsmöglichkeiten dieses Begriffes.

Ferner muss gesagt werden, dass uns die Kundalini-Energie als vorbewusste Energie näher ist als unsere Halsschlagader und dennoch außerhalb unseres sichtbaren Zeit-Raum-Kontinuums liegt, und weil seine Interaktion mit einem potentiellen Beobachter unvorhersagbar und in ihren Wirkungen besonders flüchtig ist, ist es nach wie vor schwer, aus erster Hand objektive Informationen über sie zu gewinnen. In Bezug auf die Geophysik war dies fast unmöglich. Die terrestrische Kundalini war zwar nicht unbekannt, wurde aber einfach zu selten einer genaueren Beobachtung unterzogen. Selbst in jenen wenigen Fällen, in denen eine wissenschaftliche Erforschung versucht wurde, waren die Ergebnisse nicht besonders deutlich oder wurden missverstanden.

## Konzentrierte kosmische Kundalini-Energie

Der Psychoanalytiker Wilhelm Reich war einer derjenigen, die die Möglichkeit erforschten, aus der natürlichen Umwelt universelle Energie zu gewinnen und zu verdichten. Er besaß eine visionäre Einstellung und gelangte trotz seiner wissenschaftlichen und kulturellen Konditionierung durch die Erforschung der sexuellen Energie im Menschen zu dem Konzept einer universellen Energie, die dem Menschen und der Erde gemeinsam ist. Er nannte diese Kraft »Orgon« und glaubte, dass sie zum Nutzen der Menschheit akkumuliert und verdichtet werden könne.

Nachdem Reich nach Amerika ausgewandert war, wurde er bei seinen Experimenten mit der Orgon-Energie von einer begeisterten Gefolgschaft aus qualifizierten jungen Wissenschaftlern unterstützt. Diese Forscher, so John Michell, zeigten, dass diese Energie »im ganzen Universum in jedem Materieteilchen und auch in jedem freien Raum vorhanden ist. Sie befindet sich in ständigem Fluss und setzt ständig neue Schöpfungszyklen von Wachstum und Tod in Gang. Obwohl sie selbst keine Masse hat und deshalb nur schwer isoliert werden kann, liefert sie das Medium, durch welches magnetische und Schwerkraft-Energien ihre Wirkung manifestieren«.[2]

Da Reich glaubte, dass die vitalen Energien von Mensch und Natur durch einen gesteigerten Fluss von Orgon-Energie stimuliert werden können, baute er den Orgon-Akkumulator, eine Art Schrankkabinett, das er mit wechselnden Schichten organischer und anorganischer Materialien auskleidete. Auf diese Weise glaubte er Orgon-Energie speichern zu können. Michell weist darauf hin, dass dieses Konstruktionsprinzip auch von den Völkern der Frühzeit in England und anderen Teilen der Welt beim Bau ihrer geheimnisvollen Begräbnishügel eingesetzt wurde. In konzentriertem Zustand konnte diese Energie, so behaupteten die Verfechter dieser Theorie, bei der Heilung von Krebs und psychischen Störungen, zur Veränderung von Wetterlagen und der Erzeugung von Regen helfen. Dadurch konnte auch ganz allgemein demonstriert werden, dass der Prozess der Materiebildung im Kosmos offenbar immer weitergeht.[3]

Damit griff Reich wissenschaftliche Theorien seiner Zeit auf. Der britische Astronom und Mathematiker Sir James Jeans hatte am Anfang des Jahrhunderts bereits etwas Ähnliches ausgesprochen. Er sagte, dass es innerhalb der Spiralnebel einzelne Punkte oder Schöpfungszentren gebe, an denen höhere Energie aus einer anderen Raumdimension in unsere Welt strömt. Für einen Bewohner unseres Universums erscheinen sie als Punkte, an denen immer neue Materie erschaffen wird. Jeans' Vorstellung wurde fast vollständig von der Urknall-Theorie in den Hintergrund gedrängt, wird aber von esoterischen Theorien wie auch von jüngeren astronomischen Beobachtungen unterstützt. Reichs Vorstellung von einer universellen Orgon-Energie weist eine auffallende Ähnlichkeit zur terrestrischen Kundalini-Energie auf, und seine Experimente lassen vermuten, dass er – ohne es zu beabsichtigen – ein Wissen entdeckt hatte, das bei den Völkern früherer Zeiten durchaus lebendig war.

Anfänglich noch erfolgreicher und interessanter war der tschechische Erfinder Robert Pavlita, der in der Sowjetunion mit seinen nicht-mechanischen »psychotronischen Generatoren« bekannt wurde, mit denen er angeblich »bionische Energie« aus dem Kosmos und der natürlichen Umwelt, wie auch aus dem Kraftfeld von Menschen konzentrieren konnte. Beobachtern zufolge waren diese Geräte so effektiv, dass sie mit hoher Zuverlässigkeit alle Arten von paranormalen Phänomenen simulieren konnten, die an Wunder grenzten. Die amerikanischen Wissenschaftsjournalisten Sheila Ostrander und Lynn Schroeder nahmen im Jahre 1968 an einem paraphysikalischen Kongress in Moskau teil, in dem Pavlita seine Erfindungen vorführte. Nachdem sie seine Demonstration unter streng kontrollierten Bedingungen beobachtet hatten, waren sie überzeugt, dass sie etwas Neues und Wichtiges gesehen hatten, das die bekannten Naturgesetze auf den Kopf stellte.

In ihrem Buch *PSI: Psychic Discoveries Behind the Iron Curtain* erklärten sie, dass hinter Pavlitas Generatoren die Idee der Existenz eines elektronischen Bioplasmas im Menschen stand, das auf nicht-belebte Materie übertragen werden kann. Sie berichteten: »Nach Auskunft der tschechischen Wissenschaftler beziehen diese psychotronischen Generatoren die Bio-Energie von einer Person, akkumulieren und nutzen sie. Wenn sie einmal mit der Energie eines Menschen geladen sind, können sie einige der Dinge tun, die auch eine übersinnlich begabte Person vollziehen kann.«[4] Und weiter: »Diese Bio-Energie scheint hinter der Psychokinese zu liegen und auch die Grundlage für die Radiästhesie zu sein. (...) Diese merkwürdige Energie konnte Wirkungen erzeugen, die dem Magnetismus, der Elektrizität, der Hitzeentwicklung und einer Leuchtstrahlung ähnelten, dennoch aber mit keinem dieser Phänomene identisch waren.«[5]

Seit 1968 hat die Quantenphysik ihr Verständnis der subatomaren Energie, die durch die Pavlita-Experimente angezapft wurde, sehr erweitert. Ihr Potential wurde in der Theorie von der »Null-Punkt-Energie«, der Theorie über den kosmischen Wirbel und David Bohms Theorie über multidimensionale implizite und explizite Ordnungen erforscht. Aber der Moskauer Kongress des Jahres 1968 bleibt wegen seiner Orientierung auf das Paranormale ein wichtiger Meilenstein. Das tschechische Manifest, das damals vorgelegt wurde, bezeichnete diese unbekannte Energie als »Dritte Energie« – als Brücke zwischen belebten und unbelebten Systemen – und betonte, dass sie sich als allen anderen Energieformen überlegen erweisen würde, wenn man sie einer wissenschaftlichen Erforschung unterzöge.

In einem Nachwort zu ihrem Buch sagen Ostrander und Schroeder, dass das russische Militär diese Erfindung schon bald nach dem Moskauer Kongress – nämlich bei dem Einfall in die Tschechoslowakei – entwendet und aus dem Verkehr gezogen habe. Jedenfalls werden die Pavlita-Generatoren in der heutigen wissenschaftlichen und parapsychologischen Literatur nicht erwähnt, so dass ihre Authentizität nicht kontrolliert werden kann. Wie unbefriedigend das Ergebnis auch gewesen sein mag – Pavlitas Arbeit entfaltet in ähnlicher Weise wie die Reichsche Orgontheorie die Vorstellung, dass eine universelle Schöpfungsenergie dem Leben der Menschen, der ganzen Erde und der Sterne zugrunde liegt, den gesamten Raum erfüllt und alle Dinge miteinander verbindet – vor allem aber: dass sie ihrem Wesen nach psychospiritueller Natur ist.

## Das universelle Energiefeld

Vor kurzem haben die hellsichtigen Beobachtungen der Physikerin und Heilerin Barbara Ann Brennan einen weiteren Beitrag zu diesem Thema geliefert. Sie setzt die universelle Schöpfungsenergie – Reichs Orgon-Energie – mit dem von der Wissenschaft entdeckten universellen Energiefeld gleich und stellt fest: »Es ist immer mit irgendeiner Art des Bewusstseins verbunden.«[6] Obwohl es aus einer Energie besteht, die von der westlichen Wissenschaft noch nicht definiert wurde, muss man in früheren Zeiten davon gewusst haben.

Brennan sagt:

»Das universelle Energiefeld besitzt eine ordnende Wirkung auf die Materie und baut Formen auf. Es scheint in mehr als drei Dimensionen zu existieren. Allen Veränderungen in der materiellen Welt geht wahrscheinlich eine Veränderung in diesem Feld voraus. (...) Manche Wissenschaftler nennen dieses universelle Energiefeld ›Bioplasma‹.«[7]

Alle Eigenschaften, die sie diesem universellen Energiefeld zuschreibt, sind die gleichen wie jene der Kundalini-Energie, die bereits den Mystikern in der Antike bekannt waren. So verweisen die Upanishaden, die um 400 v. u. Z. verfasst wurden, an vielen Stellen auf die göttliche Shakti, und zwar in Begriffen, die wir ohne weiteres als Beschreibung der *schwarzen Materie* des universellen Energiefeldes lesen können.

»Shakti ist die Wurzel von allem, was existiert«, sagt das Tantra-Tattva. »Aus ihr manifestieren sich die Universen, sie ernährt sie, und am Ende der Zeit werden die Welten wieder von ihr verschlungen werden.«[8]

Die Devi-Bhagavata, eine Hymne an Shakti, erklärt:

»Nur aufgrund Deiner Macht kann Brahma das Universum erschaffen, nur aufgrund Deiner Macht kann Vishnu es erhalten, nur aufgrund Deiner Macht kann Shiva es am Ende der Zeit zerstören. Ohne Dich haben sie keine Macht, um ihre Aufgaben zu erfüllen. Deshalb bist Du es, die in Wirklichkeit die Schöpferin, Bewahrerin und Zerstörerin der Welt ist.«[9]

Wie lange es her ist, dass die Geheimnisse der terrestrischen Kundalini-Energie entdeckt wurden, wissen wir nicht. Die Upanishaden wurden selbst aus mündlichen Traditionen zusammengestellt, die unvergleichlich viel älter sind und aus einer Zeit stammen, in der das menschliche Bewusstsein viel tiefer mit der Welt der Natur und ihrem feinstofflichen Unterbau verbunden war, als wir es uns heute vorstellen können. In den vergangenen fünftausend Jahren sind die Grenzen unserer Wahrnehmungsfähigkeit geschrumpft, und jedes unmittelbare Bewusstsein von dem feinen Strom der schöpferischen Kräfte in unserer Umwelt und der ihr zugrunde liegenden komplexen Struktur wurde rigoros ausgeblendet, so dass wir nun in unseren drei Dimensionen gefangen sind.

Das hinduistisch-buddhistische Weltverständnis ist nicht so beschränkt, weil es ursprünglich von Adepten und Magiern eines vergangenen Zeitalters verfasst wurde, die imstande waren, Shakti unmittelbar zu erfahren und ihre schöpferischen Wirkungen in ihr Weltbild einzubringen.

## Meru: Eine mythische Geographie des Hinduismus und des Buddhismus

In einer frühen, mythischen Geographie aus Indien, die eng mit der tibetischen Tradition verwandt ist, wird der Berg Meru mit dem Altai-Gebirge gleichgesetzt und als Weltachse präsentiert, die nicht nur durch das Zentrum der Erde, sondern auch des Himmels und der »reinen Länder« verläuft, die über der Erde liegen und sie umgeben, auch wenn man diese auf der Karte nicht sieht (Abb. 8). [10] Dieselbe Weltachse mit dem juwelengeschmückten Palast des Gottes Indra an der Spitze soll den Strom der universellen Kundalini-Shakti andeuten, die durch das Zentrum von Shambhala und die darüber liegenden Himmelsebenen fließt, um sie zu einem einzigen kosmischen System zu vereinigen.

In seiner Einführung in das *Bardo Thödol*, das Tibetische Totenbuch, äußert sich der buddhistische Gelehrte Dr. W. Y. Evans-Wentz über die Abschnitte aus dem Kalachakra, die dieses Weltbild darstellen, wie folgt:

*Abb. 8: Ein hinduistisch-buddhistisches System mystischer Geographie. In der Mitte erhebt sich der Berg Meru mit dem Palast des Gottes Indra auf seiner Spitze. Darüber liegen die Himmelswelten, die auf der Zeichnung allerdings nicht erscheinen. Der Berg Meru ist von sieben Ringen goldener Berge umgeben. In der hinduistischen Mythologie hält man den südlichen Kontinent, der durch ein Dreieck gekennzeichnet ist, meist für Indien. Es wird ebenso wie der westliche, nördliche und östliche Kontinent von zwei Satelliten-Kontinenten flankiert.*

»Sie lassen ein weitreichendes Wissen vermuten, das aus sehr frühen Zeiten überliefert wurde, ein Wissen über Astronomie, über die Gestalt und Bewegung der Planeten und über die wechselseitige Durchdringung von Welten und Weltsystemen, von denen einige solide und sichtbar, (...) andere wiederum ätherisch und unsichtbar sind und nur in einer vierten Raumdimension existieren.«[11]

In diesen unsichtbaren Welten aus höheren Dimensionen, die unsere Erde wie Zwiebelschalen umgeben, lokalisiert Evans-Wentz die astralen Welten, die bei den Tibetern *bardo* heißen und die Seele nach dem Tod aufnehmen. Der heilige Berg ist die Weltachse, die all diese Himmelswelten durchdringt, bevor sie wie eine riesige Antenne in den kosmischen Raum entweicht. »Wir können den Berg in der Mitte als universelle Nabe, als Stützpunkt aller Welten und als Schwerkraft-Zentrum des Universums betrachten.«[12]

Und so erklärte ein Lama Nicholas Roerich gegenüber, dass der Aufstieg auf den Berg Meru der kürzeste Weg zur Entwicklung der Seele sei: »Nur durch Shambhala, nur durch die Lehre des Kalachakra kannst du die Vollkommenheit des kürzesten Weges erlangen.«[13]

Die Abschnitte des Kalachakra, aus denen Evans-Wentz zitiert, wurden im Laufe der Jahrhunderte von tibetischen Gelehrten unterschiedlich gedeutet, was zu beträchtlicher Verwirrung führte. Dies war unvermeidlich. Denn wie Evans-Wentz uns zu vermitteln sucht, vereint die hinduistisch-buddhistische mythische Geographie nicht nur verschiedene Ränge von Welten, sondern ist auch eine zweidimensionale Wiedergabe eines erdgebundenen, aber vieldimensionalen Systems und kann als solche nur eine sehr unvollkommene Annäherung an die Wirklichkeit sein. Schamanen, Mystiker und einige Hellsichtige können manchmal einen Zugang zu dieser Wirklichkeit gewinnen, der im normalen Wachbewusstsein nicht möglich ist.

Von einer solchen Erfahrung war im 2. Kapitel die Rede in der Vision von K'hamtul Rinpoche. Ein weiteres Erlebnis dieser Art soll im folgenden Abschnitt dargestellt werden.

## Die Reise einer Australierin nach Shambhala

Vielleicht können wir mehr über Abb. 8 erfahren, wenn wir von den ungewöhnlichen übersinnlichen Erlebnissen hören, die eine junge Frau zu Beginn der sechziger Jahre hatte, als das kollektive Bewusstsein des Westens ganz allgemein in einem spirituell gehobenen Zustand war. In den Archiven von Dr. Raynor Johnson, einem englischen Gelehrten, der

Hunderte von authentischen Erfahrungsberichten über mystische und paranormale Erlebnisse aus der ganzen Welt sammelte und viele davon in seinem Buch *The Imprisoned Splendour* veröffentlichte, befindet sich ein unveröffentlichter Bericht einer übersinnlich begabten Person, die sich einfach nur L.C.W. nennt und erzählt, dass sie im Laufe von mehreren Jahren außerordentlich genaue Visionen von Shambhala und seinem zentralen Heiligtum hatte.

Sie schrieb:

»Im Alter von 21 Jahren begann ich eine ›Nachtschule‹ zu besuchen, von deren Lage ich allerdings keine Ahnung hatte. Nachdem ich eingeschlafen war, flog ich mit großer Geschwindigkeit über die Erde zu einem Ort, an dem ich mich unter eine Menge von Menschen mischte, die alle wie ich selbst Schüler an der Nacht-Schule waren. In einer großen, schmucklosen Halle mit Holzboden stellten wir uns ordentlich auf und mussten Tanzübungen vollziehen, die ich später als Abbilder der heiligen Derwisch-Übungen erkannte, wie George Gurdjeff sie lehrte. Unsere Lehrer saßen auf einem Altan am Ende der Halle. Nach mehreren Jahren mit Gruppenübungen wurde ich in einen anderen Rang erhoben und erhielt Einzelunterricht von einer Frau, die ein großes Weisheitsbuch vor mir aufstellte. Während sie die Seiten umblätterte, erklärte sie mir das spirituelle Wissen, das in ihnen enthalten war. Nach etwa zwölf Jahren legte ich eine Prüfung ab, und irgendjemand sagte: ›Nun bist du von der Sonne berührt worden.‹ Soweit ich weiß, bin ich seitdem nicht mehr zu dieser Nacht-Schule zurückgekehrt.

Mein Familienhintergrund war protestantisch und sehr beschränkt, und zu jener Zeit wusste ich nichts über die Meister oder irgendwelche östlichen Religionen. Aber später begann ich zu meditieren und mystische Literatur zu lesen. Erst vor kurzem hatte ich einige Visionen, die, wie es schien, aus dem Weltraum kamen. In ihnen wurde mir die Lage der Nacht-Schule gezeigt: Sie befand sich leicht nördlich von Westtibet, und ich erkannte, dass dies der Ort sein musste, den man Shambhala nennt. Offenbar hatte ich dort eine Sufi-Schule besucht und eine Art von Einweihung erhalten.«

Nebenbei sei bemerkt, dass L.C.W.'s Nacht-Schule den astralen »Hallen des Lernens« ähnelt, die von Alice Baileys engster Schülerin, Vera Stanley Alder, erwähnt wurden und die sie in einer außerkörperlichen Erfahrung in Begleitung einer Führerin besucht haben will.

Alder schreibt:

»Ich war erstaunt, viele andere Menschen zu sehen, die auf dieselbe Weise wie ich in ihren Astralkörpern reisten (...) Nun waren wir in eine große Halle gelangt, in der bereits viele der Träumer versammelt waren. Sie waren alle ernsthaft beschäftigt und lernten aus Büchern, die sie von all den Bücherborden nahmen, oder wurden von Begleitern unterwiesen.«[14]

In den Visionen, die sie während der sechziger Jahre hatte, berichtete L.C.W., habe sie irgendwo im Pamir- oder Tien-Shan-Gebirge ein immaterielles Phänomen gesehen, das mit Shambhala zu tun hatte und wie ein großer Mast oder eine Antenne oder wie ein Baum mit hervorstehenden Ästen aussah, der aus der Erde in den interstellaren Raum emporragte.

»Ich flog zu ihm hin und wurde von einem unsichtbaren Führer in den Weltraum getragen. Es war ein riesiger Pfeiler aus reiner Energie, der wie strömendes Licht blinkte und blitzte. An jeder neuen Verästelung sah ich eine Öffnung, die in eine andere Welt führte. Es gab eine ganze Reihe von solchen inneren, übereinanderliegenden Welten, und jedes Tor war durch eine andere geometrische Figur markiert: einen Kreis, ein Dreieck, ein Viereck, ein Hexagramm usw. All diese Symbole waren mit Licht geschrieben und lieferten offensichtlich numerische Schlüssel zu den verschiedenen Ebenen. Weit unter mir im Süden lag Indien, rechts von mir im Osten war China, im Westen Turkestan und Russland, und im Norden Sibirien; auf jedem dieser Länder war eines der geometrischen Symbole eingezeichnet. Ich erinnere mich, dass China durch einen Kreis gekennzeichnet war.«

Die Abb. 9 und 10 wurden eingefügt, damit sich die Leser L.C.W.'s Visionen vorstellen können: Abb. 9 stellt den Weltenbaum dar, wie sie ihn sah, und Abb. 10 ist ein Aufriss derselben Vision vom Weltraum aus gesehen. Es ist offensichtlich, dass das zweite Bild nur eine Abwandlung des hinduistisch-buddhistischen Systems der mystischen Geographie ist; die

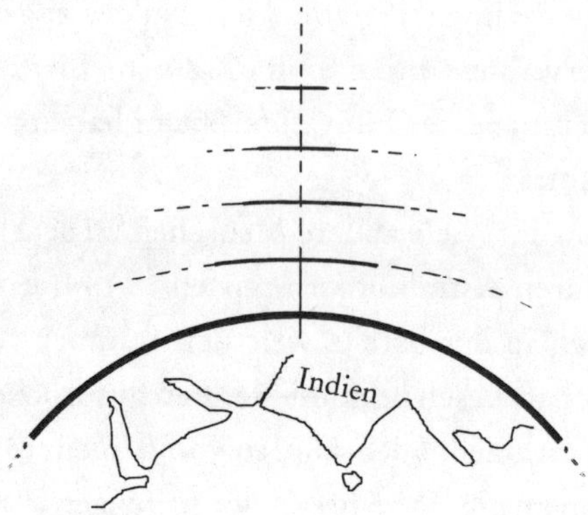


*Abb. 9: Eine intuitive Ansicht des Weltenbaumes. Wo die Zweige die Achse schneiden, liegen Tore zu den verschiedenen Himmelswelten*

Ringe aus goldenen Bergen, die den Berg Meru umgeben, liegen hier in Innerasien und nicht am Nordpol, und die vier Kontinente werden als die vier Länder gezeigt, die in den vier Himmelsrichtungen rings um den Berg Meru angeordnet sind. Die geometrischen Symbole sind auch hier wieder vorhanden, und zwar entsprechend der Vision der jungen Australierin mit einem kreisförmigen Symbol über China. Diese Anordnung der Symbole steht im Einklang mit der esoterischen Tradition, die das Dreieck (das Einweihungsdreieck, die Dreifaltigkeit) immer mit dem Norden und dem Polarstern, nicht aber mit Indien identifiziert, wie auch Bernbaum andeutet.[15]

L.C.W.'s Hauptinteresse galt der Säule mit ihrer Spektralenergie, von der sie angezogen wurde und die sie nur schwer zu beschreiben vermochte. Sie sagte, dass innere und äußere Dimensionen an diesem Platz in der Mitte verschmolzen und dass es deshalb nicht einmal ein wirklicher Ort war. Es gab keine Koordinaten. Nichts war sichtbar oder erkennbar – außer diesem Strahlen, aus dem sich Zeit und Raum als ungeteilte Potenzen wie aus einem Samen entfalteten. Eine Person, die damit in Einklang

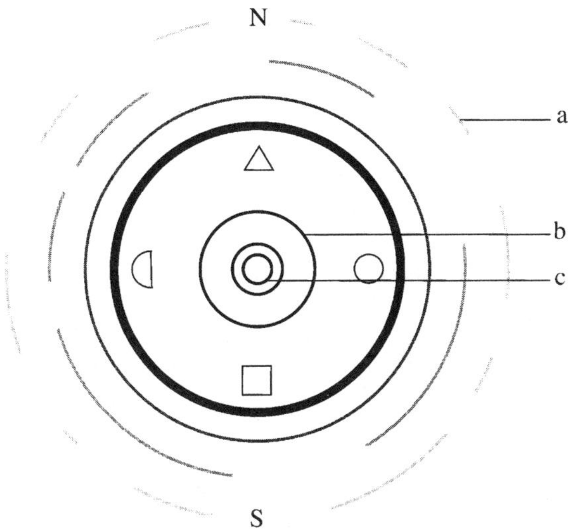


*Abb. 10: Eine weitere intuitive Sicht des Weltenbaumes vom All aus.*
*Das Bild zeigt:*
*a) den Himmel, b) die Berge von Innerasien, c) den Weltenbaum.*
*Das Dreieck steht für Sibirien, der Kreis für China, das Quadrat für Indien, der Halbkreis für Turkestan*

stand, konnte sich überall hinbegeben, sagte sie: in die Zukunft, in die Vergangenheit, an jeden Ort auf der Erde oder in andere Dimensionen oder sogar ganz außerhalb des Sonnensystems. Umgekehrt glaubte sie, dass Seelen aus anderen Systemen im Raum die irdische Sphäre auf demselben Weg betreten und dabei ihre eigenen spirituellen Einflüsse mit sich bringen konnten.

In ihrer Beschreibung dieser übernatürlichen Zone innerhalb des Körpers der Erde schilderte sie, wie der Stamm in der Mitte plötzlich so etwas wie einen Ast aus sich erzeugte, der zu einer Lichtgasse wurde, durch die sie mit rasender Geschwindigkeit nach unten und in östlicher Richtung über die Erde getragen wurde, um dann über China und zugleich dreißig

Jahre später wieder hervorzukommen. Von diesem Punkt konnte sie den ganzen Globus mit all seinen Kontinenten beobachten und Eindrücke von den ungeheuren Transformationen des Zustandes der Welt gewinnen, die am Ende unseres Jahrhunderts und im Laufe der folgenden Jahrhunderte eintreten und damit einen neuen Evolutionszyklus eröffnen würden. Ihr Führer sagte ihr, dass die Erde gegenwärtig eine Periode der Reinigung durchlaufe, um sich auf eine große Wiedergeburt vorzubereiten.

In einer Vision, die sie etwa ein Jahr später hatte, sah sie ein riesiges Kreuz über diesem Baum, und die Tore zu den inneren Himmelreichen, die normalerweise für die Erde geschlossen waren, standen nun offen. »Die himmlischen Ebenen waren geöffnet, so weit mein Blick auch reichte. Die Erde empfing einen göttlichen Gnadenstrom von oben. Dies schien mir eine Art kollektiver Einweihung zu sein«, schrieb sie. Und als eine Sternengruppe von der Höhe des Kreuzes auf die Erde herabfiel, bedeutete dies, wie sie bald erfuhr, dass nun hohe Seelen herabkommen würden, um bei diesem Ereignis mitzuhelfen.

Was war das für ein Ort, der gleichzeitig auch kein Ort war, was war das für eine Zeit, die noch nicht eingetreten war? Dies scheint mit der Traumzeit der australischen Eingeborenen verwandt zu sein, vielleicht auch mit dem unvergänglichen Reich des Geistes im Hinduismus, dem *parabrahman*, und man erinnert sich auch an das kabbalistische *Ain Soph*, jenes unendliche und ewige Sein ohne Form, die Pleroma-Region, über die der Gnostiker Stephan Hoeller sagt: »Sie ist der höchste Kontext der Transzendenz, alles das, was war und ist und immer sein wird; zeitlos, grenzenlos, und dennoch von dem Potential aller Zeiten und Räume, allen Lebens und allen Bewusstseins erfüllt.«[16]

L.C.W. sagte, dass sie selbst die Überzeugung gewann, dass man in diesen Pleroma-Zustand der Potentialität, welcher der Schöpfung vorausgeht, eintreten oder in eine Proto-Zeit gelangen kann, um von einer Matrix zeitlicher Möglichkeiten unmittelbar an jedem beliebigen Punkt in Vergangenheit, Gegenwart oder Zukunft anzukommen; in gleicher Weise könne man in einen Proto-Raum eintreten, um von dort aus unmittelbar zum Zentrum des Universums oder jedem anderen Punkt im Raum zu gelangen. Und man kann auch am Schnittpunkt aller Dimensionen, in dem alle Punkte im Raum und in der Zeit zusammenfallen, alle Ebenen gleichzeitig durchqueren, so dass die Seele dort all die verschiedenen Seinsebenen erfahren und unmittelbar zu Gott fliegen kann.

## Die Astralreise des Schamanen

Das Wissen um den direkten Weg zu Gott durch die Weltachse war für die sibirischen Schamanen der Vergangenheit vielleicht eher zugänglich als für uns.

Ivar Lissners Forschungen bei den Tungusen Sibiriens, die zu den ältesten noch existierenden Völkern gehören, überzeugten ihn, dass sie aus Urzeiten ein lebendiges Bewusstsein von einem Höchsten Wesen bewahrt haben und dass der heutige Schamanismus nur noch ein degeneriertes Überbleibsel einer einstmals mächtigen religiösen Tradition ist, die über viele Jahrhunderte die menschliche Kultur rings um den Globus bestimmte. Sie war auf den Weltenbaum ausgerichtet und von einer spirituellen Reinheit und Spontaneität, die für den modernen Menschen unvorstellbar ist. Zu dieser Zeit schob sich nichts zwischen Mensch und Gott, was niedrigeren Motiven entsprang.

»Die Menschen, die auf der Schwelle zwischen Aurignacien und Magdalénien standen (30.000 v. u. Z.), hatten bereits das höchste Stadium der intellektuellen Entwicklung der Menschheit erreicht«, erklärt Lissner. »Ja, im religiösen Bereich waren sie sogar bereits auf dem Weg nach unten und hatte ihre innige Beziehung mit dem Hochgott zugunsten der Magie aufgegeben. (...) Einst waren sie ihm näher, aber dann schob sich etwas Neues zwischen sie und ihren Gott: Kunst, religiöser Kult und Magie.«[17]

Diese Behauptung, die an den biblischen Sündenfall erinnert, bezieht sich auf ein Cro-Magnon-Volk, das wahrscheinlich viele Jahrtausende lang Zentralasien bewohnt und sich dort entwickelt hat. Denn den größeren Teil seiner Evolution, sagt Lissner, erlebte der *homo sapiens* in Zentralasien, und nicht in Europa oder im arktischen Norden. Denn die asiatische Steppe, die zu dieser Zeit mild, fruchtbar und für menschliche Bedürfnisse gastfreundlich war – ohne den Eisschild, der immer wieder einen großen Teil der nördlichen Hemisphäre bedeckte –, bot langfristig stabile Bedingungen für eine größtmögliche Entfaltung der menschlichen Kultur.

Dort haben vielleicht die ural-altaischen Schamanen, die zwischen Russland und der Mongolei umherstreiften, ehrfürchtig das Phänomen beobachtet, das L.C.W. in ihrer Vision sah: diesen geisterhaften Mast, der zu den Sternen aufsteigt, aus der Ferne dunkel aussieht, aber von der Nähe besehen strahlt und glänzt. Vielleicht fühlten sie sich genauso von ihm angezogen und empfanden dieselbe tiefe Wahrheit. Auch sie müssen ihn als heilig, als eine spirituelle Emanation der Erde und als Weg für die Erdseele, als den kürzesten Weg zum Göttlichen erkannt haben, als die große Mutter des Lebens, des Wissens und der Kraft, die sie unwiderstehlich in ihren Bann zog, so dass sie zu den ersten Bekennern des *direkten Weges* wurden.

Der wirkliche Schamane ist ein Ekstatiker und Hellseher, der nicht durch einen lebenden Meister, sondern durch die Geister seiner Vorfahren eingeweiht wurde und die Geheimnisse des astralen Fluges beherrscht. Er kennt den Berg Meru als Weltenbaum im Zentrum der Erde und erhebt den Anspruch, an ihm emporfliegen zu können, um an seinem Gipfel den Herrn des Lebens oder in seiner Tiefe den Herrn des Todes zu treffen. Eliade berichtet, dass der Weise der sibirischen Steppen den Rahmen seiner magischen Trommel, deren Schläge seine leidenschaftlichen Trancezustände und außerkörperlichen Flüge begleiten, symbolisch aus den Ästen dieses Baumes fertigt: Er stellt den Himmelspfeiler durch eine junge Birke dar, die er in der Mitte seines Zeltes errichtet; in ihrem Stamm bringt er sieben, neun oder zwölf Kerben an, welche die himmlischen Ebenen symbolisieren, die er auf dem Weg zum Allerhöchsten durchlaufen muss. So erzählt er dem versammelten Stamm die Schritte seiner mystischen Reise zum Himmel.

Doch dies ist mehr als nur ein Schauspiel. Durch das Gesetz der Entsprechungen fliegt der Schamane gleichzeitig zum wirklichen Weltenbaum, auf dem seine Seele geboren wurde. »Da der Rahmen seiner Trommel«, sagt Eliade, »aus dem wirklichen Holz des kosmischen Baumes geschaffen wurde, trägt er ihn auf magische Weise in die Nähe des Baumes und damit zum Zentrum der Welt, jenem Ort also, an dem es möglich ist, von einer kosmischen Ebene zur nächsten aufzusteigen.«[18] Ob er also nach oben zum Herrn der Welt oder nach unten zum Herrn des Todes reist, immer befindet er sich auf einem tatsächlichen Astralflug rings um die Weltachse. Dabei befindet er sich im Zustand der Ekstase, wenn er die uralte Funktion des Heilers, Hellsehers, Barden und Exorzisten ausübt, die ihm durch den Baum selbst verliehen wird.

In den Jahrtausenden nach der Eiszeit priesen vedische Priester, während sie durch Zentralasien in Richtung Süden wanderten, Maha-Kali als Mutter der Welt und der Götter. Und in derselben Weise hatten paläolithische Schamanen die Geister der Erde und des Himmels verehrt, die im Baum des Lebens zusammenkamen, der sich hoch über ihnen erhob. Der Baum war die Mutter der Weisheit. Er schenkte ihnen das Alphabet, die Zahl und ihre erste Vorstellung von einem geordneten Kosmos; er lehrte sie, das sich drehende Rad der Zeit zu deuten, und enthüllte die Geheimnisse der Sterne. Und lange bevor Yoga-Systeme oder Theologien entstanden, war er die Urmutter der Religion, der direkte Weg zum Großen Geist im Himmel. Erst viel später, wie Lissner betont, entstanden die heiligen Symbole und Sakramente des Kultes und der Magie, die das Göttliche übermitteln, und damit auch viele der Sorgen und Schmerzen, die wir heute kennen.

7

# DAS KALACHAKRA – PROPHEZEIUNGEN ÜBER SHAMBHALA

Die Lamas sagen, das Kalachakra, die Lehre vom Rad der Zeit, sei eine Wissenschaft, die den Menschen geradenwegs zum verborgenen Land der Bodhisattvas führt. Es ist eine Sammlung von wissenschaftlichen, prophetischen und tantrisch-mystischen Schriften. Eine Richtung der tibetisch-buddhistischen Tradition behauptet, dass jeder Buddha in Shambhala eingeweiht wird und zu jeder Gelegenheit die Prinzipien der Kalachakra-Lehren verkündet, von denen einige nur mündlich überliefert und niemals in Büchern niedergelegt wurden.

Vor der chinesischen Invasion in Tibet wurde dieses System hauptsächlich in Kalachakra-Schulen gelehrt, die dem Tashi-Lunpo-Kloster in Shigatse und dem Kumbum-Lamazentrum in Nordosttibet angegliedert waren. Nur die intellektuell und moralisch begabtesten Lamas durften diese Schulen besuchen. Das höchste Ziel aller Kalachakra-Eingeweihten war es, die erforderlichen spirituellen Fortschritte zu machen, um Shambhala betreten zu können oder telepathische Gemeinschaft mit dessen großem Herrscher zu erlangen.

Das Tashi-Lunpo-Kloster war einstmals der Sitz des Tashi oder Panchen Lama, der in seiner spirituellen Autorität nur dem Dalai Lama nachstand. Aber der Sechste Panchen Lama, der für seine Kenntnis der Wissenschaften berühmt war, floh im Jahre 1923 nach einem internen politischen Streit nach China. Er starb im Jahre 1936. Sein Nachfolger, der Siebte Panchen Lama, kam in den fünfziger Jahren nach Shigatse. Er starb im Jahre 1988. Einige Tibeter sind der Meinung, dass der Sechste Panchen Lama die spirituelle Kraft der ganzen Nation geschwächt habe, als er Tibet verließ und auf diese Weise das Tor für die chinesischen Besatzungsarmeen öffnete. Die Tibeter sind der festen Meinung, dass diese Eindringlinge erst dann das Land verlassen werden, wenn der Tashi Lama nach Shigatse zurückkehrt.[1] Der gegenwärtige Dalai Lama erkannte im Jahre 1995 eine neue Inkarnation des Panchen Lama, doch dieser junge Lama wurde sofort von den Chinesen inhaftiert.[2] In den letzten Jahren hat der Dalai Lama Tausenden von Laien – Menschen aus dem Westen wie auch Tibetern – die Kalachakra-Einweihung erteilt und damit eine Tradition weitergeführt, die auch von früheren Inhabern seines Amtes eingehalten wurde. Einige Kalachakra-Meister wurden in der tibetischen Geschichte zu legendären Gestalten, weil sie über Wunderkräfte verfügten. Die Biographie eines solchen Adepten – er hieß Vanaratna – erzählt, wie in seinem Haus Blumen und Regenbögen erschienen, als er dort im Jahre 1468 aus freiem Willen, in Yoga-Position aufrecht sitzend, starb. Als sein Körper eingeäschert wurde, erschien über ganz Nepal ein Baldachin von Regenbögen. Im 12. Jahrhundert vollzog ein anderer Kalachakra-Adept namens Böndön Rimpoche eine Weihezeremonie, bei der Kerzenflammen zu feurigen Zeichen und Symbolen wurden. Im Alter von 51 Jahren ging er in das Land Shambhala ein, sagt sein Biograph.[3]

Mit den Kalachakra-Methoden sind also zahllose sensationelle Geschichten über Magie und paranormale Phänomene verbunden. Aber das Kalachakra ist durch seine Exponenten nicht nur mit der Magie, sondern auch mit allen Formen von spirituellem Wissen verbunden, mit einem Verständnis der *namig* (der »himmlischen Buchstaben«, wie das Ur-Alphabet genannt wird), mit der Zahl, der Astronomie, der Geometrie und der Erlangung der »Großen Zeit«, in der alle Prophezeiungen ausgesprochen und die Geheimnisse der zyklischen Zeit enthüllt werden, und schließlich auch mit der Überwindung aller Naturkräfte.

Ein alter Lama erklärte Roerich gegenüber:

»Wer kann ohne Nahrung existieren? Wer kann ohne Schlaf existieren? Wer ist immun gegen Hitze und Kälte? Wer kann Wunden heilen? Wahrlich, nur derjenige, der das Kalachakra studiert. Wie können wir unser umfassendes Verständnis entwickeln? Wahrlich, wir sind weise im Geist und wissen alles – aber wie sollen wir dieses Wissen aus den Tiefen unseres Bewusstseins rufen und unserem Geist mitteilen?«[4] Dies ist nur durch die Übung der Methoden des Kalachakra möglich, so sagte er.

Was das Alter und die Herkunft dieses großen Systems der Weisheit und der Magie betrifft, so gehen die Meinungen weit auseinander. Manche Gelehrte vermuten seinen Ursprung im Indien des 10. Jahrhunderts, andere in der frühen buddhistischen Periode in Zentralasien; aber die Eingeweihten glauben, dass die mit dem Kalachakra verwandten Steinkreise, die auf der ganzen Erde vorkommen, bis zum Magdalénien, also bis etwa 15.000 v. u. Z., zurückreichen und dadurch das hohe Alter dieser Lehre und ihre Verbreitung in der ganzen Welt beweisen. Wahrscheinlich verkörpern die Steinkreise die esoterische Dimension der Sonnenreligion bei den nacheiszeitlichen vedischen Völkern; sie breiteten sich – Roerich zufolge – im Zuge von Wanderungen in alle Gegenden des Erdballs aus. Aber in den dazwischen liegenden Zeiträumen hat das Kalachakra auch Elemente aus verschiedenen anderen Traditionen in sich aufgenommen; unter dem Dach des Buddhismus wurde es zu einem reichen und komplexen Kompendium von Weisheitslehren. Kalachakra-Schulen gibt es heutzutage nur in fernöstlichen Ländern, aber es gibt genügend Hinweise darauf, dass vor der Ausbreitung des Buddhismus auch anderenorts archaische Versionen dieses Systems praktiziert wurden. Einige Eingeweihte sind der Meinung, dass die britischen Druiden, die selbst eine viel ältere Tradition geerbt haben, ebenfalls das Kalachakra besaßen. Aber alle sind sich darüber einig, dass es ursprünglich aus Shambhala kam und dann im 10. Jahrhundert u. Z. in Kaschmir und Bengalen und im 11. Jahrhundert in Tibet auftauchte.

## Die drei Ebenen des Kalachakra

Das Kalachakra-Tantra gehört zu den höchsten unter den tantrischen Lehren und wird als Anuttara-Yoga bezeichnet. Seine Methodik beruht auf praktischem Wissen im Kundalini-Yoga und auf den Geheimnissen der Kundalini-Shakti. Das zehnte Buch der »Blauen Annalen«, das von Gos Otsaba Gzonnu-dpal um das 15. Jahrhundert zusammengestellt wurde, verweist auf die Entsprechung zwischen Sonne, Mond und Sternen einerseits und den Chakren des menschlichen Körpers andererseits und sagt, dass Weisheit nur denen zuteil wird, die imstande sind, ihren Atem zu kontrollieren. Es spricht von dem »Haus der Kundala, die voll flammender innerer Hitze ist« und von der Kundalini an der Basis der Wirbelsäule.

Der Lama, der Roerich über Shambhala informierte, sagte, dass die Kalachakra-Lehren der Bodhisattvas in den Wissenschaften sowohl des Ostens wie auch des Westens verwendet werden, ohne dass es jemand weiß. Aber wenn mit dieser Kundalini, der »ewigen Energie, dem feinen, gewichtslosen Stoff, der überall verstreut ist und jeden Augenblick in uns weilt«, bewusster umgegangen würde, so wären diese Wissenschaften viel effektiver und fruchtbarer. Und er fügte hinzu: »Diese Kalachakra-Lehre, diese Verwendung der Ur-Energie wurde auch als *Agni*-Lehre oder ›Lehre des Feuers‹ bezeichnet (...) und es ist die neue Lehre für die Neue Ära.«[5]

Die frühen Meister des Kalachakra-Tantra waren der Meinung, dass ein Verständnis sowohl der inneren wie auch der äußeren Aspekte der Wirklichkeit für den spirituellen Adepten nötig ist und dass sowohl das Innere wie auch das Äußere, das Selbst und das Universum Aspekte der einen transzendentalen Wirklichkeit seien. Nur wenn der Eingeweihte sagen kann ›Ich bin die Wirklichkeit‹, hat er das Ende seiner Suche erreicht.

Für diese Meister waren Wissenschaft und Religion verschiedene Aspekte eines einzigen übergreifenden Forschungsfeldes, nämlich der Erkenntnis der Wirklichkeit. Und aus diesem Grund versuchten sie eine

Metaphysik zu prägen, die »alle Phänomene umfasst, von der Funktionsweise des Bewusstseins bis zur Ordnung des Universums in einem einzigen alles einschließenden System des Wissens und der Übung«.[6]

Sie teilten das Studium in drei verschiedene Teile ein, und zwar nach dem Grad der notwendigen Geheimhaltung. Diese drei Teile heißen »äußeres Kalachakra«, »inneres Kalachakra« und »anderes Kalachakra«. Der erste Teil handelt vom natürlichen Universum und seiner Geschichte, ist exoterisch und wird von den Lamas auch offen diskutiert, während der zweite und dritte Teil im allgemeinen geheim gehalten und nur Eingeweihten geoffenbart werden. Das »innere« Kalachakra befasst sich mit dem Kundalini-Yoga und seinen Lehren von der Physiologie und der Psychologie des Individuums und erklärt die Wirkungsweise des Nervensystems im Allgemeinen und in seiner Beziehung zu den Sinnen und verschiedenen Bewusstseinszuständen. Es erörtert auch verschiedene Krankheiten des Körpers und der Seele, die durch Ungleichgewichte im Energiefluss des Körpers bedingt sind, und empfiehlt Heilbehandlungen für verschiedene Krankheiten.[7]

Die Praxis des »inneren« Kalachakra ist unverzichtbar, um den dritten Teil, das »andere Kalachakra« zu verstehen, das sich mit den göttlichen Hierarchien befasst, also mit den unsichtbaren, nicht-menschlichen Reichen, die an unserer Welt teilhaben, und mit den großen außerirdischen Wesen, die unsere Welt lenken.

Dem »äußeren« Kalachakra, das sich mit allen Aspekten der äußeren Welt befasst, entstammen der Kalender und die astrologischen Systeme der Tibeter. Somanatha, ein Brahmane aus Kashmir, brachte im 11. Jahrhundert – zusammen mit dem Kalachakra – ein Kalendersystem nach Tibet, das auf dem Zwölfjahreszyklus des Planeten Jupiter beruht, der die Sonne in genau 11,86 Jahren einmal umkreist.[8] Doch das »äußere Kalachakra« ist auch die Grundlage von Prophezeiungen. Ossendowski erwähnt eine mongolische Legende, derzufolge die Priesterkönige der Mongolei, die zumeist Tibeter waren, die Zukunft mit Hilfe eines Bruchstückes des Chintamani-Steins in Shambhala vorhersagen konnten. Die hohen Lamas waren imstande, die Zeichen und Buchstaben zu lesen, die auf seiner

Oberfläche erschienen, und sprachen in Verbindung mit den Kalachakra-Texten Prophezeiungen für ganze Nationen aus.

Eng verbunden mit der Kunst der Prophezeiung ist das Studium der Astronomie, der Geographie und der Mathematik – und vor allem das zyklische Verständnis der Zeit. Das Rad der Zeit wird durch eine kosmische Uhr in Gestalt eines Mandala wiedergegeben. Die berühmten Prophezeiungen des Orakels von Lhasa, die vor der chinesischen Eroberung Tibets erfolgten, bezeugen die außerordentliche Effektivität dieses Systems als Mittel der Voraussage.

Im 19. Jahrhundert brachte dieses Orakel eine Prophezeiung in Umlauf, dass Lhasa im Jahre 1904 von einer ausländischen Macht besetzt werden würde, und sagte damit ziemlich genau den Angriff auf Lhasa voraus, der im Zuge einer britischen Militärexpedition im Jahre 1903 stattfand. Bereits im 19. Jahrhundert sagte es auch die Niederlage Deutschlands im Ersten Weltkrieg voraus. Und mehrere Jahre vor der chinesischen Revolution des Jahres 1911 und dem Zusammenbruch der Himmelsdynastie brachte es ein gedrucktes Papier in Umlauf, auf dem diese Ereignisse prophezeit wurden. Im Jahre 1920 veröffentlichte das Tanjyeling-Kloster die Prophezeiung, dass der damals regierende 13. Dalai Lama der letzte sein würde. Und im Jahre 1933 bestätigte der Dalai Lama selbst diese Prophezeiung und verkündete das bevorstehende Ende des Lamaismus in Tibet. Drei Jahrzehnte später bewahrheitete sich diese Voraussage. Der 14. Dalai Lama floh nach Indien, und die Chinesen begannen mit ihrer rücksichtslosen Zerstörung des klösterlichen Buddhismus in Tibet.[9]

## Shambhala und die kosmische Uhr

Kurzfristige Voraussagen wie die oben genannten sind jedoch nicht die Hauptbeschäftigung von Kalachakra-Eingeweihten, die sich um eine Vision der Zukunft bemühen. Vielmehr geht es ihnen um langfristige Prophezeiungen, die sich auf Shambhala selbst beziehen, aus dem, wie sie glauben, alle spirituellen Wohltaten hervorfließen. Deshalb sind die Zukunftsperspektiven von Shambhala bei den Lamas von vorrangiger Bedeutung, doch die Meinungen zu diesem Thema variieren beträchtlich. Einer Prophezeiung zufolge werden nach Rudra Chakrins Einleitung eines Goldenen Zeitalters auf der Erde acht weitere Könige den Thron von Shambhala besteigen, so dass es insgesamt vierzig sein werden. Während ihrer Regierungszeit wird das Goldene Zeitalter wieder dahinschwinden, denn Buddhas Lehren werden missachtet werden und schlechte Umstände werden sich wieder durchsetzen. Viele Lamas glauben, dass zu dieser Zeit – etwa 5000 Jahre nach der Geburt Buddhas – der Buddhismus aussterben wird, und dann wird auch Shambhala verschwinden.

Aber der älteste und angesehenste der Kalachakra-Texte erwähnt den Buddhismus überhaupt nicht und liefert auch keinen einzigen Hinweis darauf, dass Shambhala jemals sterben wird. Dementsprechend glauben andere Lamas, die diesen Texten folgen, dass vor der Entstehung des Buddhismus andere Religionen in Shambhala gelehrt wurden und dass Shambhala selbst bei einem Verfall des Goldenen Zeitalters, ja selbst am Ende des Buddhismus, der ja wie alle anderen Religionen sterben muss, weiterleben und neue religiöse Impulse in die Welt schicken wird, denn seine Funktion ist ewig.

Dieser Quelle zufolge hängt Shambhalas Aktivität vom Kraftstrom des Berges Meru ab, der mit dem langsamen Atem des Kosmos wächst und schwindet und den Rhythmus des Lebens auf Erden bestimmt. Durch diesen Rhythmus erzeugt er auch Zyklen der Evolution, denen Shambhala folgen muss. Deshalb sagen manche Sufi-Eingeweihte, dass der Fluss der Weisheitsübermittlung aus Shambhala an die Welt mit dem Atem des Kosmos Schritt hält, deshalb eher periodisch als kontinuierlich ist und alternierende Zyklen von Sammlung und Zerstreuung aufweist – immer und immer wieder, bis in Ewigkeit.[10] Wenn man das Rad der Zeit erforscht, sieht man, wie sehr es das Zyklische dieser Einweihungstätigkeit betont. Es geht darum, deren Periodizität zu bestimmen und, wenn nötig, ihren Verlauf über riesige Zeitspannen festzulegen, um sich auf langfristige Veränderungen in der menschlichen Geschichte vorzubereiten.

Zu diesem Zweck entwickelten die Eingeweihten schon in einem frühen Stadium der Geschichte eine Wissenschaft der zyklischen oder »Großen Zeit«, die zum einen auf Astronomie, zum anderen auf Offenbarung beruhte. Ihre astronomische Komponente besteht in der *Präzession des Frühlingspunktes*: Eine sehr langsame, kreisende Bewegung der Erdachse erzeugt den Anschein, als verschöbe sich die Position der Sterne am Himmel, und zwar in einem Zyklus von rund 26.000 Jahren.

Diese scheinbare Bewegung der Sternbilder im Laufe von Jahrtausenden ist nach Meinung heutiger Wissenschaftler schon in sehr frühen Epochen der menschlichen Geschichte beobachtet, registriert und von eingeweihten Priestern mit tiefer religiöser Bedeutsamkeit erfüllt worden. Joseph Campbell hält es für möglich, dass die Sumerer schon im vierten Jahrtausend v. u. Z. gewusst haben, dass die Sternbilder zum Zeitpunkt der Frühlings-Tag-und-Nacht-Gleiche (21.März) nie ganz in derselben Position sind wie im Vorjahr, dass es im Verlauf von 2160 Jahren eine Differenz von 30 Grad, also einem Sternzeichen gibt, und dass sie im Verlauf von 25.920 Jahren einen Umlauf von 360 Grad vollziehen. Dieser Zeitraum wird als »Platonisches Jahr« bezeichnet.[11] Auch Jane B. Sellars, eine amerikanische Ägyptologin, die sich intensiv mit den Pyramidentexten befasst hat, ist der Meinung, dass die alten Ägypter diese Himmelsphänomene schon im fünften Jahrtausend v. u. Z. beobachtet haben und dass daraus religiöse Ideen des vordynastischen Ägypten entstanden.[12]

Darüber hinaus deutet manches darauf hin, dass dieses Wissen einer viel weiter zurückliegenden Wurzel entsprungen ist, nämlich einer vergessenen Zivilisation mit einer Hauptstadt in Zentralasien, die all unseren bekannten Zivilisationen vorausging und eine andere Kraftquelle kannte als wir, eine Energie, die sich wahrscheinlich aus dem Magnetfeld der Erde speiste. Indem sie Einweihungszentren auf der ganzen Welt errichtete, gab sie ihr Wissen an die gerade erst geborenen Zivilisationen eines späteren Zeitalters weiter. Wir können wohl davon ausgehen, dass ihre Ziele eher spirituell als technologisch waren und dass sie aus ihrem riesigen Wissensfundus, den sie im Laufe von vielen Tausenden von Jahren gesammelt hatte, die Grundlagen des Kalachakra-Systems und seiner Himmelsuhr entwickelte.

Die Adepten der Antike glaubten, dass die Sterne große göttliche Wesen seien, die den Gesetzen des Universums gehorchen, und dass deren Bewegungen deshalb unser Leben auf Erden verständlich machen können. Sie ließen sich von ihren Beobachtungen anregen, eine sakrale Uhr des Universums zu entwickeln, deren Zeiger mit viel größerer Genauigkeit gelesen werden konnte, als dies heute der Fall ist, da uns das astrologische Wissen fast vollständig verloren gegangen ist. Diese Uhr war das »Rad der Zeit«, das auch bestimmte esoterische taoistische Prinzipien einschloss, die heute nur wenig verstanden werden. Ihre langfristigen Voraussagen zielen darauf ab, die menschliche Gesellschaft in Harmonie mit dem Kosmos zu halten, und wirkten auf viele Entscheidungen ein, die sich beispielsweise auf Völkerwanderungen, religiöse Reformen und die Abwendung von Naturkatastrophen bezogen.

Der japanische Mystiker und shinto-buddhistische Eingeweihte Sukuinushisama, der die moderne Mahikari-Sekte gegründet hat, vergleicht die kosmische Uhr des Kalachakra mit einer ebensolchen aus dem Shinto-Buddhismus, die er medial empfangen hat und auf der seine berühmten Prophezeiungen basieren. Ihr Zifferblatt weist drei konzentrische Kreise auf: der innere ist der Sitz des »Guten Gottes«, der mittlere stellt die astrale Welt dar, und der äußere verkörpert die physische Welt. Dieses »Zifferblatt« ist in sechzehn Segmente aufgeteilt, die Zeiger sind die blaue Yin- und die rote Yang-Kraft, und die »Stunden« sind Zeiträume von jeweils 12.000 Jahren.

Dieses Zifferblatt wird durch eine vertikal-spirituelle und eine horizontal-materielle Achse des Universums in vier gleiche Teile geteilt. Diese vier Segmente der kosmischen Uhr stellen die vier Zeitalter dar, die der Kreis als Ganzes durchwandern muss. Davon ist das erste Viertel die indische Kalachakra-Zeit als Goldenes Zeitalter oder Sattva-Zeit, das letzte das Kali Yuga oder »Schwarzes Zeitalter«. Sukuinushisama lehrt, dass diese kosmische Uhr in den Händen eines erleuchteten Adepten langfristige Einblicke in zukünftige Ereignisse öffnet.[13]

Aber der Hauptzweck dieser Zeit-Mandalas war immer hieratischer Natur, denn sie liefern in erster Linie Informationen über die günstigsten Zeiten für Einweihungen, da nur der Beginn von kosmischen Zyklen, wenn die Kraftübertragung aus dem Reich des Göttlichen ihren Höchststand erreicht hat, für günstig gehalten wird. Am Ende solcher kosmischer Zyklen dagegen ist der Weg zur Einweihung für die meisten Menschen vollkommen verschlossen – und dies galt bis vor kurzer Zeit auch für unsere Epoche. In prähistorischen Zeiten wurde deshalb die Sternenbeobachtung zur Kunst erhoben. Tomas zufolge begann sie in Shambhala. Dort wurden die Grundlagen für das Kalender-Wissen und die mathematisch komplexen Astrologien der späteren Mysterienschulen gelegt, die allesamt auf einem Verständnis der zyklischen Zeit beruhen.

## Lineare oder zyklische Zeit?

Kann ein zyklisches Verständnis der Zeit mit all seinen mystischen und soteriologischen Untertönen im späten 20. Jahrhundert eine echte Funktion haben? Ist es nicht lediglich Ausdruck einer naiven und unwissenden Vorstellung, die frühe Völker vom Universum hatten? Bis zum 17. Jahrhundert war eine lange Reihe von erleuchteten Geistern – von Empedokles bis zu Nostradamus – der Meinung, dass es ein gangbarer Weg sei, um die Geschichte zu ordnen. Aber seither hat die zyklische Theorie stark an Glaubwürdigkeit verloren und wurde zusammen mit der Vorstellung von der Erde als Scheibe und der Engelkunde ins Reich der Mythen verbannt. Historiker wie Oswald Spengler und Arnold Toynbee, die zyklische Theorien bemühten, um die Geschichte zu erklären, haben ihre Anerkennung in der akademischen Welt aufs Spiel gesetzt. Mit ihrer unendlichen Progression in die Zukunft wurde die lineare Zeit nicht nur als adäquate, sondern auch als die einzig legitime Methode angesehen, um die Geschichte zu ordnen.

Aber ist sie das wirklich? Vor etwa fünfzig Jahren setzte eine Gegenströmung ein, ein neuer Impuls, der einem erwachten psychologischen Bewusstsein im Westen entsprang, das die alten Voraussetzungen hinterfragte, auf denen unsere profane Gesellschaft aufgebaut ist. Man begann zu fragen, ob das lineare Zeitverständnis ausreicht, um Aspekte wie Sinn und Zweck und große geistige Zusammenhänge zu erklären.

Wir wissen, dass auch in traditionellen Gesellschaften einerseits ein lineares System verwendet wurde, um relativ kurze Zeitabstände zu messen, dass andererseits die Priesterschaften aber auch ein eher esoterisches, zyklisches System verwendeten, das die »Große Zeit« miteinbezog, um größere Zeiträume zu messen und zu interpretieren, die jenseits der unmittelbaren Sinneserfahrung lagen. In den Tempeln und Ashrams galt die »Große Zeit« als Teil einer höheren Erkenntnisweise, die nur von Eingeweihten verstanden werden konnte. Sollten wir vielleicht zur Annahme einer mehrschichtigen Zeitwirklichkeit zurückkehren?

Eine Schule der transpersonalen Psychologie, die wachsenden Zulauf verzeichnet, ist dieser Meinung. Was wir sehen, hängt davon ab, wie wir schauen, sagt der Physiker und Autor Fritjof Capra. Die Muster der Materie spiegeln die Muster unseres Bewusstseins wider.[14] Capra legt einschneidende Kulturwandlungen dar, die dadurch eintraten, dass die enge und inadäquate Wirklichkeitswahrnehmung, die durch die cartesianische Philosophie entstanden war, transzendiert wurde.

»Was wir brauchen, ist also ein neues ›Paradigma‹ (...) eine grundlegende Veränderung in unseren eigenen Gedanken, Wahrnehmungen und Werten. Die Anfänge dieser Veränderung, die Verlagerung vom mechanistischen zum holistischen Konzept der Wirklichkeit sind bereits in allen Bereichen der Wissenschaft sichtbar.«[15]

Diese Verlagerung ist für unsere Geschichtsdeutung sehr wichtig, denn wie Capra zeigt, entspricht sie dem, was einige führende Psychologen die absolute Differenz zwischen zwei unterschiedlichen, aber sich ergänzenden Bewusstseinsweisen, nämlich der analytischen und der holistischen, nennen. Die erstere gehört zu unserem normalen Alltags-Bewusstsein, das für kurze Aufmerksamkeitsspannen geeignet ist, die letztere zu jenen mystischen, paranormalen oder intuitiven Zuständen, die der umfassenderen Wahrnehmung von ganzheitlichen Erscheinungen angemessen sind. Beide Bewusstseinsweisen sind für einen vollständigen Überblick über die Wirklichkeit notwendig, jede erfordert ihre eigene Sprache, ihren theoretischen Rahmen und ihre eigene Weltsicht, um sich adäquat ausdrücken zu können. Capra betont, dass wir unsere ästhetischen, moralischen und religiösen Erfahrungen nur im ganzheitlichen (holistischen) Bewusstsein ausdrücken und sinnvoll bestimmen können.

»In der cartesianisch-Newtonschen Denkweise,« sagt der amerikanische Psychologe Stanislav Grof, »nehmen wir die alltägliche Wirklichkeit als getrennte Objekte im dreidimensionalen Raum und in der linearen Zeit wahr. Im transpersonalen Bewusstsein werden die gewohnten Grenzen der Sinneswahrnehmung und des logischen Denkens transzendiert, und unsere Wahrnehmung geht von festen Gegenständen in flüssige Energiemuster über.«[16]

Der dreidimensionale Raum wird nun multidimensional, die lineare Zeit wird zyklisch, und das Pragmatische und Konkrete, bloß Faktische verwandelt sich unter dem Einfluss einer neuen Spiritualität ins Metaphysische. Das holistische Bewusstsein mit seiner Fähigkeit, abstrakte Prozesse und Werte intuitiv zu begreifen, kann schöpferisch mit der spiralförmigen Bewegung der historischen Kräfte im Ganzen arbeiten. Diese beiden Sichtweisen waren der doppelte Weg, auf dem sich die Adepten der antiken Welt dem Fluss der Zeit näherten, und es gibt keinen Grund anzunehmen, dass er nicht auch heute gangbar sei.

## Das Rad der Zeit: seine Prophezeiungen

Alle alten Zivilisationen gelangten zu der Vorstellung, dass sich das Universum zyklisch entwickelt: In vier genau voneinander unterschiedenen Stadien entsteht es, entfaltet sich, erreicht es ein apokalyptisches Ende und erneuert sich dann wieder. Dieser Zyklus wiederholt sich auf einer schrittweise aufsteigenden Evolutionsspirale immer und immer wieder. Eine solche apokalyptische Weltsicht gab es in verschiedenen Kulturen, doch die indische Version hat die Zeit am besten überstanden, nicht nur, weil sie kühn aufgebaut ist, sondern auch aufgrund ihrer tiefen philosophischen Basis, die dem Bewusstsein eine außerordentliche Wichtigkeit zuschreibt und es zum elementaren Wesen des Universums erhebt. »Es sind diese Zustände«, sagt Sir John Woodroffe (Arthur Avalon), die große westliche Autorität auf dem Gebiet des indischen Tantra, »welche die Welten erschaffen, erhalten und zerstören. Brahma, Vishnu und Shiva sind die Namen für Funktionen des einen universellen Bewusstseins, das in uns wirkt.«[17]

Über die Dauer eines solchen Zyklus herrschten unterschiedliche Vorstellungen. Im frühesten indischen System ist ein *yuga* die kleinste kosmische Zeiteinheit, und vier *yugas* bilden ein *mahayuga*, das 12.000 Jahre dauert (Manu I, ff; Mahabharata III, 12, 826). Jedes *mahayuga* durchläuft einen Zyklus von Schöpfung, Dauer und Auflösung, der in einer Umkehrung der Energien und der Geburt eines neuen Zyklus endet. Zwei solcher *mahayugas* entsprechen den aufsteigenden und absteigenden Phasen des Tierkreises und bilden ein Sternenjahr. Spätere Spekulationen, so sagt Mircea Eliade, »verstärkten und reproduzierten nur den Urrhythmus von Schöpfung, Zerstörung und Neu-Schöpfung, indem sie die Maßeinheit, das *yuga*, in immer länger dauernde Zyklen verwandelten«.[18]

Der Hinduismus hat in diese Formel seine Prophezeiungen über Shambhala eingewoben. Den Mahabharata-Texten zufolge beginnt jeder Zyklus in einem Sattva Yuga (manchmal auch Krita Yuga genannt), einem langen Goldenen Zeitalter hoher schöpferischer Energien, die im Laufe von zwei weiteren Zeitaltern immer mehr verfallen, bis schließlich ein *nadir* erreicht ist, ein kurzes und katastrophisches »Schwarzes Zeitalter«, das durch Kali, die Göttin des Todes, regiert wird und deshalb als Kali Yuga bezeichnet wird. Dieses ist eine Zeit intensiver Reinigung für die Welt, und danach erscheint Sri Kalki, die zehnte und letzte Inkarnation von Vishnu, in Gestalt eines Erlösers auf einem weißen Pferd, der die Menschheit in ein neues religiöses System einführt. Millionen von Hindus warten gegenwärtig auf ihn, denn den meisten okkulten Berechnungen zufolge befinden wir uns gegenwärtig im Kali Yuga.

Der Verfall der kosmischen Kräfte lässt die Menschheit und ihre Zivilisationen in einen Endzustand von rücksichtslosem Materialismus, Unwissenheit und Unmoral stürzen.

Das Vishnu Purana sagt:

»Reichtum und Frömmigkeit werden von Tag zu Tag abnehmen, bis die Welt ganz heruntergekommen ist. Dann wird nur noch Besitz den Menschen einen hohen Rang verleihen; Reichtum wird die einzige Quelle der Hingabe sein; Leidenschaft wird das einzige Band zwischen den Geschlechtern sein; Falschheit wird das einzige Mittel sein, um in Streitfällen erfolgreich zu sein; und Frauen werden nur noch Objekte sinnlicher Befriedigung sein. Die Erde wird nur noch aufgrund ihrer Bodenschätze geachtet werden (...)«[19]

Moral und Intelligenz der Menschheit werden verfallen, bis am Ende Barbaren ohne spirituelles Verständnis die Welt erobern und sogar Shambhala entdecken und zerstören werden.

Doch dann wird Sri Kalki (Avatara) eine große Armee gläubiger Seelen sammeln und die Barbaren besiegen.[20] Er wird die Welt erneuern und sie in den goldenen Zustand zurückverwandeln, in dem alles begann.

Das Vishnu Purana beschreibt es wie folgt:

»Dann wird er die Gerechten auf Erden wieder aufrichten, und der Geist all derer, die am Ende dieser Zeit des Kampfes leben, wird geweckt werden und so durchscheinend sein wie Kristall. Die Menschen, die durch diese besondere Zeit verwandelt werden, sind dann wie Samen und werden eine Bevölkerung erzeugen, die den Gesetzen des Goldenen Zeitalters der Reinheit folgen.«[21]

Nach der buddhistischen Tradition wird der nächste König von Shambhala Rudra Chakrin sein, eine Inkarnation von Manjushri, dem Bodhisattva der Weisheit; aber mindestens eine Sanskrit-Version des wichtigsten Kalachakra-Textes nennt ihn Kalki. Auch er wird auf einem fliegenden weißen oder blauen Pferd, gefolgt von einer großen Armee, aus seinem Palast geritten kommen, um die Kräfte des Bösen zu besiegen, die sich schon an den Toren von Shambhala drängen, und er wird bei der Geburt eines neuen Zeitalters den Vorsitz führen. In ähnlicher Weise glauben auch die Mongolen, dass ihr großer Heros, Gesar-Khan, mit seiner Kriegerhorde in einem unterirdischen Königreich auf seine Wiedergeburt in Shambhala wartet, damit er am Ende der Zeit auf einem fliegenden weißen Pferd aus Shambhalas Toren hervorreiten kann, um die Welt von der dämonischen Kraft der Barbaren zu befreien.

Im Jahre 1921 teilte ein hoher mongolischer Lama Ossendowski mit, dass der König der Welt im Jahre 1890 den Lamas seines Klosters erschienen sei und genaue Voraussagen für die erste Hälfte des kommenden Jahrhunderts gemacht habe.

Diese Voraussage war folgendermaßen formuliert:

»Immer mehr Menschen werden ihre Seele vergessen und sich nur noch um ihren Körper kümmern. Große Sündhaftigkeit und Korruption werden auf der Erde herrschen. (...) Der ›Halbmond‹ wird sich verdüstern, und seine Anhänger werden der Bettelei und fortwährendem Krieg verfallen. Die Menschen werden zu wütenden Tieren werden und nach dem Blut und dem Tod ihrer Brüder dürsten. (...) Die Kronen von großen und kleinen Königen werden fallen. Es wird einen schrecklichen Kampf unter allen Völkern geben. Königreiche werden zerschmettert werden (...) ganze Völker werden sterben (...) Hunger, Krankheit und Missetaten werden herrschen, die nicht einmal das Gesetz kennt und die auf dieser Welt noch nie gesehen wurden. Die Feinde Gottes und des Göttlichen Geistes im Menschen werden herbeikommen. Auch diejenigen, welche sich gegenseitig die Hände reichen, werden zugrunde gehen. Die Vergessenen und Verfolgten werden sich erheben und die Aufmerksamkeit der ganzen Welt auf sich ziehen. Es wird Nebel und Stürme geben; Erdbeben werden sich einstellen (...) Millionen werden die Fesseln der Sklaverei und Demütigung gegen Hunger, Krankheit und Tod eintauschen. Die alten Straßen werden von Menschenmengen bedeckt sein, die von einem Ort zum nächsten wandern. Die größten und schönsten Städte werden im Feuer zugrundegehen (...) Familien werden zersprengt werden. (...) Wahrheit und Liebe werden verschwinden (...).

Dann werde ich ein jetzt noch unbekanntes Volk senden, welches das Unkraut des Wahnsinns und Lasters mit starker Hand ausreißen und all jene anführen wird, die dem Geist des Menschen im Kampf gegen das Böse treu geblieben sind. Sie werden ein neues Leben auf der Erde begründen, die durch den Tod von Nationen gereinigt worden ist. Erst im fünfzigsten Jahr werden drei große Königreiche erscheinen, die 71 Jahre lang glücklich existieren werden. Danach wird es 18 Jahre Krieg und Zerstörung geben. Und dann werden die Völker von Aghartti aus ihren unterirdischen Höhlen an die Oberfläche der Erde hervorkommen.«[22]

Die Ähnlichkeit dieses prophetischen Bildes mit unserer Zivilisation ist unverkennbar, und wenn man ihm glauben kann, so ist es eine schlimme Voraussage für unsere nächste Zukunft. Aber wir müssen in unseren Interpretationen sehr vorsichtig sein, denn die Prophezeiungen von Shambhala sprechen – wie dies bei Prophezeiungen eben der Fall ist – in der Sprache von Bildern. Der »Halbmond« ist wahrscheinlich der Islam. Die drei »Königreiche«, die den Zweiten Weltkrieg überstanden haben, könnten Großbritannien, Amerika und Russland sein. Das ist zwar nicht sicher, aber wahrscheinlich. Dass sie seit 1945 »glücklich«, also ohne einen internationalen Krieg in einem zumindest virtuellen Zustand des Friedens existieren, ist geschichtliche Tatsache. Und dass achtzehn Jahre des Krieges und der Zerstörung folgen werden, ist eine weitere Möglichkeit, die niemand in Erstaunen setzen sollte, der in dieser Zeit der Katastrophen lebt. Aber wer ist das unbekannte Volk, das »das Unkraut des Wahnsinns und Lasters ausreißen« wird?

Es wird wahrscheinlich keine kriegerische Nation sein, sondern das spirituell hoch entwickelte Volk von Aghartti-Shambhala. Schon heute gibt es Vorboten dieses Volkes. Seit der Mitte unseres Jahrhunderts traten neue spirituelle Führer auf, die nicht viele neue Lehren mit sich brachten, sondern revolutionäre Energien, die stark genug sind, um die Auflösung der menschlichen Kultur aufzuhalten. Wir folgen bereits der Spur von mächtigen spirituellen Kräften, die auf den höchsten Ebenen von Shambhala in Bewegung gesetzt wurden.

## Weltweite Einweihung

Im Laufe der letzten fünfzig Jahre haben sehr viele übersinnlich begabte Menschen Botschaften über nahende apokalyptische Ereignisse empfangen, und überall werden gegenwärtig chiliastische Prophezeiungen ausgesprochen. Wenn solche Erfahrungen spirituell ausgerichtet sind, so sind sie für Einweihungen relevant und können überaus transformativ sein. Im esoterischen Sinne beziehen sich Begriffe wie der »Tag des Sri Kalki«, die »Wiederkunft Christi« und der moslemische »Tag des Herrn« auf eine kollektive Einweihung, der unsere Welt immer wieder unterworfen ist und in der die Menschen und die Erde selbst für neue Möglichkeiten und neue und höhere Energien erwachen, die im darauffolgenden Zyklus materialisiert werden müssen. Und da das menschliche Leben und die Erde so eng verflochten sind, können sie sich nur gemeinsam entwickeln und nur gemeinsam eingeweiht werden. Die Erde empfängt die kosmischen Botschaften auf eine Weise, die der Einweihung des Individuums im Kundalini-Yoga entspricht, bei der der »Sonnenstrahl« an der Krone des Kopfes in den Körper eintritt, um die Kundalini zu erwecken. Und auf dieselbe Weise dringen solare und interstellare Strahlungen in regelmäßigen Intervallen in den Berg Meru ein, um unserem Erd-System neues Leben einzuflößen und die evolutionären Samen zu befruchten, die in der Erde schlummern.

In solchen besonderen Zeiten der Seelenentwicklung kommt es zu weltweiten Veränderungen, die sowohl spirituelle als auch geologische Aspekte haben: Der Einweihungsprozess aktiviert das feinstoffliche Chakrensystem der Erde, was zu einer katastrophischen Reinigung unseres Planeten führt, die von Erdbeben, Überflutungen und dem Aussterben von Arten begleitet ist. Und so spricht Guénon vom Aufstieg und Fall von Kontinenten, von Überflutungen und Polsprüngen, und äußert die Vermutung, dass diese Ereignisse Veränderungen im Zustand von Shambhala und seiner Beziehung zum Rest der Welt mit sich bringen.

Gegenwärtig ist Shambhala-Agarttha, wie bereits gesagt, unter der Erde verborgen und für die Mehrheit der Menschen unsichtbar und unbekannt, wie es ja auch dem Kali Yuga entspricht. Es ähnelt dem *mulad-*

*hara*-Chakra, dem feinstofflichen »Erd-Zentrum« in unserem Körper, das in gleicher Weise unserem Blick entzogen ist.[23] Aber Guénon zufolge war das verborgene Königreich nicht immer versteckt und wird es auch nicht bleiben. In dem Maße, wie sich die Welt entwickelt, wird es in den Bereich des Sichtbaren gelangen, und in der erleuchteteren Epoche, die uns bevorsteht, wird es sich öffnen, von Licht erfüllt sein und jene hohen Energiezustände manifestieren, die jenseits von *muladhara* in der spirituellen Umgebung des *anahata*-Chakra, des *ajna*-Chakra und des *sahasrara*-Chakra liegen, und die Erde wird zu einem Paradies wie im mythischen Goldenen Zeitalter werden, als alle Menschen über den direkten Weg frei mit den Göttern kommunizieren konnten.

Guénon glaubt, dass die großen Gebirgszüge in Zentralasien in dem nahenden Sturm der Erdreinigung ein heiliger Bezirk sein werden, da sie durch ihre Geographie vor den Katastrophen geschützt sind, die unsere Erde am Ende der Zeit heimsuchen werden. Er vergleicht Shambhala mit der Arche Noah, die »alle Elemente enthält, die für die Neuerschaffung der Welt bestimmt sind – als Samen ihrer zukünftigen Existenz«.[24]

Es wird nach den Katastrophen in eine aktive Phase eintreten. Dann wird es alle Entwicklungsmöglichkeiten für den neuen Zyklus als Samen in die Welt verstreuen. Spirituelle Lehrer werden aus ihm hervorgehen, und seine schöpferischen Energien werden in die Welt einströmen, um neue Religionen, neue gesellschaftliche und politische Systeme und neue Formen der Erkenntnis zu erschaffen. Auf diese Weise ist ein sicherer Übergang der Einweihungstraditionen vom alten Zyklus in den neuen garantiert.

Mit einer neuen Religion wird eine neue Wissenschaft entstehen, die die natürlichen Ressourcen auf eine weniger ausbeuterische und zerstörerische Weise nutzt als die heutigen Technologien. Das daraus entstehende Goldene Zeitalter kann lange andauern. Es wird der Menschheit Erleichterung von den Qualen der Endzeit bringen und das gegenwärtige Leiden der Erde aufhalten.

8

# DIE GEHEIME WELTREGIERUNG

Seit dem späten 19. Jahrhundert haben sowohl esoterische Autoren wie auch Mythenforscher davon gesprochen, dass die »Götter« der alten Welt in Wirklichkeit Adepten von ungewöhnlich hohem Rang gewesen sein könnten. In diesem Sinne sollten wir ihrer Meinung nach die Mythen von Gottheiten und anderen übernatürlichen Wesen verstehen. Die göttlichen Epiphanien der Geschichte, die großen religiösen Lehrer und Botschafter wie etwa Christus und Buddha, können als sichtbare Mitglieder einer im Geheimen organisierten und unsichtbaren Bruderschaft von spirituellen Meistern gesehen werden.

Eine solche Sicht der großen Religionsstifter war zu ihrer Zeit eine revolutionäre Vorstellung, die heftige Diskussionen auslöste. Edouard Schuré sagt, dass sein Werk *Die Großen Eingeweihten* (1887 veröffentlicht) zuerst mit Feindseligkeit und Skepsis aufgenommen wurde, da er Jesus Christus »nur« als einen Eingeweihten unter vielen anderen spirituellen Botschaftern betrachtete. Aber inzwischen sind mehr als hundert Jahre vergangen, in denen esoterische Themen immer offener behandelt wurden, und deshalb wird diese Interpretation religiöser Vorstellungen und Mythen viel bereitwilliger aufgenommen.

Von allen esoterischen Traditionen teilt uns der Sufismus am meisten über die Einweihungstraditionen mit, die sich um die Shambhala-Legende ranken. Alle Sufi-Schulen glauben an die Existenz einer spirituellen Hierarchie, die viele Jahrtausende alt ist. Über die Schulen, die ihren Ursprung auf Zentralasien zurückführen, sagt John Bennett: »Sie behaupten, dass es eine dauerhafte Hierarchie gibt, die von dem *qutub-al-zaman* (»Achse der Zeit«) angeführt wird, einer Person, die unmittelbare Offenbarungen der göttlichen Ziele empfängt und sie der Menschheit durch die *abdal*, die ›Transformierten‹ bzw. ihre Anhänger, übermittelt.«[1] Diese Hierarchie ist das Zentrum, in dem nach Meinung Gurdjeffs eine sehr hohe Energie erzeugt wird. Für ihn besteht die Rolle des Menschen darin, als Werkzeug für die Transformation von Energie zu fungieren. Er glaubte, dass es als Basis der menschlichen Entwicklung und der menschlichen Geschichte »ein unsichtbares Wirken von höheren Energien gibt, die das Werk der Evolution möglich machen«.[2] Dieses Motiv ist in der gesamten Sufi-Literatur vorhanden.

Diese spirituelle Energiequelle in der Erde steht mit der des Menschen in Verbindung und ist deshalb für übersinnlich begabte Menschen, Visionäre, Heilige und Weise höchst anziehend. Diese Menschen bilden eine hierarchisch geordnete Bruderschaft von Adepten, die rings um den Berg Meru lebt und durch eine überaus weise und heilige Kraft unterstützt wird, welche die Menschheit liebt und eine symbiotische Beziehung mit ihr unterhält. Der geographische Ort des Berges Meru auf dem Erdball kann sich verlagern, sagt René Guénon, und dies ist in der Vergangenheit auch oft geschehen. Aber überall dort, wo er sich befindet, gibt es auch die Hierarchie der Eingeweihten. Die höchsten Ränge ihrer Befehlskette gebieten über das Sonnensystem, die Sonne ist ihr Wahrzeichen, und an ihrer Spitze regiert ein Triumvirat von großen interstellaren Geistern, die sich jeweils um den »Geist«, die »Seele« und den »Körper« unserer Welt kümmern.[3]

Diese schöpferische Dreifaltigkeit wird in den meisten Religionen angebetet, wenn auch unter verschiedenen Namen. Sie empfängt aus der höchsten Quelle die göttlichen Ziele für die Erde und leitet sie zu den Eingeweihten in Shambhala weiter, die als ihre Vertreter auf der Erde wirken, und von dort fließt die Information in drei großen spirituellen Strömungen nach draußen weiter. Dies sind im gegenwärtigen Zyklus die Traditionen des Vedanta, des Taoismus und der Kabbala.

Ebenso wie die Elemente die universelle Shakti in niedrigere Formen umwandeln – wie etwa die positiv und negativ geladenen magnetischen Kräfte, die als Yin und Yang im Körper der Erde zirkulieren –, so transformieren die Adepten von Shambhala die Energie, die sie von einer höheren Ebene der Hierarchie empfangen, in niedrigere Energiezustände, die an die menschlichen Alltagsbedingungen angepasst sind, und übermitteln sie dem Rest der Welt durch esoterische Bruderschaften – meist in Gestalt von populären religiösen oder metaphysischen Lehren. Die absteigende Übermittlung aus Shambhala ist für die Gesundheit, die Evolution und das Leben der Menschheit als Ganzes entscheidend, da es eine direkte Emanation der göttlichen Quelle selbst ist.

## Die Hierarchie von Shambhala

In seinem Buch *Mission de l'Inde* beschreibt der französische Esoteriker Saint-Yves d'Alveydre diese Hierarchie folgendermaßen: »Der höchste Zirkel, der dem geheimnisvollen Zentrum am nächsten ist, besteht aus zwölf Mitgliedern, welche die höchste Einweihung verkörpern und unter anderem dem Tierkreis entsprechen.«[4] Die zwölf Mitglieder werden die »Zwölf Sonnen« oder die »Zwölf Sonnenstrahlen« genannt. Manu Vaiveswata, der hinduistische Gesetzgeber, der gewöhnlich »Sonnensohn« heißt, und Moses, der die hebräischen Gesetzestafeln auf dem Gipfel des Berges Sinai empfing, sind dieser okkulten Tradition zufolge Mitglieder dieser Gruppe, an deren Spitze Guénon Christus setzt, den er mit den missionarischen »Sonnensöhnen« aus Zentralasien in Verbindung bringt.

Für Guénon stellt Christus mit seinen zwölf Aposteln den »Herrn der Welt« dar, da er in diesem Zeitalter der höchste Gesetzesgeber für unsere Erde ist.

Guénon schreibt:

»Der Titel ›Herr der Welt‹ gehört eigentlich ›Manu‹, dem ursprünglichen und universellen Gesetzgeber. Dies ist der Name, der in verschiedenen Formen bei vielen alten Völkern auftritt: Mina oder Menes bei den

Ägyptern, der keltische Menw und der griechische Minos. In Wirklichkeit beschreibt dieser Name keine Person, die mehr oder weniger historisch oder legendär ist, sondern ein Prinzip, eine kosmische Intelligenz, die reines spirituelles Licht reflektiert und das Gesetz (*dharma*) formuliert, das den Bedingungen unserer Welt und unseres Existenz-Zyklus angemessen ist. Gleichzeitig ist dies der Archetypus des Menschen in seiner Einzigartigkeit, also des Menschen als denkenden Wesens (im Sanskrit *manava*).«[5]

Diejenigen, die auf der menschlichen Ebene der Hierarchie diesem Prinzip unmittelbar dienen, werden selbst zu Gesetzgebern. Sie kontrollieren die Rhythmen der Geschichte, die von Shambhala ausgehen und die Aktivitäten und Wanderungen der spirituellen Bruderschaften auf der Erde bestimmen. Diese sind die eigentliche Triebfeder der Entwicklung der menschlichen Kultur. Die Aktivitäten der Bruderschaften, die den religiösen Geist in der Gesellschaft am Leben erhalten, werden von den Meistern überwacht, die Shambhalas inneren Bereich bewohnen.

Alice Bailey nennt sie »Aufgestiegene Meister«, Idries Shah nennt sie »Wächter der Tradition«, John Bennett *psycheteleioí* (»Vollkommene«), und sie heißen auch »Die Alten«, die »Wächter«, die »Unsterblichen«, das »Verborgene Direktorat«, die »Kinder von Seth«. Sie alle folgen dem so genannten »Alten Weg«. Der esoterischen Tradition zufolge lebten sie in einer fernen Vergangenheit vor dem Entstehen der Mysterienschulen in einer offeneren Kommunikation mit dem Rest der Welt. Aber als die Zeit fortschritt, waren sie gezwungen, sich in das Dunkel zurückzuziehen. Nur reine Seelen haben zu ihnen Zugang, und sie sind für uns nur in der mystischen Vision erkennbar.

Jene, die in Shambhalas transzendentaler innerer Zone weilen, sind auch ihr Kraftspeicher: ihr Bewusstsein dreht das Rad. Sie sind die höchste Autorität auf diesem Planeten und bilden den Kern von Shambhala. Durch Ashrams und Klöster wirken sie auch auf die Außenwelt ein, und zwar auf Energieebenen, die vollkommen außerhalb der Frequenzen liegen, mit denen normale Menschen vertraut sind, und auf eine Art und Weise, die wir noch nicht begreifen können.

Shambhala-Agarttha, so sagt Guénon, ist mit dem Tierkreiszeichen der Waage assoziiert und bildet den eigentlichen Balancepunkt für unsere ganze Erde. In genau demselben Sinn ist die geheime Weltregierung eine stabilisierende und ausgleichende Kraft im Leben der Menschheit. Wie sehr wir uns auch vom Weg der Weisheit entfernen, wie steil der Prozess der Zerstörung auch nach unten weist, wie schrecklich auch die Trugbilder sein mögen, denen wir im Laufe unserer Evolution nachjagen – immer gelingt es der geheimen Weltregierung, eine Balance herzustellen. Es ist die lenkende Kraft in unserer Mitte, die im Geheimen bewahrt, was wir verloren haben.

## Europas spiritueller Exodus zu Beginn der Neuzeit

Guénon sagt, die spirituelle Zurückgezogenheit der Eingeweihten habe im 17. Jahrhundert einen Höhepunkt erreicht: Damals begann man im Westen ernsthaft, das physische Universum zu erforschen. Guénon sagte im Jahre 1928, die Aktivität der Eingeweihten habe ständig abgenommen und sei nun so gut wie beendet, da jede bewusste Verbindung mit dem höchsten Zentrum in Asien vollständig zerbrochen sei – ein Prozess, der sich schon vor mehreren Jahrhunderten angebahnt hatte.

Fast sechstausend Jahre lang waren die übersinnlichen Fähigkeiten der Menschheit im Abstieg begriffen, während gleichzeitig ihre intellektuellen Fähigkeiten wuchsen. In den Worten von Trevor Ravenscroft: »Die letzten Spuren der alten hellsichtigen Vision waren ausgelöscht, die Tore der spirituellen Wahrnehmung waren nun geschlossen.«[6] Dieser Vorgang erfolgte genau in der Zeit, in der sich der menschliche Geist weit für die modernen technischen Wissenschaften öffnete, in der der Exodus von spirituellen Adepten aus den westlichen Zentren der Zivilisation ihren Höhepunkt erreichte und in der die Verbindung zwischen den Einweihungszentren und den nachgeordneten westlichen Zentren vollständig abriss und der Weg für den Rationalismus eines Descartes und der Enzyklopädisten frei wurde. Dies war auch der Zeitpunkt, zu dem die Totenglocke der traditionellen europäischen Zivilisation ertönte, als die orthodoxen Kräfte im Christentum ihre Schwerter gegen den letzten spirituellen Impuls zur Belebung des Westens richteten, indem sie den Dreißigjährigen Krieg begannen. Dies führte zum endgültigen Rückzug der inneren Bruderschaften Europas nach Zentralasien.

Dieser kritischen Nahtstelle in der europäischen Geschichte wurde viel Aufmerksamkeit gewidmet, aber die Historiker versäumten es, die eigentlich wichtigen Qualitäten dieser Zeit zu untersuchen. Das 17. Jahrhundert war das Ende eines größeren religiös-kulturellen Zyklus, der in den Jahrhunderten unmittelbar vor der Zeit des Christentums begonnen hatte, als eine neue Welle von Sonnenreligionen aus Zentralasien nach Rom und Alexandria einströmte und das Eindringen der esoterischen Lehren in den Westen fortsetzte, das bereits mit Zarathustra im 6. Jahrhundert v. u. Z. begonnen hatte. Dieser reiche neue Strom östlicher Weisheit, der von einer Welle von missionarischen Eingeweihten verbreitet wurde, die den Judaismus aus einer Stammes- zu einer Weltreligion machten, schenkte der klassischen Bildung Ägyptens und Griechenlands einen neuen Lebensimpuls und führte Rom zu seiner größten Kulturblüte. Dort wurde eine hohe Zivilisation geschaffen, die bis ins 19. Jahrhundert nicht Ihresgleichen fand. Unter dem Einfluss von Lehren wie dem persischen Zurvanismus, dem indischen Hinduismus und Buddhismus und dem chinesischen Taoismus, die alle ursprünglich aus Zentralasien stammten, schufen die Philosophen von Alexandria die Grundlagen für die große scholastische Tradition des Westens, die nahezu zweitausend Jahre währen sollte. Über die Essener beeinflussten sie auch die Entwicklung des Christentums.

Aber bereits im 6. Jahrhundert war die Epoche der spirituellen Befruchtung aus dem Osten fast zu Ende, ihre hohen Energien schwanden dahin. Nun wurde Europa von barbarischen Völkern erobert, und zur gleichen Zeit wurde das Christentum zu einem mächtigen und intoleranten Staatskult, der alle anders Denkenden verfolgte. Bewegungen, die zur inneren spirituellen Tradition des Westens gehörten, begannen sich in den Osten zurückzuziehen, aus dem sie gekommen waren. Die inneren Bruderschaften, die dem Westen so lange gedient hatten, starben nicht, wie häufig vermutet wird, sondern wanderten unauffällig aus und sammelten sich wieder in den verborgenen Tälern und Oasen Zentralasiens.

Hugh Schonfield schildert diesen massiven spirituellen Exodus aus dem Westen, der zu unserer gegenwärtigen säkularisierten Gesellschaft führen sollte, in seinem Buch *The Essene Odyssey*. Die Essener verschmolzen mit anderen westlichen Weisheitsorden und flohen vor der jüdischen Verfolgung in den Irak und von dort nach Turkestan und Afghanistan, wo sie dann Zuflucht fanden. Die ebenfalls verfolgten Gnostiker, Manichäer und die nestorianischen Christen ließen das Christentum hinter sich und gelangten zu Gemeinschaften im Tarim-Becken und der Turfan-Senke im Süden des Tien-Shan-Gebirges. Die zoroastrischen Magier, die durch die zunehmende Macht des Islams aus Persien vertrieben wurden, ließen sich in afghanischen Klöstern nieder, und das taten auch viele Mandäer, die einstigen Anhänger Johannes des Täufers. Ihnen gesellten sich im Laufe der Jahrhunderte jüdisch-christliche Nazarener hinzu, Mitglieder jener vorchristlichen Sekte, zu der Jesus gehörte, die dann durch die paulinische Kirche exkommuniziert wurde und schließlich Zentren in Afghanistan aufbaute. Dort hießen ihre Mitglieder *nazar* oder *nuzairihah*. Es ist unzweifelhaft, dass dieser Rückzug von hochgradigen Eingeweihten und intellektuellen Eliten ganz materiell zu der darauf folgenden kulturellen Verarmung Europas im Mittelalter führte.[7]

Während des Mittelalters wurde der Drang nach Osten gebremst und drehte sich einmal sogar um, als die Sufis die islamische Mystik in die Länder des Westens trugen, vor allem in das sarazenische Spanien. Sie brachten die neuen Künste und Wissenschaften Arabiens mit sich, von denen sich die Cluniazenser, die Baumeister von Chartres, die Tempelritter, die Katharer, die Illuminaten und andere mittelalterliche Bruderschaften der Christenheit inspirieren ließen. Aber diese Erholung war nur kurzfristig. Je mehr die politische Macht des Christentums zunahm, umso mehr wuchs auch seine Intoleranz. Es kam zu Blutbädern, und der Trend zum Verlassen Europas in Richtung auf Zentralasien setzte wieder ein. In derselben Zeit zogen sich auch die »heiligen Bergmenschen« Chinas, die *hsien-jen* – allerdings in geringer Anzahl – in das Kunlun-Gebirge und das Tarim-Becken zurück, um dort bis zum Ende des konfuzianischen Rationalismus auszuharren. Auch die Siddhas, die Jains und andere indische Yoga-Orden begaben sich in den Himalaya und überließen Indien der Herrschaft der moslemischen Bilderstürmer und der Volksfrömmigkeit der Krishna-Anbetung. Der tantrische Buddhismus Indiens zog sich noch weiter nach Norden zurück – nach Tibet.

So ist also das 17. Jahrhundert ein historischer Meilenstein, denn damals setzte eine Revolution des menschlichen Geistes ein. Wenn wir in die Vergangenheit zurückblicken, so finden wir bis zum Ende der Bronzezeit (etwa 1200 v. u. Z.), als die *Großen Mysterien* ihre Blütezeit erlebten, keinen vergleichbar raschen Verfall einer lang bewährten kulturellen Ordnung. Dabei hatte das 17. Jahrhundert in Europa mit großen Hoffnungen begonnen. Manifeste, die in Deutschland von den Rosenkreuzern (die manche für eine Sufi-Organisation halten) veröffentlicht worden waren, verbreiteten Nachrichten über ein nahendes Utopia, in dem die Würde eines jeden Menschen anerkannt werden würde. Sie sprachen von einem unsichtbaren Kolleg, das dem allgemeinen Wohl der Menschheit gewidmet sei, und setzten eine große Welle des Interesses an spiritueller Erleuchtung und einer Reformation von Wissenschaft, Religion und anderen gesellschaftlichen Institutionen in Gang. Und obwohl diese Bruderschaft trotz intensiver Bemühungen nie öffentlich identifiziert werden konnte, scheint es kaum zweifelhaft, dass zahlreiche gebildete Menschen dieser Zeit im Geheimen in ihre Logen eintraten und sich später der Aufgabe verschrieben, ihre hohen Ziele zu verwirklichen.[8]

Frances A. Yates, eine bekannte britische Autorin, die über die Rosenkreuzer und andere okkulte Bewegungen der Renaissance geschrieben hat, ist der Meinung, dass das 16. und 17. Jahrhundert zu Recht als Rosenkreuzer-Aufklärung bezeichnet werden kann und dass diese Organisation eine große intellektuelle Reformbewegung ins Leben rief, welche die westliche Kultur nach ihrem schrecklichen Zusammenbruch im finsteren Mittelalter hätte wiederbeleben können.[9] Aber diese Bewegung wurde durch die spanische Inquisition und den Dreißigjährigen Krieg unterbrochen, und es heißt, dass die »Brüder des Rosenkreuzes« Europa nach 1648 verlassen und sich nach Asien zurückgezogen haben.

Dies war das Signal für den endgültigen und weltweiten Exodus. Im selben Jahrhundert zog sich die Gemeinschaft der Khwajagan-Sufimeister, die in den wichtigsten Städten von Turkestan, nämlich Samarkand, Balkh, Merv und Buchara lehrten und fünfhundert Jahre lang dem Westen ihr strahlendes Licht gespendet hatten, in das verborgene Kernland Asiens, nämlich die Ausläufer des Hindukusch zurück. Und nun setzte ihr wohltuender Einfluss auf Christentum und Islam aus. Zuvor war die spirituelle Dynastie der Khwajagan eine Bastion der religiösen Freiheit und der unmittelbaren mystischen Erfahrung gewesen: sie lehrte die Selbsttransformation durch die Kraft der göttlichen Liebe – unabhängig von jeder spirituellen Tradition und dennoch voller Respekt für alle Religionen der Welt und ihre spirituellen Gebräuche. Sie stand mit den Lamas von Tibet und Xinjiang in Beziehung und teilte viele ihrer geheimen tantrischen Methoden. Ihre Lehren erleuchteten die europäische Kultur bis ins ferne Spanien.[10]

Als sich das Sufi-Zentrum im 17. Jahrhundert aus dem Westen zurückzog, wandten sich bald darauf auch die Panchen Lamas, die zu dieser Zeit den beherrschenden Einfluss auf Tibet ausübten, vom Westen mit seiner Inquisition und seinen imperialistischen Zielen ab, um stattdessen in Indien, der Mongolei, Japan, China und Indonesien eine Kette von Kalachakra-Ausbildungsstätten zu gründen. Nun begannen die höheren, intuitiven Fähigkeiten der westlichen Psyche zu schwinden, Europa wandte sich von den mystischen Naturphilosophien der Renaissance ab und stattdessen einer mechanistischen Interpretation der Wirklichkeit zu, die sie in ihren neu entstehenden Naturwissenschaften zum Ausdruck brachte.

Diesen Prozess schildert Rupert Sheldrake folgendermaßen:

»Im 17. Jahrhundert wurde die Entsakralisierung der Natur zu ihrem höchsten Abschluss gebracht. Durch die mechanistische Revolution wurde das alte Modell des lebendigen Kosmos durch die Vorstellung vom Universum als Maschine ersetzt. Dieser neuen Theorie von der Welt zufolge besaß die Natur kein eigenes Leben mehr. Sie war seelenlos, jeglicher Spontaneität, Freiheit und Kreativität bar. Mutter Natur war nur noch tote Materie, die sich in untadeligem Gehorsam nach gottgegebenen mathematischen Gesetzen bewegte.«[11]

Diese neue Haltung zur Natur erhob den Menschen zum Herrn und Meister über sie. Er hatte den Überblick und die Kontrolle über sie, und genau diese Hybris trennte Europas religiöse Institutionen von ihrem mütterlichen Zentrum in Asien und damit auch von ihrer spirituellen Quelle. Deshalb war die Entwicklung Europas im 17. Jahrhundert nicht, wie viele glauben, der Beginn eines neuen großartigen Zeitalters, das auf dem Humanismus und der Kraft des rationalen Intellekts beruhte, sondern der Todeskampf des alten Zeitalters, der bereits mehr als tausend Jahre zuvor begonnen hatte und dessen belastenden Wirkungen wir noch immer unterworfen sind.

Die Prophezeiungen von Shambhala, die diese düsteren Geschehnisse voraussagen, scheinen sich also zu bewahrheiten. Tatsächlich sieht es so aus, als beginne die westliche Zivilisation im Herzen ihrer großen Städte von der Wurzel her abzusterben.

## Gibt es einen inneren Kreis der Menschheit?

Vielleicht verstehen wir nicht den Sinn und die Gesetze, die den langfristigen zyklischen Mustern der Geschichte zugrunde liegen, aber sie erwecken den Eindruck, als wären sie geplant und programmiert. Die Sufis glauben, dass nichts in der Geschichte durch Zufall geschieht: Von den höchsten spirituellen Ebenen werden neue Wahrheiten ausgesät, neue Energien in die Gesellschaft eingepflanzt.

Ernest Scott sagt zu diesem Thema:

»Geschichte beruht nicht auf Zufall. Sie spielt sich nicht einfach nur ab. Vielmehr wurde das Drehbuch für die lange menschliche Geschichte von Intelligenzen geschrieben, die viel größer sind als die des Menschen. Bestimmte Gewinne und Ziele für die Menschheit – und für die Biosphäre der Erde – müssen innerhalb von bestimmten Intervallen der Erdenzeit erreicht werden. Diese Gewinne sind für die Balance und das Wachstum des Sonnensystems, zu dem auch die Erde gehört, entscheidend. Und vielleicht unterliegt auch das Sonnensystem einer ähnlichen Verpflichtung im Interesse der ganzen Milchstraße, zu der es gehört.«[12]

Ein so umfassender Zugang zur Geschichte, der in der Vergangenheit weit verbreitet war, klingt in unseren Ohren merkwürdig, da wir an die kurzfristige lineare Philosophie der modernen Historiker gewöhnt sind, für die eine göttliche Vorsehung zur Erklärung der Geschichte überflüssig geworden ist. Aber obwohl eine nicht-lineare Denkweise dem zeitgenössischen Denken zuwiderläuft, gibt es heute viele, die der Meinung sind, dass sie sowohl notwendig wie auch möglich ist, wenn es um die Ebene der kreativen Intuition geht, in der Sinn und Zweck wichtige Elemente sind und in die Beziehung der Geschichte zum Kosmos miteinbezogen werden müssen.

Esoteriker glauben, es gebe eine unsichtbare zentrale Instanz, die die Phasen der kulturellen Entwicklung überwacht. Sie schickt von Asien Missionare, Propheten und spirituelle Botschafter aus und ruft sie zum richtigen Zeitpunkt auch wieder zurück. Dies alles geschieht nach einem kosmischen Plan.

Gegen diese Vorstellung können zahlreiche Einwände erhoben werden, weil Wesen und Wirkungsweise dieser Lenkungsinstanz noch nicht verstanden werden. Die Dunkelheit, die dieses Thema umgibt, hat sich im Laufe der sechziger Jahre des 20. Jahrhunderts ein wenig gelichtet, denn damals begann ein neuer Dialog. Zu dieser Zeit gründete Idries Shah, der einer prominenten Sufi-Familie in Afghanistan entstammt, eine Sufi-Schule in England und verbreitete viele neue Informationen über die *Unsichtbaren Wächter*. Zur selben Zeit veröffentlichte John Bennett den letzten Band seiner Reihe *The Dramatic Universe*, in dem er dieses Thema gründlich bearbeitete.

Er betont, dass Science-Fiction-Autoren die Vorstellung von übermenschlichen Wesen, die für das menschliche Wohlergehen verantwortlich sind, so sehr entstellt haben, dass viele Menschen nicht einmal einen

Gedanken an dieses Thema verschwenden wollen. Außerdem lasse der Zustand der Welt nicht gerade vermuten, dass sie ihrer Aufgabe kompetent nachkommen.

Und Bennett fährt fort:

»Noch schwerwiegender ist der Einwand, dass ein so wichtiges Element in der menschlichen Geschichte eigentlich bekannter sein müsste. Es gibt keinen naheliegenden Grund, weshalb der ›Innere Kreis‹ der Menschheit (...) sich verstecken müsste. Wahrscheinlich wäre eine solche Gruppe auch auf die Kooperation von Nicht-Eingeweihten angewiesen, und man würde erwarten, dass diese Mitarbeit bereitwillig erfolgt, wenn den Menschen klar ist, welche Hilfe sie zu erwarten und was sie selbst zu leisten haben.«[13]

Aber nicht nur die Zusammenarbeit mit den Uneingeweihten ist angesichts des menschlichen Wesens ein strittiger Punkt, sondern auch die Frage, ob eine bewusste Lenkung der menschlichen Angelegenheiten von einer Seinsebene kommt, die sich von der unseres Alltagslebens stark unterscheidet.

»Es liegt eine gewisse Naivität in der Vorstellung, dass höherrangige Lebewesen in einer Sprache beschreibbar sind, die für die Welt des Alltags angemessen ist. (...) Es könnte durchaus sein, dass die Merkmale eines wirklichen ›inneren Kreises‹ genau das Gegenteil von dem sind, was wir erwarten sollten.«[14] Ihre Methoden und Anschauungen können ja auch ganz anders sein als alles, was für den uneingeweihten Blickwinkel des logischen Verstandes annehmbar ist, und deshalb vielleicht auch übersehen werden.

Bennett selbst glaubt, dass in allen Zeiten zwei verschiedene Klassen von Menschen Seite an Seite existierten. Er sieht zwei verschiedene genetische und kulturelle Niveaus in der paläolithischen Gesellschaft, die seit den frühesten Anfängen der menschlichen Geschichte voneinander divergieren und zu der Bildung eines »Inneren Kreises« führten: ein Volk von fortgeschrittenen Meistern und Magiern einerseits und zurückgebliebene und unterworfene Völker andererseits, wobei sich die beiden Gruppen nur durch den Tatbestand der Einweihung unterscheiden.[15] Und es gibt tatsächlich immer mehr archäologische und anthropologische Beweise für Bennetts Hypothese. Inmitten von primitiven Überresten, die nicht weniger als 100.000 Jahre zurückreichen, werden immer wieder moderne Schädelformen entdeckt, die eine starke Gehirntätigkeit ermöglichten.

Bennetts Ansicht stimmt mit der überein, die in diesem Buch entwickelt wurde: Die Erweckung der Kundalini-Kraft verändert unter optimalen Bedingungen die Physiologie des Schamanen und selbst sein genetisches Programm radikal, verfeinert in evolutionärer Weise sein Nervensystem, sensibilisiert seinen Körper und seine Triebimpulse und drängt ihn viel früher in einen zivilisierten Zustand, als dies beim Rest seiner Gemeinschaft der Fall ist. Wenn diese feineren Energien freigesetzt werden, so verleihen sie ihm mehr Ausdruckskraft für seine Intelligenz, seinen Altruismus und seinen Willen. Und nun blühen schöpferische gesellschaftliche Impulse auf und mit ihnen höhere Formen der Religion. Auf diese Weise könnten die fortgeschrittensten Schamanen-Meister vor 40.000 bis 20.000 Jahren zu einer Elite inmitten der Steinzeitbevölkerung geworden sein, indem sie viele Generationen lang isolierte Gemeinschaften bildeten und sorgfältige genetische Selektion praktizierten.

Im Jahre 1969 übersetzte und publizierte Bennett einen Aufsatz des türkischen Sufi-Autors Hassan L. Shushud, der die Vorstellungen zusammenfasst, die auch Bennett im Laufe seines Lebens entwickelt hat.

Dort heißt es:

»Die Tradition bestätigt, dass es Jahrtausende lang einen ›Inneren Kreis der Menschheit‹ gegeben hat, der imstande war, in Jahrtausenden zu denken, und über Wissen und Macht von hohem Rang verfügte. Seine Mitglieder greifen von Zeit zu Zeit in menschliche Angelegenheiten ein. Sie tun dies nicht als Führer oder Lehrer der Menschheit, sondern ganz unauffällig, indem sie bestimmte Ideen und Methoden einführen. Diese Intervention funktioniert auf eine Weise, die Abweichungen vom vorbestimmten Verlauf der menschlichen Geschichte berichtigt. Dieser innere Kreis, so wird behauptet, konzentriert seine Aktivitäten in all jenen Gegenden und zu jenen Zeiten, in denen die Situation für die Menschheit kritisch wird.«[16]

Und Walter Owen, der ebenfalls über dieses Thema schreibt, sagt:

»Die Mitglieder der Bruderschaft sind weder allmächtig noch selbstherrlich. Der freie Wille als Kern des individuellen Selbst eines Menschen ist unverletzlich. Sie beeinflussen, regen an, überzeugen, bremsen, aber darüber gehen sie nicht hinaus. Sie halten sich an die Naturgesetze, und die Objekte, an denen sie arbeiten, sind Sehnsüchte, Hoffnungen, Ängste, Leidenschaften, Begierden, Antipathien, Hassgefühle, all jene egozentrischen Motive und Intentionen der Menschheit, die sich in der breiten Masse noch immer den Idolen von Bühne und Höhle, Marktplatz und Stamm unterwerfen. Ihr Wille ist das *arbitrium brutum* der pathologischen Reaktionen, und das ist nur wenig über das Niveau der steinzeitlichen Mammutjäger hinausgegangen.«[17]

## Die Gemeinschaft der Gesegneten

Trotz unserer gegenwärtigen Neigung zur Egalität scheint es in der Geschichte und in den traditionellen Kulturen keine Epoche gegeben zu haben, in der die höheren »Wächter der Menschheit« nicht in irgendeinem okkulten Kontext aufgetaucht sind – als Angehörige eines älteren, weiseren und fortgeschritteneren Volkes, dem wir alle humanisierenden und zivilisierenden Wohltaten des Lebens verdanken. Sehr alt und verbreitet ist auch die okkulte Vorstellung, dass die Seelen der »Wächter« vielleicht nicht einmal irdischen Ursprungs sind, sondern von einem anderen Stern stammen und sich dann auf unserer Erde inkarniert haben.

Nicholas Roerich sagt, dass die Götter oder »Gesegneten« in der hinduistisch-buddhistischen Mythologie vom Sternbild des Orion kamen und ihren Seelenabstieg im Altai-Gebirge, wahrscheinlich auf dem Berg Belukha, vollzogen. Dieser Berg ist der höchste in dieser Gebirgskette, und sein Name bedeutet »Orion-Wohnstätte der Götter«. Die Lamas, so fügt Roerich hinzu, assoziieren diesen sagenhaften Ideenkomplex mit Gesar-Khan, mit Shambhala und insbesondere mit dem Weltenberg Meru. Auch Herodot erfuhr aus den altägyptischen Aufzeichnungen, dass die Seelen eines Volkes von gottähnlichen Wesen im achten Jahrtausend v. u. Z. vom Orion auf die Erde herabstiegen und zum Nutzen der Menschheit für eine Zeitspanne von sechstausend Jahren »menschliche Gestalt angenommen haben«. Außerdem erfuhr er, dass sie im fünfzehnten Jahrtausend v. u. Z. in Libyen als die Ousir[18] auftauchten, ein Volk, das in der späteren ägyptischen Mythologie durch Osiris personifiziert wurde.[19] All diese Legenden aus der Antike stimmen deutlich mit Hapgoods Theorie über eine unbekannte Eiszeit-Zivilisation und mit Bennetts paralleler Hypothese über eine Elite von hoch entwickelten Magiern überein, die eine gleichzeitig existierende, aber weit unterlegene Steinzeitbevölkerung beherrschten.

Die gnostische Tradition schreibt den »Kindern von Seth« ebenfalls einen außerirdischen Ursprung zu. Deren Urahne Seth, der dritte Sohn von Adam und Eva, hatte im Gegensatz zu seinen streitenden Brüdern Kain und Abel eine ungetrübte Beziehung zum Reich des Göttlichen und der Himmelsbewohner unterhalten. Er habe sich unter uns als Botschafter der Lichtes, als Erlöser aus einer jenseitigen Welt inkarniert. Seths Abkömmlinge, so sagt das apokryphe »Evangelium der Ägypter«, das unter den Schriftrollen vom Toten Meer gefunden wurde, sind »die erhabene, unzerstörbare Rasse, die aus drei (früheren) Welten hervorging«.[20] Und der moderne Gnostiker Stephan A. Hoeller bemerkt, dass die »Kinder von Seth« »auch als Körperschaft von erleuchteten gnostischen Adepten verstanden werden können, die in jeder Generation in der Welt zugegen ist und eine leuchtende und berühmte Vorgeschichte in der Frühzeit des Menschen hat«.[21]

Dieses »Evangelium der Ägypter« oder »Buch des großen, unsichtbaren Geistes« wurde von den *Therapeútai*, einer ägyptisch-essenischen Schule von Heilern und Ärzten, verfasst, die viel von der hermetischen Weisheit des alten Ägypten aufbewahrt und an die Gnostiker weitergegeben haben. In der altägyptischen Tradition war Seth ein Sonnen- oder Himmelsgott, einer der zwölf Götter und Göttinnen des ägyptischen Pantheons und der Bruder von Osiris, Ägyptens wichtigstem Gott, den er erschlug und zerstückelte. Aus diesem Grund erscheint Seth, von dem wir im folgenden Kapitel mehr hören werden, in der populären Mythologie des alten Ägypten als zerstörerische und bösartige Kraft. Die Hebräer integrierten Seth in ihre Mythologie, verliehen ihm einen Stammbaum, der auf Adam zurückging, und identifizierten ihn mit den rebellischen und gefallenen Engeln, deren Geschichte in dem apokryphen jüdischen Buch Enoch vorkommt. Dort wird erzählt, wie Azazel, der Häuptling der Gottessöhne, mit seinen Engelsscharen vom Himmel herabfiel, weil er dem Höchsten Gott nicht gehorcht hatte, wie es dann zu Eheschließungen mit menschlichen Wesen kam und so eine Rasse entstand, die durch ihr Wissen und ihre magischen Fähigkeiten über dem Rest der Menschheit stand.

Sie hießen »Heilige Wächter« oder *rephaim* (»Heiler« von dem hebräischen Wort *rapha* für »heilen«), und trotz ihrer moralischen Zweideutigkeit galten sie bei den Essenern als ihre spirituellen Vorfahren, von denen sie ihre wunderbaren Heilkräfte erworben hatten. Tatsächlich ist das griechische Wort *essénoi* mit dem hebräischen Wort *hazah* (»er sah Visionen«) und deshalb auch mit dem Namen des gefallenen Engels Asael oder Azazel verwandt, das eigentlich »Heiler Gottes« oder »Visionär Gottes« bedeutet. Dieses Attribut passt in besonderer Weise auf die gebildeten Mitglieder der essenischen Sekte zur Zeit Jesu.[22]

Auch für die Gnostiker von Nag Hammadi, die etwas später lebten, war Seth ein Gottessohn, der freiwillig vom Himmel herabgestiegen war und ein Volk auf Erden gezeugt hatte, das stark in seiner Weisheit war. Sie hielten ihn für ein Wesen des Lichtes, nicht der Finsternis. Die hebräische Priesterschaft, die für ihre wenig wohlwollende Interpretation der Mythen umwohnender Völker bekannt war, prangerte die Gottessöhne als abstoßende Übeltäter an. Aber man sieht Seth wahrscheinlich richtiger, wenn man der gnostischen Interpretation folgt und ihn als eine Art von Bodhisattva betrachtet, einen Gesandten des Lichts, der auf die Erde geschickt wurde, um die spirituelle Entwicklung der Menschheit zu unterstützen und ihre unsicheren Schritte zur Erleuchtung anzuleiten.

Die hierarchischen Implikationen der Seth-Hypothese sind im allgemeinen für das moderne Bewusstsein, das jegliche Form von Elitarismus verdächtig findet, ebenso abstoßend, wie sie es für die jüdische Priesterschaft jener Zeit waren, und deshalb haben wir alle Beweise, die für diese Theorie sprechen, aus unserem kollektiven Bewusstsein ausgemerzt. Noch weniger angenehm ist die Vorstellung, dass die Kluft zwischen diesem höher entwickelten Volk und dem unsrigen vielleicht unüberbrückbar ist – aber genau das besagt die Theorie. Denn im Gegensatz zur Mehrheit der Eingeweihten, die durch ihre eigenen Bemühungen, ihre eigene Hingabe die spirituellen Ränge der Menschheit durchlaufen und dabei die Einweihungswege gehen, die unsere Gesellschaft anzubieten hat, werden die »Kinder des Seth« mit einem Wissen und einer Macht in unsere Welt hineingeboren, die bereits von einem früheren Volk gewonnen wurde. Sie sind die *Alten*, sie sind bereits im höchsten Maße erleuchtet und haben Zugang zu psychospirituellen Kräften, die einer anderen Welt angehören, die sich von der unsrigen unterscheidet, und ihnen das Recht und die Pflicht auferlegen, die Geschicke der Menschheit zu lenken. Darin sind sie nur durch zwei Dinge eingeschränkt: die Gesetze des Kosmos und unser Recht auf die Ausübung unseres freien Willens.

In den »Jüdischen Altertümern« sagt Josephus, dass die *Kinder des Seth* als große Astronomen galten – »Erfinder jener besonderen Art der Weisheit, die sich mit den Himmelskörpern und ihrer Ordnung befasst«.[23] Wir fühlen uns an Pythagoras erinnert, den Meister der Sonnenmysterien, der in Ägypten ausgebildet wurde und für seine Epoche über ein hervorragendes astronomisches Wissen verfügte. Obwohl er 700 Jahre vor den Gnostikern lebte, sprach er noch deutlicher von der außerirdischen Herkunft sowohl der Menschen wie auch der Götter. Pythagoras beschreibt das Universum als Organismus, der von einer Seele belebt und von einer höchsten Intelligenz durchtränkt ist, dessen materielle und spirituelle Evolution in parallelen und aufeinander abgestimmten Bewegungen verläuft.

Er wusste, dass »die Planeten, die aus der Sonne kommen, um sie kreisen, dass die Sterne viele Sonnensysteme sind, die von denselben Gesetzen wie den unsrigen gelenkt werden, und dass ein jeder seinen ihm zugewiesenen Platz im riesigen Universum einnimmt«.[24] Was die menschliche Seele betrifft, so »ist sie eine Emanation einer unveränderlichen und höheren spirituellen Ordnung und einer früheren materiellen Evolution, nämlich aus einem erloschenen Sonnensystem«.[25] Sie weilte bereits in vielen dieser früheren Sonnensysteme. Die Menschheit ist nur eine Besucherin auf dieser Erde, um hier ihre Seelenentwicklung fortzusetzen; es ist ihr bestimmt, sich über die Erde, den Mond, die Umlaufbahnen der äußersten Planeten und über die Sonne hinauszuentwickeln und auf diese Weise zu ihrer wirklichen Heimat zurückzukehren, die weit jenseits dieses Sonnensystems in den Tiefen des Universums liegt.

Die pythagoräischen Lehren über das Universum und die ewige Reise der Menschheit von Stern zu Stern, von Volk zu Volk wurden im Geheimen an nachfolgende Mysterienschulen weitergegeben und tauchen bis zum heutigen Tag in einem weiten Spektrum von esoterischen Schriften aus Ost und West wieder auf. Zum Beispiel erzählt eine Sufi-Geschichte, wie der Lehrer Muhiyuddin von Andalusien, als er die Ka'aba in Mekka umrundete, unter den Pilgern ein nicht-inkarniertes Wesen erblickte, welches dasselbe tat. Er sprach es mit Hilfe einer Sufi-Methode, der sogenannten »direkten Wahrnehmung«, an und befragte es, und dieses Wesen gestand, dass seine letzte Inkarnation schon vor Adam erfolgt sei. »Adam ist der Vater der Menschheit«, so erklärte es, »aber vor ihm gab es dreißig andere Welten.«[26]

Eine andere Geschichte bezieht sich auf den unsichtbaren Führer der Sufis, den unsterblichen Imam Al-Khidr, dessen Mantel aus grünem Feuer besteht und den einige Moslems mit Eliah gleichsetzen, jenem hebräischen Propheten, der in einem Wirbelwind zum Himmel emporgetragen wurde und niemals starb. Eines Tages erkannte ein zudringlicher Derwisch Al-Khidr in seiner Verkleidung. »Ich warf mich vor ihm auf den Boden und rief aus: ›Du musst die heilige Gegenwart von Khidr sein, der Grüne, der Meister der Heiligen. Segne mich, denn ich möchte vollkommen werden.‹ Al-Khidr aber sagte: ›Du hast bereits zuviel gesehen. Verstehe, dass ich aus einer anderen Welt komme und all jene ohne ihr Wissen beschütze, die einen Dienst zu leisten haben. Vielleicht bist du ein Schüler von Sayed Imdadullah gewesen, aber du bist noch nicht reif genug, um zu wissen, was wir Gott zuliebe tun.‹« Und der Derwisch erzählte weiter: »Als ich aufblickte, war er verschwunden, und ich konnte nur noch ein Rauschen in der Luft hören.«[27]

Der gesegnete Al-Khidr, den der Koran als anonymen Führer in der Wüste erwähnt, ist der Prototyp eines Shambhala-Wächters. Die Legenden über ihn reichen dem Archäologen Geoffrey Bibby zufolge bis in die Vorgeschichte des Mittleren Ostens zurück, lange bevor sich die hebräische Religion entwickelte, und schließen sich an die noch älteren, auf der ganzen Welt verbreiteten Göttersagen an. Guénon bezeichnet Shambhala-Agarttha als unsterbliche Organisation, durch die Unsterbliche wie Al-Khidr die geheiligte Weisheit nicht-menschlichen Ursprungs »quer durch die Zeitalter all jenen mitteilen, die imstande sind, sie zu empfangen«.[28]

Die Zeit und die entstellende Wirkung der Legenden haben die Berichte über diese übermenschlichen Adepten, die uns von den Mysterien-Traditionen überliefert wurden, verwischt und verwirrt, aber das Wissen selbst kann niemals verloren gehen. Es kann immer und immer wieder neu entdeckt und in zeitgenössischen Begriffen neu interpretiert werden. Es sagt uns, dass die Hierarchie von Eingeweihten, zu denen diese Wesen gehören, die Mittelachse (*merudanda*) der gesamten Menschheit ist, die als Kollektiv für die verborgene evolutionäre Funktion des Chakrensystems in den einzelnen Individuen sorgt. In ihrer Gestalt und Funktion ist sie die genaue Widerspiegelung der Weltachse; und beide Achsen, die der Menschheit und die unserer Erde, fallen in Shambhala zusammen. Deshalb sind Shambhala, die Weltachse und die Hierarchie im Prinzip Synonyme. Wir finden im Herzen all unserer Mythologien denselben archetypischen Ideenkomplex, in dem eine Versammlung von weisen Wesenheiten in den himmlischen Hallen zur Rechtsprechung zusammentritt. Und dies geschieht immer am Fuße eines Weltberges, eines Weltenbaumes oder eines Pfeilers der Wahrheit, der für die ganze Welt von Bedeutung ist.

# 9

# SHAMBHALA – DER GARTEN DES LEBENSBAUMES

Der Lebensbaum ist eines der heiligsten, ältesten und am weitesten verbreiteten religiösen Symbole. Im Shambhala-Mythos trägt er die Frucht der Weisheit und des ewigen Lebens, sei es nun ein Pfirsich, eine Pflaume, ein Apfel, eine Mandel oder eine Dattel.[1] Als Symbol der Weltachse ersetzt er manchmal den Berg in der Mitte des Königreiches, dann wieder wächst er auf dessen Gipfel oder im nahe gelegenen Garten des Königs oder im Palast der Göttin. Im Wesentlichen soll er uns in mythologischen Begriffen, die zum Erbe der ganzen Menschheit geworden sind, sagen, dass Weisheit und Langlebigkeit die Geschenke einer Erfahrung von der Weltachse sind. Auch der feierlich geschmückte Weihnachtsbaum besitzt eine ähnliche Bedeutung, wie Anne Baring und Jules Cashford bemerken:

»Der immergrüne Baum, den wir Weihnachtsbaum nennen, auf dessen Zweigen Kerzen flackern und um dessen Wurzeln Geschenke ausgebreitet sind, wurde einst als Lebensbaum oder Weltenbaum gefeiert. Er vereinte Himmel, Erde und Unterwelt, er war die kosmische Achse im Zentrum der Welt, die *Axis Mundi*, durch die sich die ewigen Schöpfungsenergien ohne Unterlass in die Zeit verströmten. Die grüne Farbe des Lebensbaumes an diesem dunkelsten Tag im Jahr war deshalb – und ist es unter einem anderen Namen noch immer – das Zeichen und die Verheißung, dass das Leben immer und immer wieder erneuert wird. (...) In ähnlicher Weise ist der silberne Stern auf dem Weihnachtsbaum, den auch die

Drei Weisen aus dem Morgenland sahen, ein mythisches Symbol für den Polarstern über der Weltachse und den strahlenden Stern von Inanna, Aphrodite und Venus, der alle göttlichen Geburten im gesamten Nahen Osten begleitet.«[2]

Die Völker der Antike verehrten den Lebensbaum in den Ritualen einer Säulen-Religion, die einst weit verbreitet gewesen zu sein scheint. Während der Bronzezeit standen im gesamten Orient in den zahllosen Gartenheiligtümern der Großen Göttin heilige Bäume, die von ihren Opfermysterien zeugten. Auf hoch gelegenen Orten in Kanaan und Israel stand ein heiliger Baum neben den *masseboth* oder Steinsäulen, die zu diesen nicht überdachten Heiligtümern gehörten. Und in manchen Kulturen jener Zeit wurde die Weltachse sowohl als Baum wie auch als Säule abgebildet.

So erscheint auf einem syrisch-hethitischen Siegel aus der Zeit um 2000 v. u. Z. ein Heiligtum einer Göttin, auf dem ein Bild der Weltensäule steht. Sie wird von dem mesopotamischen Helden Gilgamesch und einer Priesterin und einem Cherub mit einem Zweig in der Hand bewacht. Auf dem Untergrund des Siegels befindet sich ein labyrinthisch verschlungener Gegenstand, der dem hermetischen Caduceus entspricht. Diese besondere heilige Säule besteht aus engen Schlangenwindungen, an deren Spitze sich eine Sonne befindet, und rings um das Sonnensymbol sind vier kleine Kreis angebracht, welche die vier Flüsse symbolisieren, die zu den vier Ecken der Welt fließen – die Wasser des ewigen Lebens, die aus der Weltachse hervorfließen und die Erde ernähren (Abb. 11). Der Eigentümer des Siegels ist auf dieser kleinen idyllischen Szene ebenfalls zugegen, deshalb handelt es sich wahrscheinlich um ein Erinnerungsstück, das von der Einweihung seines Trägers in die Mysterien dieser Religion erzählt.

Uns im Westen ist der Lebensbaum vor allem durch den biblischen Mythos vom Garten Eden vertraut. Aber es ist seit langem bekannt, dass diese hebräische Geschichte aus früheren sumerischen, babylonischen und ägyptischen Mythologien übernommen wurde, welche die Ägyptologin Wallis Budge bis zu einer noch älteren, unbekannten gemeinsamen Quelle zurückverfolgte. Wahrscheinlich entstand dieser Mythos in einer

*Abb. 11: Syrisch-hethitisches Siegel, das die Weltachse zeigt (undatiert).*

fernen Vergangenheit in Zentralasien, dort, wo der Weltenbaum des sibirischen Schamanen emporwuchs, und wurde erst später in die Welt hinausgetragen. Wahrscheinlich war auch Shambhala der erste heilige Garten. Alle wichtigen Motive der Genesis-Mythe sind auch in Shambhala vorhanden: der Baum in der Mitte des heiligen Gartens mit seinen magischen Geschenken und Kräften, die vier Ströme, die göttliche Gegenwart und ihre Schlangenkraft, die Pflege des Gartens durch menschliche Eingeweihte, der Verzehr der Ambrosia-Frucht vom Baum des Wissens. Während diese Paradies-Motive allen antiken Mythen vom Garten Eden gemeinsam sind, wurde nur in der hebräischen Version die ursprüngliche Bedeutung umgekehrt.

Baring und Cashford bemerken:

»Der Genesis-Mythos ist darin einzigartig, dass er die lebensbejahenden Bilder all der ihm vorangehenden Mythen übernimmt – den Garten, die vier Ströme, den Lebensbaum, die Schlange und das erste Menschenpaar –, daraus aber nicht einen Anlass der Freude und des Staunens macht, sondern von Furcht, Schuld, Bestrafung und Peinlichkeit.«[3]

Auf Shambhala kann auch der Ursprung der beiden wichtigsten esoterischen Systeme zurückgeführt werden, welche die Grundlage aller

Religionen vom Säulenkult bis zum Islam bilden: der fernöstliche Baum der Wahrheit und der hebräisch-kabbalistische Baum der Sephiroth. Alte Siegel, die in den Ruinen der Städte im Industal gefunden wurden, bezeugen die Existenz eines vor-buddhistischen Kultes, der um den Baum der Wahrheit, den so genannten Bodhi-Baum oder Bo-Baum (»Baum der Erweckung«) kreist. Dieses Motiv soll aus Zentralasien gekommen sein und ist noch heute in Indien sehr lebendig. Selbst der Buddhismus entwickelte sich aus dieser alten Baum-Religion, die sich in verschiedenen Formen über ganz Ostasien ausgebreitet hat und die Grundlage für Volksbräuche lieferte, die sich aus der Baum-Mythologie ableiteten. Und die Kabbala, das Einweihungssystem im Herzen aller westlichen Mysterien, entfaltet sich ebenfalls auf der Basis einer – allerdings abstrakten – Baumsymbolik: Der Baum der Sephiroth ist im Grunde eine Abbildung der Wirkungsweise von psychosomatischen Energien im Menschen und im Kosmos.

Die zehn leuchtenden, edelsteinartigen Strahlen des Baumes der Sephiroth werden in dem jüdischen Buch *Sefer Yetsirah* (»Buch der Schöpfung«) als Wiedergabe eines Spektrums von Energien und Kräften beschrieben, die der physisch manifesten Welt zugrunde liegen. Ernest Scott hat den Sephiroth-Baum als »Querschnitt durch den Körper Gottes« bezeichnet, »der die Energieflüsse und Verbindungen zeigt, die zwischen den verschiedenen Endpunkten existieren oder geschaffen werden können«.[4] Die Sephiroth, die mit den Buchstaben des heiligen Alphabetes assoziiert werden, sind das Tor zu den Geheimnissen der Schöpfung und können, so heißt es, die Welt der Materie erzeugen. Wie der östliche Baum der Wahrheit ist die westliche Kabbala ein machtvolles System der Selbsttransformation.

»Wenn ein Wissen um diese Energieebenen und ihre Verbindungswege vorhanden ist«, sagt Scott, »kann ein Mensch von seiner eigenen Ebene ausgehend im ganzen Diagramm aufsteigen, sich mit den Eigenschaften einer jeden Sephirah identifizieren, sie in sich aufnehmen und dadurch den Weg zurückgehen, auf dem er aus dem Ain Soph hervorgekommen ist.«[5]

Mit der Zeit wird er die Fähigkeit erwerben, alle Kräfte des Universums schöpferisch zu kontrollieren, und zu einem Wesen werden, das beim Eintritt in das Paradies die tiefsten Mysterien erfährt und die Unsterblichkeit gewinnt.

Diese Einweihungssysteme haben sich im Laufe von Jahrtausenden aus der Erforschung des Weltenbaumes entwickelt: Mystiker – Frauen und Männer – traten in eine innige Kommunikation mit dem Baum und erfuhren aus erster Hand in der Umgebung von Shambhala die Geheimnisse der psychospirituellen Erd-Achse, die sie dann mit den Geheimnissen ihrer eigenen Körperachse in Verbindung brachten. Das so erworbene Wissen wurde sorgfältig geschützt und mündlich an eine sehr kleine Elite weitergegeben, aber mit der Zeit verbreitete es sich zusammen mit dem dazugehörigen Schlangensymbol der Kundalini im Brauchtum der ganzen Welt, und zwar durch Mythos und Allegorie. Auf dieser sekundären Ebene des Wissens erwarb das Motiv vom Baum und der Schlange seine einzigartige religiöse und okkulte Bedeutung und wurde zum wichtigsten Symbol im Herzen der semitischen Religionen.

In den neolithischen Kulturen symbolisierte die Schlange die schöpferische Quelle des Universums und stand für Heilung, Metamorphose und die dynamischen Kräfte des Wassers. In dieser frühen Zeit wurde die große Schlangengöttin des Urchaos verehrt, die aus dem wässrigen Ozean des Seins Erde und Himmel gebar. Später, in Sumer, wurde die Schlange zur weisen Gefährtin der Göttin und erhielt den Namen Ningizzida oder »Herrin des Lebensbaumes«. Im Garten Eden sprach sie vom Baum des Wissens herab mit Eva. Verschlungene Schlangen bilden die Hieroglyphe dieser sumerischen Gottheit, wie auch die Spirale im Caduceus des Hermes, der in Ägypten als Seelenführer galt. Und eine Schlange windet sich um den Stab des Asklepios, des griechischen Heilgottes. Auch in der aztekischen und peruvianischen Mythologie gibt es einen kosmischen Baum, auf dessen höchstem Ast ein Adler sitzt und in dessen Wurzeln eine Schlange haust, und immer wenn sich die Schlange an den Zweigen emporwindet, wird die befruchtende Energie des Universums mobilisiert.

## Der Weltenbaum als Opferbaum

Wenn man die Mythologien der Welt betrachtet, so erkennt man eine grundlegende Identität der Symbole des Berges und des Baumes. Aber im Motiv des Baumes enthüllt sich eine tiefere Dimension: Er enthält ein Spiel der Gegensätze, in dem auch das Dunkle und Abgründige lauert. Mit der Vorstellung des Baumes verband sich die mystisch-religiöse Assoziation des Opfers und deshalb auch der großen Erlösergestalten der Geschichte. Dadurch wurde der Baum fast zu einem göttlichen Geistwesen, er ist das *tau*-Kreuz, auf dem das erlösende Opfer des Gottes erfolgt.

Tatsächlich waren die heiligen Gärten der Großen Göttin auch Orte, an denen Menschenopfer stattfanden. Die Sumerer des Stadtstaates Eridu verehrten einen wunderschönen Baum mit Wurzeln aus weißem Kristall, der »sich in die Tiefe erstreckte und seinen Sitz in der Mitte der Erde hatte, während sein Blattwerk das Lager der Urmutter war. In seiner Mitte befand sich Tammuz.«[6] Tammuz, der am Baum hing, war der ewig lebende und ewig geopferte Gottkönig und Sohn-Geliebte der großen Muttergöttin, die seinen Körper für die Befruchtung der Erde hingab. Auch Jesus Christus wurde auf dem Baum der Erlösung auf dem Berg Golgotha aufgehängt, starb und wurde wiedererweckt, um allen Menschen das ewige Leben zu spenden.

In gleicher Weise erlangte Buddha, als er auf dem »Punkt der absoluten Ruhe« unter dem Bodhi-Baum saß, nach Osten blickte und von einem mächtigen Schlangenkönig bewacht wurde, die höchste Erleuchtung, indem er sein Selbst für die Befreiung aller fühlenden Wesen opferte. Auch der Kind-Erlöser Mithras, wie auch seine zoroastrische Entsprechung Gayomart, wurde unter einem Baum geboren, der ihn dann magisch ernährte und kleidete. Danach musste er den Urstier – sein eigenes animalisches Wesen – zum Nutzen aller Lebewesen opfern.

In der isländischen Edda, in der die gnostischen Mysterien des Mithras-Kultes erscheinen, erzählt der germanische Göttervater Odin (Othin oder Wodan, der Häuptling der Asen) von seiner Opferung auf dem Einweihungsbaum, auf dem er die Runenweisheit für sein Volk empfing.[7]

Mir dünkt, ich hing auf dem windbewegten Baum,
Aufgehängt war ich ganze neun Nächte lang;
Mit dem Speer wurde ich verwundet, und dem Odin
Wurde ich geopfert, ich ganz allein auf mich gestellt,
Auf dem Baum, von dem keiner jemals wissen darf,
Welche Wurzeln unter ihm im Erdreich laufen.

Keiner beglückte mich mit Brot oder Flüssigkeit,
Und so blickte ich nach unten;
Ich nahm die Runen in mich auf, mit einem Aufschrei
Nahm ich sie und prallte vor ihnen zurück
Und unverzüglich fiel ich zu Boden.

Nun blühte mein Wissen und mein Wohlergehen auf,
Ich wuchs und es ging mir gut;
Jedes Wort führte mich zu einem anderen Wort,
Jede Tat zu einer anderen Tat.[8]

Aber da die Energien der höheren Weisheit nur auf Kosten des normalen Wissens erlangt werden können und deshalb eine Art von Sterben gefordert ist, wurde die Verehrung des Baumes überall mit dem Opfer, nicht nur mit spirituellem Wissen und einer Neugeburt assoziiert.

Bei allen Völkern galt irgendein bestimmter Baum als heilig und wurde durch die Opferriten der jeweiligen Priesterschaft geweiht. Auf einem der Siegel aus dem Industal steht die nackte Erdgöttin, die große und schreckliche Kali, zwischen den zerstückelten Gliedern eines der geweihten Pipal-Bäume. Auf einem anderen Siegel wird unter dem Baum ein Menschenopfer dargebracht, während die Gottheiten des Gartens warten. Die druidischen Eichenhaine Englands und der Bretagne, die heiligen Maulbeerhaine Chinas, der delphische Lorbeerbaum des Apollo und die Orakel-Eiche im Zeustempel von Dodona, die Eschenhaine Skandinaviens und andere Kultbäume, die den Persern, Römern, Hawaiianern und Japanern heilig waren, dienten einst als lokale Brennpunkte für die Verehrung des Mysteriums des Weltenbaumes. Und so bestand im christlichen Volkstum das Kreuz Christi wie auch die Schamanentrommel aus dem Holz dieses Baumes.

Die sakrale Literatur wurde von Eingeweihten geschrieben, die noch immer in Kontakt mit den mystischen Wurzeln des Brauchtums standen und deshalb seine wahre Bedeutung in suggestiver Poetik vermitteln konnten. Die Weltesche Yggdrasil[9] wird in der Völuspa zum größten und besten aller Bäume erklärt. Ihre Äste erstrecken sich über die ganze Erde und reichen über den Himmel hinaus, ihr Stamm ist die Achse, um die sich der Himmel dreht, und sie steht auf drei Wurzeln. Eine davon reicht bis zu den Asen in den Himmel, »wo die überaus heilige Quelle Urdr ist«[10], an der die Götter sitzen, um über die Seelen der Menschen Gericht zu halten. Eine zweite Wurzel erhebt sich über die Nebel-Welt, jene Sphäre des menschlichen Lebens, in der die Quelle der Weisheit und der alten Traditionen entspringt. Die dritte Wurzel, die von dem großen Wurm Nidhogger angenagt wird, befindet sich inmitten der Rime-Riesen, der Wächter der chthonischen Unterwelt der bloßen Materie. Durch sie alle fließt der große Strom der lebenspendenden göttlichen Energie in der symbolischen Form eines Baumstammes (Abb. 12).

Yggdrasil stellt die leidvolle Selbstopferung dar, sie ist halb lebend und halb tot. Sie ist das Bild der untrennbar verschlungenen Einheit von Leben und Tod, Schmerz und Glück im Garten des Seins, dessen Geschöpfe sich ohne Unterlass von ihr ernähren. In diesem Bild von Tod und Einweihung mit ihrem Wechselspiel von Gegensätzen liegt, so formuliert es Joseph Campbell, die Vorstellung von einem unpersönlichen kosmischen Prozess, der das Individualschicksal transzendiert.

In der Edda heißt es:

Die Esche Yggdrasil leidet Qualen,
Mehr als Menschen wissen können;
Von oben her beißt der Hirsch; an der Seite verdirbt sie;
Und der Drachen nagt von unten.[11]

*Abb. 12: Die Welten-Esche Yggdrasil. Die irdische Ebene in der Mitte wird von der Midgard-Schlange, ihrem Lebensprinzip, umschlossen.*

Rings um Yggdrasil spielt sich das gesamte Drama ab, das auch im indischen Zyklus des Mahayuga geschildert wird: Als Weltachse erschafft sie, erfreut sich des Lebens und erleidet den Tod. Sie kennt alle Phasen der ewigen Verschmelzung und Trennung von Gegensätzen, sie erschafft die Einheit der Welt am Anfang aller Dinge und führt durch Uneinigkeit zum apokalyptischen Krieg am Ende eines jeden kosmischen Zeitalters. Am Ende der Zeit erlebt sie, wie der Höllenhund Garm seine Fesseln zerbricht und die chthonischen Kräfte in Gestalt des Fenris-Wolfes sich erheben und frei über die Erde laufen, um zu sengen und zu zerstören. Sie erlebt, wie Götter und Riesen sich gegenseitig abschlachten. Dann fordert Thor die Midgardschlange heraus, Odin kämpft mit dem Wolf, das Gute ringt mit dem Bösen, und die Welt geht wie im Kalachakra am Ende des Kali Yuga in einem feurigen Weltenbrand zugrunde, der Yggdrasils Äste erzittern lässt und sie tödlich verwundet.

Dies ist die Weltkatastrophe, die als *ragnarok* bezeichnet wird, die germanische Götterdämmerung. »Das Feuer springt hoch über den Himmel selbst hinaus«[12], und durch die Vereinigung der chthonischen und himmlischen Feuer erreichen Aufruhr und Krieg ein Ende. Die Gegensätze finden sich wieder, Yggdrasil ist in Frieden, das Paradies kehrt zu den Ida-Feldern der Götter zurück, und der Zyklus beginnt von neuem. Trotz ihrer philosophischen Tiefe sind die skandinavischen Sagas und die gesamte germanische Mythologie von dem Schmerz über *ragnarok* durchdrungen. Aber je weiter wir die Baum-Mythen in die Vergangenheit zurückverfolgen, umso mehr verschwindet die Trauer, umso mehr werden der Triumph des Lebens gefeiert und die Kraft des Todes geleugnet. Selbst die archaischen Riten des Menschenopfers, die in den sumerischen Gärten der Götter-Mutter Inanna praktiziert wurden und im Tod ihres göttlichen Geliebten gipfelten, werfen keinen Schatten, sondern bekräftigen, dass Tod und Selbstaufgabe als ekstatischer Hintergrund des Lebens in die Seligkeit des Seins eingewoben sind. Es ist, als ob diese Mythen mit zunehmender Nähe zu ihrem Ursprung – sei es zeitlich oder inhaltlich – immer mehr an der unschuldigen Reinheit und Freude von Shambhala teilhaben.

## Einweihung und Weltenbaum

Viele Siegel und Tafeln aus der späten Bronzezeit erinnern an Tempel-Einweihungen, bei denen sich die Kandidaten einem dreitägigen Tempelschlaf unterwarfen, in ihren inneren Körper geführt wurden und in einem Trancezustand durch die Tore des Todes in die spirituelle Welt gelangten. An diesen Objekten fällt auf, dass sie den Eindruck erwecken, als würde der Tod optimistisch angenommen. Dies kommt zum Beispiel bei einem goldenen kretisch-mykenischen Ring zum Ausdruck, der in Pylos gefunden und auf eine Zeit um 1500 v. u. Z. datiert wurde. Er zeigt den Baum des Lebens und schildert eine Gartenszene voll glücklicher Ruhe, die im gesegneten Land der Toten liegt, den Elysischen Feldern der griechischen Mythologie (Abb. 13).

Sir Arthur Evans äußert hierzu:

»Das Feld auf diesem Bild ist in mehrere Zonen eingeteilt, und zwar durch den Baumstamm und die horizontalen Äste dieses alten, ver-

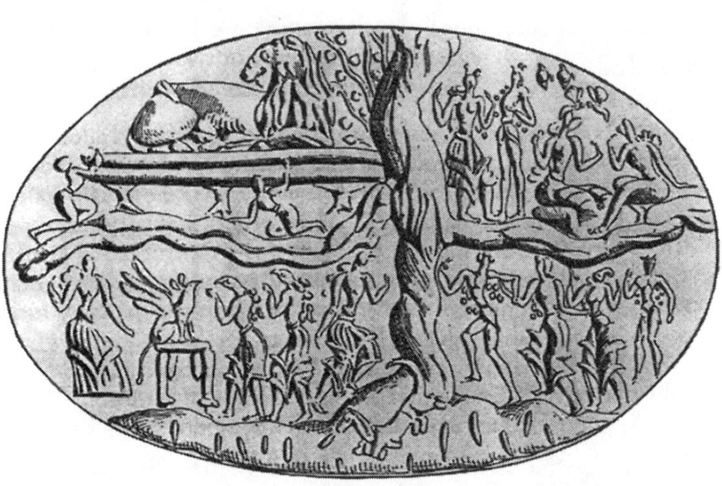

*Abb. 13: Der minoische Weltenbaum, eingraviert auf dem mykenischen »Goldring Nestors« (etwa 1500 v. u. Z.)*

drehten und kahlen Baumes. Er steht mit seinen ausgreifenden Wurzeln auf einem Hügel, sein Stamm erhebt sich in der Mitte des Feldes, und die horizontalen Äste ragen horizontal nach außen. Die Szenen, die seine Äste trennen, gehören nicht zur irdischen Sphäre, sondern in das Jenseits der minoischen Welt. Hier finden wir eine offensichtliche Analogie zu Yggdrasil, Odins Esche und dem alten skandinavischen ›Weltenbaum‹.«[13]

Hier sind jedoch die menschlichen Gestalten, die sich rings um die Weltachse gruppieren, von heiterer Lebendigkeit erfüllt und damit beschäftigt, den Körper mit neuem Leben zu erfüllen, Liebende nach dem Tod zusammenzuführen und glückliche Prozessionen zu den Hallen der Gerechtigkeit zu leiten.

Die Mysterienschulen waren der Angelpunkt der frühen Zivilisationen. Man glaubte, dass die Einweihung nicht nur für die fortgesetzte Evolution der Seele, sondern auch für die Weiterentwicklung der intellektuellen und emotionalen Fähigkeiten notwendig sei. Und es galt auch die Überzeugung, dass eine Person zumindest einmal im Leben durch die Einweihung die Gelegenheit erhalten sollte, zu ihrem spirituellen Geburtsort im Zentrum der Erde zurückzukehren, um dort die Gnade der Transformation zu empfangen. Und obwohl die Neophyten auch hier wieder dem Tod begegneten, gipfelte ihre Einweihung in einer Freude, die auch ihr weiteres Leben erfüllte.

Vor seiner Einweihung wurde dem Griechen Apuleius durch den amtierenden Hierophanten mitgeteilt, dass diese Erfahrung einem freiwilligen Tod gleiche, auf den eine langsame Erholung folge, und in einem Fragment, das von Stobaeus erhalten blieb, sagte Plutarch in einer Passage, die wie ein Echo des Grals-Mythos oder des Shambhala-Mythos klingt:

»Tod und Leben entsprechen einander also genau. Zuerst wird es Wanderungen und ein mühevolles Umherrennen im Kreis geben, verbunden mit Reisen durch die Dunkelheit über unsichere Straßen und Sackgassen. Dann, kurz vor dem Ende, kommt es zu allen Arten des Schreckens mit Zittern, Erschauern, Schwitzen und höchster Bestürzung. Danach begegnet der Wanderer einem seltsamen und wunderbaren Licht. Er darf reine, üppig grünende Wiesen betreten, in denen er sanfte Stimmen, feierliche Tänze und die Majestät von gesegneten Geistern und heiligen Visionen erkennen kann. Hier ist er frei und vollständig eingeweiht. Er bewegt sich frei wie ein gekröntes und hingebungsvolles Opfer, das am Festmahl teilnimmt.«[14]

In einem solchen Trancezustand wurde die Seele der Kandidaten auf eine höhere Ebene getragen. So geschah es auch bei K'hamtul Rinpoche im tibetischen Kloster. Dabei erblickte er zum ersten Mal einige Bewohner der oberen Sphären und Königreiche – Devas, Dakinis, Engel und Himmelstiere, die sich in der Nähe des Berge Meru zeigen – wie auch die Bewohner des verborgenen Königreiches. Dies sind die Meister, die Herren von Shambhala, die entweder in einem physischen Körper inkarniert sind oder, wie der griechische Philosoph Proclus uns mitteilt, als Lichtwesen in Erscheinung treten.

Die Eingeweihten konnten in diesen heiligen Gefilden ihre spirituellen Meister treffen oder alternativ dazu einen himmlischen Seelenführer wie etwa Hermes, Mithras oder Anubis, die als Wächter und Beschützer agierten. Und dort, in der Gesellschaft der bereits vollkommenen Wesen, wurden sie weiter gereinigt und auf die noch höheren Einweihungen vorbereitet. Es heißt, dass jeder Zweig des Baumes das Tor zu einer höheren Welt und ein weiteres Übergangsritual für die Seele darstellt und dass an jedem dieser Tore die »Wächter« erscheinen. Nach einer solchen Erfahrung fürchtet man den Tod nicht mehr, sondern begegnet ihm mit Freude.

## Isis und Osiris: Schamanismus in der ägyptischen Mythologie

Wenn wir den Mythos vom Lebensbaum zeitlich zurückverfolgen, so finden wir hinter der Kultur der Bronzezeit mit ihrer malerischen Opulenz und ihrer genialen, bunt-dramatischen Metaphorik die Merkmale einer einfachen schamanischen Tradition, aus der er emporwuchs. Während der klassischen Zeit Ägyptens und des minoischen Kreta erfreute sich der

Schamanismus einer Renaissance, aber seinen Höhepunkt hatte er schon früher während der Eiszeit erlebt, als seine archaische Sprache die späteren klassischen Themen vorformulierte. Damals war sein Hauptgebiet Sibirien. Auf einer Steinplatte, die in Mal'ta in der Nähe des Baikalsees gefunden und auf eine Zeit um 16000 v. u. Z. datiert wurde, ist auf der einen Seite die siebenfältige Spirale, das Symbol des kosmischen Zentrums, eingeritzt und auf der anderen Seite drei sich windende Schlangen, die traditionell als Symbole der Kundalini in den drei Welten betrachtet werden.[15] In derselben Gegend und aus derselben Zeit fand man fliegende Gänse, die in Mammut-Elfenbein eingeritzt sind und von Joseph Campbell als Symbole für den Astralflug des Schamanen betrachtet werden, der bereits eine Ankündigung von Buddhas mystischem Flug ist.

Die Vision des Baumes als Weltachse, so bemerkt Campbell, ist ein charakteristisches Merkmal des sibirischen Schamanismus – und zwar heute wie damals. Moderne tungusische Schamanen sagen, dass im Altai-Gebirge einst eine große Religion blühte, die aber inzwischen verfiel, so dass wir heute nur noch Reste ihrer früheren Größe kennen. Dennoch verehren die Tungusen noch immer den mächtigen Baum Tuuru, der dort wächst und dessen neun Zweige sich über die Welt ausbreiten und bis zum Zenith in den Himmel ragen.

Ivar Lissner, der 17 Jahre bei den tungusischen Stämmen verbracht hat, erklärte einer der Schamanen:

»Ganz oben gibt es einen Baum, an dem die Seelen der Schamanen aufgehängt werden, bevor sie ihre Kräfte erwerben. Und auf den Zweigen des Baumes befinden sich Nester, in denen die Seelen liegen und [von heiligen geflügelten Tieren aus der Unterwelt] behütet werden (...) Je höher das Nest in diesem Baum hängt, umso stärker wird der Schamane sein, der in ihm aufgezogen wird, umso mehr wird er wissen und umso weiter wird er sehen. (...) Unserem Glauben zufolge steigt die Seele des Schamanen an diesem Baum zu Gott empor, wenn er schamanische Dienste verrichtet; und in diesem verzückten Trancezustand vollzieht er seine Wundertaten. In Trance fliegt er als Vogel in die höhere Welt oder steigt als Rentier, Stier oder Bär in die Unterwelt hinab.«[16]

Das Nest, in dem die Seele des Schamanen aufgezogen wird, liegt in einem der oberen *bardos* oder Himmelswelten, die den Buddhisten vertraut sind, und darunter liegt die mittlere Welt, in der der Mensch wiedergeboren wird. Darunter liegen die drei Unterwelten der heiligen Tiere. Und trotz der naiven Bildlichkeit entspricht die Kosmologie des Schamanen in jeder Hinsicht dem Spektrum der Himmel und Höllen, die späteren Religionen und metaphysischen Systemen bekannt sind und außerdem in viele Mythen der Bronzezeit eingewoben wurden. In manchen von ihnen, wie etwa im homerischen Mythos von Artemis, der Göttin der Jagd, ist ein schamanischer Einfluss unverkennbar; aber wahrscheinlich gibt es aus dieser Zeit keine Sage, die ihre Herkunft vom sibirischen Schamanismus so deutlich verrät wie der Mythos von Isis und Osiris. Hier enthüllt sich die verborgene Bedeutung der Baum-Mythologie in ihrer ganzen Fülle und trägt sie über die Dualität hinaus in ein Reich vollkommener Spiritualität, in dem Leben und Tod miteinander verschmelzen.

Die zahlreichen mündlichen Versionen dieses vordynastischen ägyptischen Mythos, den Plutarch im 2. Jahrhundert sammelte und niederschrieb, der aber schon im bronzezeitlichen Ägypten existierte, ist vielleicht einer der ältesten Mythen, die wir kennen. Aus genau diesem Grunde lässt er die schamanische Basis am deutlichsten durchschimmern. Er erzählt das Drama der beiden Liebenden Isis und Osiris und ihres Gegenspielers Seth. Dies waren drei der neun Götter und Göttinnen der ägyptischen Enneade, der Versammlung der göttlichen Weltenlenker, die von einem höchsten Gott abstammten. Diese Enneade oder »Neunheit« entsprach in etwa dem griechischen Götterhimmel, dem allerdings zwölf Gottheiten angehörten.

Auf einer anderen Ebene ist dieser Mythos jedoch ein Bericht über die beiden Einweihungsgrade des Schamanen und gewährt uns einen einzigartigen Blick auf die unmittelbare Verbindung zwischen der Weltachse und den Bewusstseinstransformationen des Schamanen, in dem Leben und Tod nur alternierende Phasen des ewigen Seins sind.

Wie wir bereits erfahren haben, wurde Osiris mit dem Sternbild Orion gleichgesetzt und weist deshalb eine Verbindung mit Shambhala oder genauer mit der göttlichen Rasse auf, die zuerst im Altai-Gebirge und dann etwa zweitausend Jahre später auch in Nordafrika auftauchte. Er wurde als Gott der »dunklen Mysterien« verehrt, der die Geheimnisse der Sterne kannte, und sein Name war etymologisch mit der Weltfamilie der Götter verwandt. Schuré erklärt, dass der Name *Aes* oder *Aesar* im Etruskischen, *Aes* im Gallischen, *Ase* im Skandinavischen, *Os* («Herr«) im Koptischen und *Osiris* im Ägyptischen dieselbe Wurzel haben[17]; dasselbe gilt wahrscheinlich auch für *Azara*, den Namen der Wächter von Shambhala. Der echte hieroglyphische Name der Göttin Isis, sagt Wallis Budge, lautete *Às* oder *Às-t*, was Thron oder Pfeiler bedeutet, und der von Osiris *As-àr* oder *Asar*, was manchmal auch als *Asaru* wiedergegeben wird (Dies ist eine Osiris-Gestalt, die in Unterägypten verehrt wird).[18] Osiris ist also mit den Göttern des Nordens verwandt, denn im Althochdeutschen bedeutet *às* den Mittelpfeiler oder den Hauptbalken eines Hauses. Der Plural davon lautet *aesir*, und deshalb wurden auch die Aesir oder Asen seit undenklichen Zeiten als Pfeiler-Gottheiten bezeichnet.[19] Aber Osiris wird oft auch *An* genannt. In einer Hymne an Osiris wird er als »Gott An der Millionen Jahre« angerufen, aber auch als »An in An-tes, Großer, Heru-Khuti, der du mit langen Schritten über den Himmel schreitest«.[20]

Dieser Name ist in besonderer Weise mit der Vorstellung des Himmels assoziiert, und die Anrufung bringt ihn in Zusammenhang mit dem sumerischen Himmelsgott Anu und den geheimnisvollen Annunaki der sumerischen Mythologie (unter denen Anu der Hauptgott war), aber auch mit den Igigi, einem herrschenden Zweig der Annunaki, die sich auf Astronomie spezialisiert hatten.[21] Osiris kann also durchaus auch mit den Ojin, den Urgöttern Japans, verwandt sein, die in den Hida-Bergen lebten und diesem Land seine frühen Künste und Wissenschaften sowie die Shinto-Religion schenkten. Durch die Verbindung mit Orion ist er natürlich auch mit dem sibirischen und altaischen Schamanismus verwandt.

Der Mythos von der Entstehung Ägyptens erzählt, wie Osiris aus Libyen in das Land kam, um dessen Bewohner die Künste der Bodenbearbeitung und der Götterverehrung zu lehren, und »an beiden Ufern des

Nils Gerechtigkeit einzuführen«.[22] Dann heiratete er seine Schwester Isis und regierte als erster König von Ägypten. Er reiste in viele ferne Länder, um den dort lebenden Völkern die Zivilisation zu bringen, und in seiner Abwesenheit regierte Isis friedlich an seiner Stelle. Aber sein Bruder Seth, der ihn um seinen Ruhm und sein Glück beneidete, schloss ihn in einer Kiste ein und warf ihn in den Nil. Von dort trieb er ins offene Meer hinaus und wurde von den Gezeiten in ein fernes Land getragen – in Plutarchs Version war dies Phönizien –, wo er sich in den Wurzeln einer Terebinthe verfing, die nach und nach um den Sarg herumwuchs und ihn schließlich ganz und gar in ihrem Stamm einschloss, so dass man ihn nicht mehr sehen konnte.

Nun entdeckte die Königin dieses Landes den Duft der Terebinthe, war von ihm bezaubert, ließ den Baum fällen, zu einem Pfeiler verarbeiten und als tragenden Pfosten in ihren Palast einbauen. Zu diesem Pfeiler gelangte Isis, die in ihrer Trauer nach dem Körper ihres geliebten Ehemannes suchte. Sie verdingte sich als Amme für das jüngste Kind der Königin und setzte es heimlich Nacht für Nacht neben den Pfeiler, während sie selbst in Gestalt einer Schwalbe immer und immer wieder um ihn herumflog und ein trauriges Lied sang. Die Königin wurde eines Tages Zeugin diese Szene, riss das Kind voller Schrecken hinweg und beraubte es auf diese Weise des ewigen Lebens. Doch Isis forderte den Pfeiler, ließ ihn öffnen und befreite Osiris. Sie verwandelte sich in einen Geier und fächelte ihm mit ihren großen Schwingen Luft zu, bis er ins Leben zurückkehrte. In einigen Versionen dieser Geschichte empfing sie daraufhin von Osiris ihren göttlichen Sohn Horus.[23]

Hier haben wir einen klassischen Bericht über die vorbereitende Katharsis in der schamanischen Einweihung. Sie findet in der Ferne statt, ohne die vertraute Umgebung, verborgen in der »Finsternis« des Trancezustandes. Auch das Wasser ist zugegen, das als Medium der Emotion die Einweihung unterstützt; der Lebensbaum ist das Feuer der Spiritualität, in dem die kindliche Seele mit ihren elementaren Wünschen und Begierden geopfert werden muss; die Verwandlung in diesem Feuer führt zur Entdeckung der göttlichen Seele; und schließlich erfolgt die Auferstehung oder Neugeburt der Seele in einem neuen und erfolgreicheren Leben. Im Vogelgesang der Göttin Isis, der schrill und traurig klingt, erkennen wir das Lied des Schamanen in seiner Trance, über das so viele Ethnologen berichtet haben und das an die alten Zeiten erinnert, als in den Ritualen der Eiszeit Schamanen in Vogelgestalt auf die Höhlenwände Südfrankreichs gemalt wurden. Der Flug der Göttin Isis rings um den Pfeiler entspricht dem Flug des Schamanen um den Weltenbaum, bei dem er seine ekstatischen Beschwörungen spricht und merkwürdige Vogelschreie ausstößt; und in Seths Handlungen, die den Hoffnungen und Freuden der Menschen soviel Gewalt anzutun scheinen, erkennen wir den Dharma-Ruf des schamanischen Meisters, seine spirituelle Pflicht, die er zu erfüllen hat, sobald die Zeit für eine weitere Evolution der Seele reif ist.

Wahrscheinlich ist Seth die geheimnisvollste Gestalt in der ägyptischen Mythologie. Er ist das Alter Ego von Osiris, der das Licht, das Bewusstsein und die Ordnung verkörpert. Wie der Trickster-Gott des sibirischen Schamanen ist Seth sowohl der Inbegriff der Finsternis und des Chaos, als auch der Kulturträger und Schöpfer. Er symbolisiert die potentielle Energie der Schöpfung, eine rohe, chaotische und ungezähmte Energie, die auf der tiefsten und dunkelsten Ebene der Psyche im Unbewussten liegt und beim Ruf der Evolution immer wieder hervorbricht, um unsere besten Leistungen in ihrem Inferno zu zerstören. Und dennoch geschieht dies nur, damit wir neue Samen ausstreuen können und beim Wiederaufbau ihre Kräfte im Dienste eines noch größeren Guten erlösen, zügeln und kontrollieren können. An diesem Punkt wird der grausame Schamanen-Meister, der dunkle Bruder des Osiris, zum willigen Diener der neuen Ordnung und offenbart sich als göttliche versöhnende und schöpferische Kraft im Universum.

Ebenso wie der heilige Baum in der Geschichte von Isis und Osiris in die Mitte des königlichen Palastes von Byblos versetzt wurde, stellt der sibirische Schamane bei jeder spiritistischen Sitzung seines Stammes einen Baum in seinem Zelt auf, der an den großen Weltenbaum Tuuru erinnert und auch selbst Tuuru genannt wird. Beim alljährlichen Isyack oder Wesak-Fest wird eine Opferzeremonie abgehalten, die *Erhöhung der*

*Pferdeseele*, und danach hängt der Schamane das Fell des geopferten Tieres auf den symbolischen Tuuru-Baum, so wie das Vlies des goldenen Widders, das Jason suchte, an die heilige Eiche von Kolchis gehängt wurde. Deshalb ist der Tuuru-Baum ebenso wie Osiris' Terebinthe ein Opferbaum. Auf ihm wird der Schamane gereinigt, indem er seine kindlichen Wünsche ablegt und dafür das göttliche Wissen erlangt, das ihm die Fähigkeit verleiht, mit den Toten zu kommunizieren. Wie Osiris, der erhöht wurde, um zum »Herrn der Toten«, zum Richter und Erlöser der Seelen in der Unterwelt zu werden, so verwandelt sich der Schamane in einen Vermittler zwischen den Lebenden und den Toten. Auch er wird zu einem *Herren des dunklen Antlitzes*.

Nach dem Geschehnis in Byblos kehrte Isis nach Ägypten zurück. Den Leichnam ihres Gatten legte sie vorübergehend in eine Kiste, die sie im Schilf des Nil-Deltas verbarg. Dann kehrte sie nach Buto zurück, um für ihren kleinen Sohn zu sorgen. Dies bedeutet, dass der Prozess der Vergöttlichung noch nicht beendet war. Es kam, wie es kommen musste: Als Seth auf der Jagd nach dem wilden Eber war, stieß er auf die Kiste, öffnete sie und zerriss den Leichnam des Osiris in 14 oder 16 Stücke, die er am Nilufer verstreute. Wieder war Isis ihres Gatten beraubt, und wieder suchte sie ihn, diesmal entlang der Ufer des mütterlichen Flusses. Mit der Zeit fand sie die Teile seines zerstückelten Körpers und setzte sie zu dem lebenden Osiris zusammen, aber ein Stück konnte nicht gefunden werden: der Phallus des Gottes. Einige Überlieferungen sagen, dass er von einem Fisch, dem Symbol der Gottheit, verschluckt worden war, und dies sollte bedeuten, dass der Phallus seiner erweckten Göttlichkeit geopfert wurde.

Die ägyptischen Priester waren der Meinung, dass überall dort, wo ein Stück von Osiris' Körper zu Boden gefallen war, ein Schatz esoterischen Wissens begraben lag und auf die Zeit wartete, in der die Menschheit reif genug sein würde, um ihn zu empfangen. Jeder Schatz war ein *terma*, das sich mit einem bestimmten Aspekt des Wissens befasste – der eine mit Astronomie, ein anderer mit Medizin usw. Und überall dort, wo ein solcher Schatz lag, wurde ein Tempel errichtet, und Priester wurden beauftragt, ihn zu bewachen. Aber auf einer tieferen Ebene war die Zerstückelung des Osiris die Beschreibung des zweiten Einweihungsgrades, durch den die Schamanen ihrer eigenen Aussage nach auf die höchste Ebene der Meisterschaft getragen werden.

Der tungusische Schamane Semyonov Semyon erzählt über eine solche Einweihungsprüfung:

»Meine Ahnen stellten mich wie einen Holzblock auf und schossen mit ihren Bögen auf mich, bis ich das Bewusstsein verlor. Sie schnitten mein Fleisch auf, trennten meine Knochen voneinander, zählten sie und aßen mein Fleisch in rohem Zustand. Als sie ein zweites Mal meine Knochen zählten, bemerkten sie, dass ein Knochen zuviel vorhanden war. (...) Dies geschieht mit allen tungusischen Schamanen. Erst nachdem seine schamanischen Vorfahren seinen Körper auf diese Weise aufgeschnitten und seine Knochen getrennt haben, kann er mit seiner Praxis beginnen.«[24]

Diese visionäre Erfahrung wird noch heute von manchen fernöstlichen Mystikern durchlebt. Und dabei wird das fehlende Genital des Schamanen durch eines aus Quarzkristall ersetzt – eine klassische Metapher für den Prozess der Kundalini-Erweckung. Danach ist er ein Bewohner aller drei Welten. Er ist ermächtigt, in die Unterwelt zu fliegen, um dort die Seelen der Toten und all derer zu retten, die im chthonischen Griff des »Herrn der Toten« gefangen sind und im Sterben liegen – in ähnlicher Weise, wie auch Isis den Osiris rettete. Und er hat die Macht, mit Botschaften der Fürbitte von seiten der Ahnen und des »Herrn des Lebens«, dem großen, unsichtbaren Geist, zu den himmlischen Welten emporzufliegen – genauso, wie auch die Apotheose des Osiris erfolgte.

Isis schwebte über ihm und fächelte mit ihren großen Schwingen seinem Körper einen neuen Geist zu, und er kam wieder ins Leben zurück und wurde zum Herrscher der Ewigkeit. Seine Passion aber hatte dem gesamten Universum genützt. »Nun sitzt er mit all seiner Macht und Majestät in der Unterwelt, in der ›Halle der zwei Wahrheiten‹«, schreibt Plutarch, »und dort urteilt er über die Seelen der Toten, die in der Waage gegen die Feder der Göttin Maat aufgewogen werden, jener Göttin, in deren Obhut die Gesetze des Universums sind.«[25]

Und was Seth betrifft, so wurde sein heftiger, schöpferischer Impuls nun bereitwillig der Schöpfung unterworfen. »Nun, da die Verwirrung vergangen war, (...) wurden die ungeordneten, chaotischen Kräfte des Universums gemeistert«, sagen Baring und Cashford, »und sie werden sogar mit der neuen Ordnung in Verbindung gebracht: Sie sind gefordert, diese neue Ordnung zu unterstützen. In den Festen des Osiris, die an den Nilufern stattfanden, war Seth das Boot, das sein Abbild trug, wie er ja auch die Sonne durch den wässrigen Abgrund der Nacht trug.«[26]

Als Ausdruck der schamanischen Mysterien entwickelte sich der Mythos von Isis und Osiris wahrscheinlich im Laufe einer sehr langen Zeit. Die Weltreligionen bearbeiten immer wieder einige wenige elementare Themen und drücken sie in Begriffen aus, die der jeweiligen Zeit und Kultur angepasst sind. Die Liebe der Gottheit für die menschliche Seele ist ein Thema, das immer und immer wieder auf der ganzen Welt erzählt wurde, aber wahrscheinlich nie so schön wie in der Liebesgeschichte dieser beiden Gottheiten, die vielleicht einstmals Herrscher des prähistorischen Ägypten waren. Ihre uralte Geschichte erhellt für uns den Ursprung der Säulen-Religion in der schamanischen Mystik, die aus Zentralasien stammt. Sie gehört zur fernen vorpriesterlichen Vergangenheit der Welt, als Priester noch Tiermasken und Schamanenpelze trugen (wie es auch durch ägyptische Wandmalereien bezeugt wird), als sich religiöse Erfahrung in geist-besessenen Trance-Zuständen konzentrierte und in tiefer Verbindung mit den Reichen der Natur stand und als die spirituelle Vision klarer war als zu irgendeiner anderen Zeit in der Geschichte der Menschheit.[27] Nur in dieser hellsichtigen Zeit vor der Entstehung der technologischen Gesellschaften konnte sich eine unmittelbare Erfahrung des Weltenbaumes entwickeln. Nur damals konnten seine Mysterien auf so einfache und dennoch so tiefe Weise begriffen werden.

# 10

# DIE WELTACHSE

Im sechsten Jahrtausend v. u. Z., trat Zentralasien in eine Periode großer klimatischer Veränderungen ein. Sengende Stürme und Trockenheit fegten das üppige Grasland leer, in dem sich das Wild gedrängt hatte. Die gesamte Gegend verwandelte sich in Wüste und Tundra und erzwang ungewöhnlich weite Wanderungen nomadisch lebender Menschen in die Länder des Südens, in denen sie den Kult der Weltensäule verbreiteten. In dieser Zeit, sagt Guénon, wurde Shambhala zu einer Untergrundorganisation, und das Zeitalter der Mysterien-Religionen und Geheimgesellschaften begann. Auf den Altären der Muttergöttin wurden Opferstätten errichtet, und ihr Liebhaber, der Gott-König, wurde zum »Träger des Himmels«, zum Säulengott. Seine rituelle Opferung und Wiederauferstehung blieben für lange Zeit das zentrale Mysterium des Glaubens.[1]

Die Vorstellung von der Weltachse ist in den Totempfählen der Stämme enthalten, die in allen frühen schamanischen Gesellschaften vorkommen, aber erst in der frühen Bronzezeit entwickelte sich der allgegenwärtige Votiv-Pfeiler, der sich aus ihm ableitete, zu einer baumartigen Form, wurde mit fein ausgearbeiteten Ornamenten verziert und meist auf einer dreistufigen Pyramide oder einem Altarstein angebracht. Die Spitze des Pfeilers war nach dem Lebensbaum modelliert; sie hatte ausgestreckte Seitenarme mit abgerundeten, aufgerollten Enden, die seine beiden untersten Äste darstellten. Diese Form wird als Volute bezeichnet (Abb. 14).

Die keilförmige Zone zwischen den beiden Armen wurde *Ruheplatz des Himmels* genannt. Dies war ein Punkt, den die Assyrer »im Bernsteinland Kaptara am oberen Meer, wo der Polarstern am Zenith steht« lokalisierten.[2] Über diesem keilförmigen Element befanden sich Lichtsymbole: der Polarstern für den Nachthimmel, die Sonne für den Tag.

Die Volute kommt in den verschiedensten Kulturen vor. Sie schmückte die Opferaltäre auf den *bamoth* oder »hoch gelegenen Plätzen« des biblischen Palästina und auf der Insel Malta. Ein Skarabäus mit dem Siegel Ramses IV., ein assyrischer Kultpfeiler, der Thron eines Gottes in Malta und die Trinkgefäße der biblischen Philister, die bei den Hebräern *Kaphtor* oder »Menschen des Pfeilers« hießen, weisen ebenfalls die Volutenform auf. Die Sachsen verehrten die Irminsul, die allen frühger-

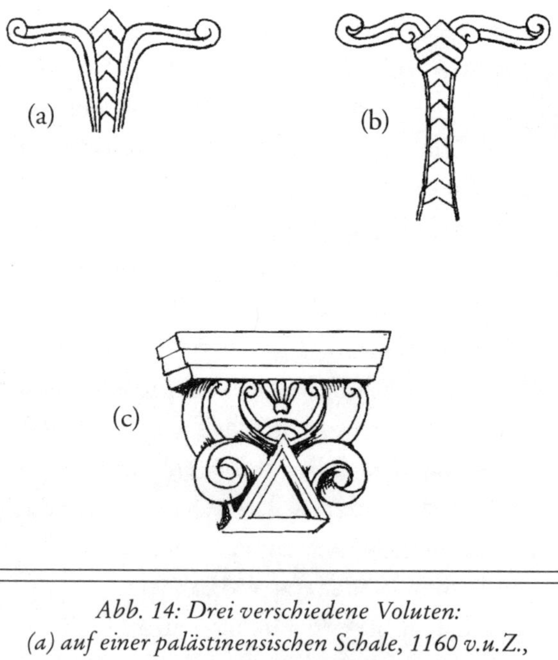


*Abb. 14: Drei verschiedene Voluten:*
*(a) auf einer palästinensischen Schale, 1160 v.u.Z.,*
*(b) eine sächsische Irminsul,*
*(c) Steinkapitell aus Zypern (Himmels-Pfeiler mit Sonne, Halbmond und Sternen)*

manischen Völkern als All-Säule heilig war, weil sie das Universum trägt und den Göttern als Sitz dient. Sie weist eine Volute als Sinnbild des Nordens auf und ist wahrscheinlich mit den so genannten Roland-Pfeilern verwandt, die man noch heute auf vielen Marktplätzen in Norddeutschland findet. Im Mittelalter saßen die Stadtväter neben diesen Pfeilern der Gerechtigkeit und Gleichheit; dort wurden Gerichtsverhandlungen abgehalten und Eide geschworen.[3]

Die Volute fand Eingang in die Symbolik der späteren Weltreligionen und wurde auch als »Gottes-Symbol eines sakralen Prinzips der Weltorganisation« bezeichnet.[4] Der skandinavische Akademiker W. Wirth behauptet, die religiöse Bedeutsamkeit der Volute und ihre Verbreitung über alle Kontinente zeige, dass sie eines der ältesten Symbole einer frühen religiösen Weltsicht war, eine der ersten großen Vorstellungen von der Weltordnung.

Der Pfeiler – auch als Doppelpfeiler – ist in esoterischen Bruderschaften ein vertrautes Symbol.[5] So findet man beispielsweise zwei Pfeiler in jedem Freimaurertempel; sie bilden die beiden Hauptsymbole des mittelalterlichen Freimaurertums. Der eine heißt *Boaz* oder »Pfeiler der Kraft«, der andere *Jachin* oder »Pfeiler der Weisheit«. Sie sind gleich in Aufbau und Form und stellen den Baum des Lebens dar.[6]

Die Leben spendenden Pfosten, die man einst in der gesamten alten Welt in den Heiligtümern der Muttergöttin fand, tauchten zuerst im alten Ägypten als *djed*-Pfeiler auf. Dies war eine Säule, die aus einem Baumstamm geschnitzt und auf einem Altar in den Tempeln der Isis aufgerichtet wurde. Manchmal wurde sie in Wandgemälden als Baum mit vier horizontalen Ästen wiedergegeben, und die Aufrichtung der Säule aus der horizontalen in die senkrechte Position markierte den Höhepunkt der Erntefeierlichkeiten bei der Neujahrsfeier und den Tag des *Send*-Festes, an dem die periodisch wiederkehrenden Rituale des ägyptischen Königtums vollzogen wurden.[7]

Das Wort *djed* bedeutet »stabil« oder »dauerhaft« und war ein Synonym für den Berg Meru. Eine zweite Bedeutung bezog sich auch auf das Rückgrat des Osiris. Als Seth Osiris tötete, hatte er »*djed* auf die Seite gelegt«[8], aber Osiris konnte sich am Ende eben doch durchsetzen. Sein Rückgrat stand wieder auf, das Leben hatte den Tod besiegt. Deshalb war die Aufrichtung des *djed*-Pfeilers eine versteckte Anspielung auf die unverzagte Macht der Kundalini über die Kräfte der Zerstörung wie auch auf den ewigen Geist des Getreides, das gemäht wird und dennoch immer wieder zum Licht emporwächst. Mit der Aufrichtung des *djed*-Pfeilers wurde auch der tägliche Aufstieg der Sonne am Morgen gefeiert.

Abb. 15 zeigt die Göttinnen Isis und Nephthys, die auf beiden Seiten des *djed*-Pfeilers knien und dabei helfen, die Sonne aus dem Schoß des kosmischen Lebens neu zu erschaffen. Die Sonne, so Baring und Cashford, »ruht zwischen Armen, die das Zeichen *ka* bilden – die göttliche

*Abb. 15: Isis und ihre Schwester Nephthys knien am Altar und helfen der Sonne, sich aus dem* djed-*Pfeiler zu erheben. (Papyros von Ani, etwa 1250 v. u. Z.)*

Umarmung, in der alle Gegenstände, Personen und Gottheiten enthalten waren«.[9] Diese Formulierung für den Schöpfungsprozess erinnert uns daran, dass jedes lebende Individuum durch die Schwerkraft mit dem Mittelpunkt der Erde und so auch mit der Weltachse verbunden ist und sich deshalb, wenn auch unbewusst, in der liebenden, göttlichen Umarmung jener Kraft befindet, welche die Sonne trägt.

In China stand ein symbolischer Welten-Baum, der dort »Achse von Himmel und Erde« hieß, im Zentrum des Ming T'ang, der kaiserlichen Residenz in der Mitte des Reiches, und der Pfeiler-Gott hieß Wang. Die Indoeuropäer, die ins vorhellenische Griechenland eingedrungen waren und ihre Gottheiten und Mythen an ihre neue mediterrane Heimat angepasst hatten, brachten aus den nördlichen Regionen den Kult des Säulen-Trägers Atlas mit sich. Dies war der Gott, der die Säulen trug, auf denen die Himmelssphären ruhten, und der in der Sage den Helden Herakles überredete, seinen Platz einzunehmen.

## Eine neue Sicht des Kosmos ist gefordert

Guénon zufolge lag Shambhala ursprünglich am Nordpol, verlagerte sich aber mehrmals im Lauf der menschlichen Geschichte. »Es gibt allen Grund für die Annahme«, schreibt er, »dass Shambhala in verschiedenen Zyklen, die selbst wieder Unterteilungen von längeren Zyklen waren, an jeweils verschiedenen Orten lag.«[10] Bedeutet dies, dass sich die Weltachse immer wieder verlagert?

Guénons Hypothese zufolge liegt »hinter« dem physischen Körper der Erde eine energetische Matrix, ein dauerhaftes, noch nicht materialisiertes Gewebe von Kräften, welches die Struktur unseres Planeten in seiner eigentlichen Form bestimmt. In diesem Licht- oder *vajra*-Körper liegt auch die Weltachse, die Quelle und regulierende Instanz aller Energien unserer Erde. Zu Beginn eines jeden großen Zyklus – und damit meint Guénon mindestens ein siderisches Jahr von 25.920 Jahren – sind die beiden Körper fast perfekt aufeinander abgestimmt, aber im Laufe des

Zyklus kommt es zu einer Trennung, und der physische Körper fällt zunehmend aus der Einheit mit seiner inneren Matrix und erzeugt dadurch alle Arten von Spannungen und Umwälzungen.

Guénons Universum ist als Ganzes in Ruhe und befindet sich in einem Zustand idealer Harmonie und Ordnung, und in seinen höheren Dimensionen bleibt es ungestört. Aber durch die Trennung der beiden Ebenen entsteht Bewegung, und das Leiden unter der Veränderung beginnt.[11] Mit anderen Worten: Wenn die Ablösung der physischen Formen von ihrem spirituellen Hintergrund beginnt, bewirkt dies bei der Erde und ihren Lebensformen eine lokale Störung und bei den Menschen Angst vor Bewegung und vor dem ständigen Zwang, sich auf neue Situationen einzustellen. Die spirituelle Welt des Seins ist ewig und unverändert. Aber der natürliche Zustand ihrer Widerspiegelung auf einer niedrigeren Ebene ist es, vom Sein abgespalten zu sein und deshalb ständig kompensatorische Bewegungen vollziehen zu müssen.

Wir haben hier ein Echo der neuplatonischen Theorie, in der sich eine vollkommene und zeitlose Sphäre des Seins in einer unvollkommenen Sphäre des Werdens spiegelt, deren Wesen darin besteht, Zeit und Illusion zu erzeugen. Dieser Differenzierungsvorgang wird zur Quelle von geophysikalischen Veränderungen und Zeitzyklen und erzeugt eine Art lokaler Krümmung des Raumes oder Verzerrung im Gewebe der Wirklichkeit. Und je größer diese Differenzierung oder Ablösung ist, umso mehr nimmt die Verzerrung zu. Je schneller die Veränderung vonstatten geht, umso intensiver ist der Stress. Je solider die illusionären oder, besser gesagt, relativistischen Eigenschaften (wie etwa Fluidität, Konflikt und Verfall) sind, die das Universum der Phänomene regieren, umso eher tritt ein krisenhafter Zustand ein, der in der Menschheit zu Katastrophenerwartung führt. Dieses Leiden unter der Veränderung ist, wie Buddha bemerkte, eine innere Bedingung unserer Welt, eine unvermeidliche Begleiterscheinung ihrer materiellen Gestalt.

Guénons Werk legt außerdem nahe, dass eine der geophysikalischen Ausdrucksformen dieses Prozesses die Trennung der Pole ist, was zu großen Veränderungen auf der Erdoberfläche führt. Diese Theorie kann folgendermaßen zusammengefasst werden: Die Weltachse fällt nicht notwendigerweise mit der Drehungsachse oder der Magnetachse der Erde zusammen, obwohl dies mitunter der Fall sein kann; sie besitzt vielmehr ihre eigene unabhängige Existenz. Zu Beginn der großen Zeitzyklen sind Nordpol und magnetischer Pol in fast vollkommener Einheit mit der Weltachse und miteinander, so dass sich das höchste spirituelle Zentrum tatsächlich am Pol befindet. Aber im weiteren Verlauf der Zyklen trennen sich die beiden Erd-Achsen mehr und mehr von der Weltachse, und nun kommt es zu Veränderungen der Erde. Guénon zufolge lag Shambhala am Anfang des gegenwärtigen Zyklus unter dem Namen Tula am Nordpol, hat sich aber im Laufe der Zeit nach Süden verlagert und liegt nun in Zentralasien, wo es sich seit Jahrtausenden befindet.

Für Guénon hängt das Gesamt der materiellen Welt von der Aktivität der Weltachse Meru ab. Sie ist das wahre Zentrum der Erde, wo immer sie sich befindet. Sie ist bewegungslos, und alle Bewegungen beziehen sich auf sie. Guénon setzt ihre regulierende Funktion mit der von Chakravarti gleich, dem universellen Monarchen des Hinduismus, dessen Palast – symbolisch gesprochen – auf dem Gipfel des heiligen Berges ruht; er ist derjenige, der »das Rad in Bewegung hält, der vom Zentrum aller Dinge aus jedwede Bewegung lenkt, ohne selbst daran teilzunehmen, und der, um den Ausdruck des Aristoteles zu gebrauchen, das ›unbewegte Bewegende‹ ist«.[12] Um den geographischen Ort eines solchen über-physischen kreativen Prinzips absolut zu bestimmen, bräuchte man, wie Guénon einräumt, das Wissen eines Experten für sakrale Geographie, das wir jedoch nicht haben.

Traditionell basiert die sakrale Geographie auf einem *offenen* Modell der Welt. Unser gegenwärtiges wissenschaftliches Weltmodell ist geschlossen, und damit kommen die Wissenschaftler auch zurecht. Aber in Wirklichkeit ist die Erde mit einer größeren spirituellen Welt verbunden. Durch die Weltachse ist sie offen für höhere Dimensionen, und diese Tatsache modifiziert alles, was wir aufgrund von Messungen oder Beschreibungen über sie sagen können, ganz radikal. Unter diesen Umständen wird die Wirklichkeit multidimensional und prozesshaft und verliert ihre Statik.

Guénon wiederholt eine alte taoistische Weisheit, wenn er sagt, dass die physische Welt Teil eines größeren Ganzen ist, das unteilbar, vollkommen, unveränderlich und ruhend ist, dass sie sich jedoch von ihrem spirituellen Hintergrund ablösen muss, um in die materielle Existenz einzutreten. Wenn man aber den Teil vom Ganzen trennt, so erzeugt man eine Verschiebung, und daraus ergeben sich Dualität und Unvollkommenheit. Die Erde trennt sich vom Himmel und der Kraft der Weltachse, die beide verbindet. Die Kräfte nehmen eine scheinbar gegensätzliche Position zueinander ein, und aus dieser Trennung entstehen alle sichtbaren Dinge. Dschuang Tse, ein chinesischer Taoist des 7. Jahrhunderts v. u. Z., drückt eine ähnliche Vorstellung aus, aber er spricht von der Weltachse nach östlicher Tradition als der Achse zwischen Himmel und Erde.

Guénon führt in seinem Werk *The Great Triad* aus:

»Als sich die beiden Modalitäten des Seins [yin und yang] innerhalb des ursprünglichen Seins voneinander differenziert hatten, begann die Revolution, und der Kosmos modifizierte sich dementsprechend. (...) Die zweigliedrige Achse zwischen Himmel und Erde ist eine unsichtbare Kraft; ihre Aktion und ihre Reaktion erzeugen alle Nuancen. Beginn und Ende, Fülle und Leere, astronomische Umläufe, Phasen von Sonne und Mond – sie alle entstehen durch eine einzige Ursache, die niemand wahrnimmt, die aber ohne Unterlass funktioniert.«[13]

Guénon zitiert Dschuang Tse in seinem Werk *The Great Triad*, um seine eigene These zu illustrieren, die weit über die traditionellen neuplatonischen Vorstellungen hinausgeht. Innerhalb der Beschränkungen unseres Sprachsystems versucht er die Dynamik auszudrücken, die in der Vorstellung von einer größeren kosmischen Ordnung liegt, von der sich die physische Welt ablöst, wodurch eine zyklische Sequenz von Veränderungen innerhalb des zeitlosen und unveränderlichen Ganzen erzeugt wird. Das daraus entstehende multidimensionale Bild ist David Bohms Quantentheorie der impliziten und expliziten Ordnung sehr ähnlich. Bohm behauptet, dass die manifeste, dreidimensionale Welt, die wir bewohnen, eine explizite Ordnung ist, die sich aus einer unmanifestierten, impliziten Ordnung heraus entfaltet. Diese unmanifestierte Basis bezeichnet er als

Holo-Bewegung oder »Energie-Ozean«, dessen Bewegung sich als rhythmische Entfaltung und Entwerdung der physischen Welt darstellt. Die Vorstellung, dass diese beiden Ordnungen zusammen die höchste, sich entwickelnde Wirklichkeit ergeben, ist in den Worten dieses Physikers der Gedanke von der »Einheit der Einheit und der Verschiedenheit«, also der Einheit des Ganzen und seiner Teile.[14]

Guénon hat eine ähnliche Vision, wenn er die spirituelle Matrix in Beziehung zum Puls der Zeit setzt. Demnach spiegelt die Ortsveränderung von Shambhala auf der Erdoberfläche seine zyklische Anpassung an geologische Veränderungen wie etwa Polsprünge wider, die eine solche »Entfaltung« begleiten mögen[15], aber vielleicht auch seine Anpassung an Umkehrungen im Magnetfeld der Erde. Durch solche Ortsveränderungen erhält es seine vitale Verbindung mit der Weltachse. Denn obwohl die Veränderung auf einer Ebene des universellen Spektrums stattfindet, ist das Universum auf den höchsten Ebenen unveränderlich, bewegungslos, selig und in ewiger Ruhe, und Shambhalas einzigartige Funktion ist es, die Erde mit dieser ursprünglichen Quelle der Freude in Verbindung zu halten.

## Die ewige Wiederkehr

Die Zeitläufte sind nicht endlos, sondern kommen zyklisch immer wieder zum Anfang zurück. Unsere Welt ist nur ein Teil eines größeren, sich selbst organisierenden Ganzen, bei dem der Korrektur-Mechanismus in die Weltachse eingebaut ist. Diese Achse können wir Meru oder »absolute Norm« nennen oder, wie Guénon es tut, den Weg der Schechinah oder des »Heiligen Geistes« oder auch Tao oder »Weg des Himmels«. Dies alles sind nur Namen, die verschiedene Völker und Kulturen auf dasselbe feinstoffliche Phänomen, den Leben spendenden Fluss der spirituellen Energie durch den Kern des Planeten, anwenden. Aber es ist immer nötig, die Irrtümer der Zeit aufzulösen. Shambhala ist der Kanal, durch den diese korrigierende Aktivität stattfinden kann, gleichgültig, an welchem Ort der Erdoberfläche es sich gerade befindet.

Guénons Thesen basieren auf der Voraussetzung, dass das Universum in jeder Hinsicht wohlwollend ist. Das Paradox des Leidens an der Veränderung, des zunehmenden Verlustes an Harmonie in einer göttlichen Schöpfung verliert seinen Schrecken, wenn es vom Standpunkt einer höheren harmonischen Ordnung der Wirklichkeit betrachtet wird, die sich niemals verändert oder auflöst. Die Möglichkeit der Instabilität unseres Planeten, mit der uns eine solche Theorie konfrontiert, ist in Wirklichkeit in einer höheren Ordnung unveränderlicher paradiesischer Ruhe enthalten, die sich am Ende eines jeden großen Zyklus wieder manifestieren wird. Die Beklemmung ist nur zeitweilig. Am Ende des Zyklus wird das Gleichgewicht der Erde wiederhergestellt, die drei Pole werden zusammenkommen, und Shambhala wird in die polare Lage zurückkehren, die es in der spirituellen Welt niemals wirklich verlassen hat.

Diese Aussagen einer spirituellen Metaphysik, welche die Gedanken von zahllosen Adepten der traditionellen Kulturen beschäftigten, können die Reichweite und Tiefe ihrer Einsichten in das Wesen des Kosmos nicht adäquat wiedergeben. Wir haben nur die Peripherie eines metaphysischen Systems berührt, das so reichhaltig ist, dass es fast die gesamte Spanne der menschlichen Geschichte umfasst. Es führt zu praktischen Erkenntnissen, deren unsere Wissenschaften noch gar nicht fähig sind. Guénon behauptet, dass dieses Wissen in seiner Gesamtheit in Shambhala aufbewahrt wird und dass Eingeweihte in unseren allgemeinen Wissensfundus unauffällig Schlüssel zu Shambhalas weit reichenden Lehren einfließen lassen. Die Säulen-Religion mit ihrer Verehrung des wunderbaren Lebensbaumes lieferte der Antike einen solchen Schlüssel. Ein weiterer Schlüssel war der Mythos der Erdgöttin Gaia.

In der klassischen griechischen Mythologie wurde die Erde noch immer als lebendes Wesen betrachtet, dennoch glaubte man, dass Gaia den Gesetzen des Himmelsgottes Zeus unterworfen und nicht mehr die höchste Mutter allen Lebens sei. Aber in den früheren Kulturen der Minoer, Sumerer und des Neolithikums war die Erdgöttin nicht eine von vielen Göttern und Göttinnen im Pantheon, sondern stand für sich allein als höchste Schöpferin des Lebens. In den Worten des Dichters Homer wurde sie als »Mutter von allem, Grundlage von allem, Älteste«[16] gepriesen. Zu jener Zeit empfand man die Einheit des Kosmos noch stärker.

Der griechische Historiker Hesiod schreibt um 700 v. u. Z.:

»Nicht von mir, sondern von meiner Mutter stammt die Geschichte, wie Erde und Himmel einstmals eine Gestalt waren.«[17] Dieses Gefühl der Einheit allen Lebens, der Einheit von Himmel und Erde, von Geist und Materie, von Erde und Menschheit ging in Griechenland aber allmählich verloren.

Baring und Cashford schreiben dazu:

»In den homerischen Hymnen (...) wird Gaia noch immer als Allmutter angerufen, aber sie ist auch die ›Braut des Sternenhimmels‹ geworden. Es wird überhaupt nicht mehr erwähnt, dass Uranos, der Himmel, einst ihr Kind war – wie alles andere, was sie aus sich hervorbrachte. Hier ist sie diejenige, die alles zur Welt bringt. Sie gibt das Leben, und sie nimmt es.«[18]

Heute erhalten wir Schlüssel, die uns dem holistischen Bewusstsein der archaischen Welt näher bringen. Zu ihnen gehören weitere Erkenntnisse über das Mysterium von Gaias seelenhaftem Wesen, das ihre klimatischen, ökologischen und selbst geologischen Zustände nicht nur mit dem Spiel der Kräfte im größeren Kosmos in Zusammenhang bringt, sondern auch mit dem menschlichen Gedankenfeld, das den Erdball umgibt, und der moralischen und spirituellen Verfassung der menschlichen Gesellschaft im Allgemeinen. Im Körper von Gaia ist jedes Organ einschließlich der Menschheit mit jedem anderen verbunden und trägt Verantwortung für alle anderen. Und deshalb ist der psychische Zustand der Menschheit ein kritischer Faktor für die Intensität der Erschütterungen am Ende von großen Zyklen. Diese Erschütterungen sind Gaias Mittel, um sich immer wieder zu reinigen und zu regenerieren, und als Teil von Gaia hat auch die moralische Verfassung der Menschheit die Kraft, diesen Prozess zum Guten oder Schlechten zu modifizieren.

Es heißt, dass in den Archiven von Shambhala ein Bericht über die Erdgeschichte gespeichert sei, der über die großen Bewegungen der menschlichen und geologischen Evolution Gaias Auskunft gibt. Auf diese

Weise überwacht die geheime Weltregierung das Leben auf der Erde, sieht dessen zukünftige Entwicklung voraus und plant Aktionen, die mit dem größeren Ganzen in Einklang stehen. Denn in der Weltachse können wir visualisieren, dass Gaia ein höheres Steuerungszentrum hat, das dem Steuerungszentrum der menschlichen Gehirnrinde entspricht, durch das sie ihr Reich nach bewussten, rationalen, psychospirituellen Prinzipien zum Wohle aller Teile ordnen kann. Aus dieser Perspektive sind die Erschütterungen der Natur am Ende der großen Zyklen notwendige und organische Ereignisse, die von einem wohltätigen Weltgeist erdacht wurden, um die Erde zu stabilisieren und alles auf ihr in den Urzustand der Vollkommenheit, der Ruhe und einer hohen schöpferischen Energie zurückzuführen – als Ankündigung eines neuen Goldenen Zeitalters.

# 11

# ATLANTIS UND DIE HYPERBORÄER ALS KEIMZELLE DER ZIVILISATION

Guénon sagt, dass Nordpol und Äquator lange vor der Entstehung der indoeuropäischen Völker anders gelegen hätten und dass rings um den heutigen Polarkreis eine große hyperboräische Kultur geblüht habe. Damals nannte man Shambhala »weiße Insel« oder »heilige Insel«, und Meru »weißer Berg«. Er stand in der Mitte dieser Insel, und auf seinem Gipfel strahlte ein Lichtdreieck, das »Einweihungsdreieck«.[1] Zu dieser Zeit lag Atlantis im Westen.

Zahlreiche Quellen untermauern die Überlieferung, dass Shambhala einst am Nordpol lag. Die Skythen, ein Zweig der vedischen Völker, die im ersten Jahrtausend v. u. Z. durch Zentralasien streiften, erzählten von einem wunderbaren Ort, der Shambhala ähnelte und im fernen Norden lag. Sie sagten, dass man nur weit genug reisen müsse, um zu Ländern zu gelangen, in denen sagenhafte Stämme wohnten, und dahinter lägen in einer Einöde voll Schnee und Finsternis die Berge von Ripe, die kein Sterblicher durchqueren könne. Aber jenseits dieser Barriere existiere ein wunderschönes Land, das vor den eisigen Winden geschützt sei, in dem die Sonne nur einmal im Jahr aufsteige und untergehe – wie es ja im Polarkreis der Fall ist –, und dass dort ein glückliches Volk in Parklandschaften mit blühenden Bäumen lebe.

Für die alten Griechen war dies die nördlichste Station des delphischen Gottes Apollo und gleichzeitig das Land der sagenhaften Hyperboräer, zu denen Apollo alle neunzehn Jahre zurückkehrte, und zwar in einem Wagen, der von Schwänen über den Himmel gezogen wurde. Dieses Land war ein geheimes Paradies, in dem sich der Himmel um die Polachse drehte, die von den Hyperboräern als Pfeiler des Himmels-Trägers Atlas verehrt wurde. Dort lebte – so glaubten die Griechen – ein weises und wohlhabendes Volk seit tausend Jahren in innerem und äußerem Frieden, frei von Leiden, Krankheit und Alter. Dieses Land war nur für Götter und Helden, nicht aber für gewöhnliche Sterbliche zugänglich. Außerdem konnte es nur durch die Luft erreicht werden. Der Dichter Pindar schrieb: »Weder auf dem Schiff noch zu Fuß konntest du den wundersamen Weg zur Versammlung der Hyperboräer finden.«[2]

Im 7. Jahrhundert v. u. Z. reiste ein Grieche namens Aristeas von Prokonnesos, ein Priester des Apollo, nach Nordosten in Richtung Zentralasien; er suchte vergeblich nach der hyperboräischen Heimat seines Gottes. Nachdem er wohlbehalten nach Griechenland zurückgekehrt war, schrieb er ein Gedicht, von dem nur Fragmente übrig geblieben sind. Daraus geht hervor, dass er bis nach Sibirien gelangt war. Das Gedicht erzählt von seltsamen Ländern und Stämmen, die nicht einmal die Skythen kannten, von einem goldreichen Land (wahrscheinlich das Altai-Gebirge) und davon, dass es im Norden dieses Landes eine Höhle gab, in der der kalte Nordwind Boreas blies. Die Hyperboräer, so sagt Aristeas, wurden deshalb so genannt, weil sie auf der außenliegenden Seite dieser Höhle lebten, und zwar in einem elysischen Land, das der ebenfalls griechische Schriftsteller Herodot dem Hörensagen nach an den Küsten der Ostsee oder des Nördlichen Eismeeres ansiedelte.[3]

Die Tradition eines großen arktischen Weisheitszentrums trat in mehreren Formen auf. John Bennett zitiert die Theorien B. J. Tilaks, eines indischen Historikers, der durch seine Erforschung der frühesten vedischen Hymnen zu der Schlussfolgerung kam, dass die vedischen Völker ursprünglich aus dem Inneren des Polarkreises gekommen sein und ihre heiligen Hymnen an die Sonne nach der Eiszeit nach Zentralasien gebracht haben müssen. Bennett akzeptiert Tilaks Meinung und glaubt, dass in einer fernen Vergangenheit ein wichtiges Einweihungszentrum an den

Küsten des Nördlichen Eismeeres lag und dass dessen Adepten die so genannten Titanen oder *alten Götter* gewesen sind, von denen Hesiod erzählt. Diese wanderten nach Norden aus, nachdem sie von Zeus und seinem neuen Pantheon besiegt worden waren, und lebten mit »sorgenfreiem Herz auf den Inseln der Gesegneten an den Küsten des Ozeans, in dem der große Maelstrom Wirbel bildet«.[4]

Bennett ist der Meinung, dass die Titanen (unter ihnen Atlas, der später in Zeus' hellenische Familie integriert wurde) schamanische Adepten waren, die in einem apokalyptischen Machtkampf besiegt wurden, der zwischen den Clans der herrschenden Magier während der letzten Eiszeit ausbrach. Daraufhin hätten sie sich in die Gegend des – immer eisfreien – sibirischen Meeres zurückgezogen, um dort die Anfänge der indoeuropäischen Sprache zu entwickeln, die wir heute kennen. »Es gibt«, so sagt er, »zahlreiche Beweise für einen hyperboräischen Ursprung der vedischen Hymnen. Dasselbe gilt für das Avest und die norwegischen Sagas. Selbst in den Epen Homers weisen einige Passagen darauf hin, dass seine Hymnen aus der arktischen Region gekommen sein müssen.«[5]

Hinter diesen alten Sagen von einem Elysium im Polarkreis liegen lange Epochen der menschlichen Geschichte, die vielleicht 70.000 Jahre oder mehr in die Vergangenheit reichen, als die Cro-Magnon-Menschen zahlenmäßig zunahmen und sich im zirkumpolaren Eurasien ausbreiteten, um sich dann in Zentralasien zu sammeln, ihre Kultur zu entwickeln und sich wieder über die Welt zu zerstreuen. Über einen Zeitraum von mehr als 40.000 Jahren wanderten sie ostwärts über das japanische Meer und die Beringstraße, gelangten zu den japanischen Inseln und zum amerikanischen Kontinent, dann weiter über den Atlantik bis zu den Kanarischen Inseln, über Nordafrika bis zur ostafrikanischen Küste, wanderten von dort nordostwärts, überquerten den Kaukasus und kamen schließlich in Kleinasien an. Aber ihre eigentliche Heimat lag immer in den gemäßigten Zonen Eurasiens, besonders aber in Nordeuropa; deshalb wird ihr Typus meist mit Europa identifiziert, wo er zuerst entdeckt wurde.

Der Cro-Magnon-Mensch wurde als typische Gestalt der Aurignacien-Kultur bezeichnet. Auf der Höhe seiner Entwicklung, vor etwa

30.000 Jahren, war er eine wunderbare Erscheinung: aufrecht, etwa 1,80 Meter groß – größer, stärker und beweisbar intelligenter als moderne Menschen, mit einer größeren Gehirnkapazität, einem breiten Gesicht und einer hellen Hautfarbe. Am Ende der letzten Eiszeit hatten sich sowohl seine Gestalt als auch seine Intelligenz verkleinert. Nun maß er nur noch 1,60 Meter, und er näherte sich seinem Ende.[6] Vor etwa 10.000 Jahren starb er aus und konnte sich nur noch in kleinen Nischen hier und da bis etwa 2000 v. u. Z. halten. Die Ainus in Japan sind Nachkommen dieses Typus, die bis heute überlebt haben.

Im Gegensatz zu den Erkenntnissen von Historikern des späten 19. Jahrhunderts, auf deren Basis viele irrtümliche und romantische Rassentheorien aufgebaut wurden, hat die Cro-Magnon-Kultur nichts mit dem Mythos von einer überlegenen arischen oder indoeuropäischen Herrenrasse zu tun, der etwa zur selben Zeit in Umlauf kam, als in Südfrankreich Überreste der Cro-Magnon-Kultur gefunden wurden. Damals behaupteten die Gelehrten, dass eine arische Rasse von außerordentlicher physischer und intellektueller Begabung – aus der Gegend des heutigen Deutschland stammend – hinter allen großen und edlen menschlichen Leistungen stecke und dass deren reine Linie tief bis in die Vorgeschichte zu den europäischen Höhlenmalern und selbst bis nach Atlantis zurückzuführen ist. Dieser Irrtum wurde vom deutschen Volk mit leidenschaftlichem Enthusiasmus aufgenommen und mit der Vorstellung von einem mystischen deutschen Rassenschicksal verwoben, die dann später von den Nationalsozialisten popularisiert wurde. Diese Theorie wurde allerdings durch die Nazis selbst gründlich diskreditiert.

Heute wissen wir, dass es keine solche Rasse gibt, sondern nur indoeuropäisch sprechende Völker, die verschiedenen Typen angehören. Die nomadischen Vorfahren der Teutonen, die in der eurasischen Steppe umherstreiften, sind eine Mischung aus mehreren Rassen und haben nur ihre indoeuropäischen Sprachwurzeln gemeinsam, die eine philologische Studie von A. Meillet und Marcel Cohen nach Südrussland und letztlich bis nach Zentralasien zurückverfolgte.[7] Dort streiften die Aryas, wie diese vedischen Hirtennomaden sich nannten, mehrere Tausend Jahre umher, vererbten ihre sanskritische Sprache einem Gemisch von Wanderstämmen, die untereinander heirateten, und lieferten auf diese Weise die Basis für unsere indoeuropäischen Sprachen. Moderne Historiker, die nun einen klareren Blick auf die geschichtlichen Tatsachen haben, verzichten sogar zunehmend auf die Begriffe »arisch« und »indoeuropäisch« – und generell auf den Begriff der Rasse –, da sie mehr in die Irre führen als nützen.

Die künstlerischen Erzeugnisse der Cro-Magnon-Menschen sind nicht zahlreich, und deshalb bleibt dieser Menschentyp aus der Eiszeit geheimnisvoll. Sie hinterließen kleine Figuren von Göttinnen und geschickte Zeichnungen, die auf Geweihen, Knochen und Steinen eingeritzt sind und auf eine Zeit um 22000 v. u. Z. datiert werden. Dazu gehören Spiralen, Mäander, Labyrinthe, Ziegen, Schlangen, Fische, Vogelschwingen, Wasser, belaubte Zweige und viele abstrakte Muster, die Baring und Cashford zufolge die komplizierten Wege der Seelen im Jenseits symbolisieren. All diese Fundstücke sprechen von einer friedlichen Gesellschaft mit einer reichen Mythologie.[8] Aber diese wunderschönen kleinen Kunstwerke sind neben Harpunen zum Fischen und Knochennadeln zum Nähen alles, was uns aus ihrer Kultur erhalten blieb.

In einer vermutlich hierarchisch geschichteten Gesellschaft hat die Mehrheit der Cro-Magnon-Bevölkerung aus einfachen Jägern und Sammlern bestanden, während die kleinen Clans der Adepten ein ganz anderes, nämlich ein sesshaftes, zivilisiertes und alphabetisiertes Leben führten. Der indische Historiker Sisirkumar Mitra zeigt, dass im frühen Gemeinschaftsleben der vedischen Bevölkerung ein ähnliches hierarchisch gegliedertes Gesellschaftsmuster existierte, in dem geschlossene Familiengruppen von Rishis in Wäldern außerhalb der Städte lebten, abgehoben von der übrigen vedischen Gesellschaft Indiens.[9]

Ein Element verbindet die Cro-Magnon-Bevölkerung zweifelsohne mit den Hyperboräern, und das sind Hinweise auf einen megalithischen Pfeiler-Kult, die für beide Gruppen vorliegen. Es heißt ja, dass die Säulen des Atlas einen zentralen Platz in der Religion der Hyperboräer einnahmen, und in gleicher Weise haben die Archäologen auch in allen Siedlungsresten der Cro-Magnon-Menschen Spuren eines Pfeiler-Kultes gefunden. Überreste von zahllosen Steinkreisen, Menhiren und Troja-Städten sind in ganz Eurasien und den Ländern des Pazifiks verstreut und bezeugen die Wanderungen der Cro-Magnon-Menschen quer über die Kontinente. Roerich sah im Hochland von Tibet Tausende solcher megalithischer Stätten, und die Schädel und Skelettreste des Cro-Magnon-Menschen tauchen in großer Zahl neben den megalithischen Steinkreisen von der Ostsee bis nach Nordafrika auf. Dort verehrten die blonden Tamahu die Magna Mater und ihren Gatten, den Himmels-Träger, und ebenso taten es auch ihre Verwandten in der Bretagne.[10] Auf den Kanarischen Inseln waren die Guanches, ein heute ebenfalls ausgestorbenes Cro-Magnon-Volk, Megalith-Bauern, die durch Opfer den Gott der Weltachse verehrten, den sie als den »Gott, der den Himmel stützt« anriefen. Sie glaubten, dass er den Zusammenbruch der Erdfundamente verhindere.[11]

Schon diese Steinkreise und Befestigungen (wie man sie auf vielen Mittelmeerinseln findet) lassen ein hohes Niveau der Geometrie und Landvermessung und eine hoch organisierte und zentralisierte Gesellschaft vermuten, sonst hätten diese massiven Bauwerke nicht errichtet werden können. Aber auf der Höhe ihrer Entwicklung könnten diese Cro-Magnon-Menschen sogar eine höhere Ordnung der Zivilisation erreicht haben. Angesichts der wunderbaren eiszeitlichen Höhlenkunst von Lascaux und Altamira sprechen Baring und Cashford in bewundernden Worten von den Fähigkeiten dieser Bevölkerung. Sie glauben, dass ein erst kürzlich entdecktes Mondkalendersystem, das paläolithische Menschen schon vor 40.000 Jahren in Knochen, Stein und Geweihe einritzten, uns zwingt, ihre Intelligenz höher einzustufen, als wir dies bisher taten.[12]

So zitiert etwa John Michell Beweise für eine geeinte Weltkultur in prähistorischer Zeit und fordert eine Neueinschätzung:

»Die gesamte Erdoberfläche ist durch die Spuren einer gigantischen Arbeit gezeichnet, die von der prähistorischen Ingenieurkunst und den Überresten eines einst universellen Systems der Naturmagie bestimmt ist, bei der auch magnetische Energie und eine andere positive Kraft eingesetzt wurde, die mit der Sonnenenergie verwandt ist. Von den verschiedenen menschlichen und übermenschlichen Rassen, die in der Vergangenheit auf der Erde lebten, besitzen wir nur noch die bildhaften Berichte der frühesten Mythen. Wir können nur vermuten, dass irgendeine schwere Katastrophe – ob natürlichen oder anderen Ursprungs – ein System zerstörte, dessen Fortbestand davon abhing, dass bestimmte Naturkräfte über die ganze Erde hinweg kontrolliert wurden.«[13]

In den rätselhaften Spuren dieses alten Systems können wir das wiederkehrende Motiv einer kosmischen Hochzeit zwischen Himmel und Erde erkennen, die im Welten-Pfeiler zum Ausdruck kam und die Cro-Magnon-Adepten befähigte, die Erde in einem Gewebe kosmischer Energie zu fixieren, das in allen Himmelsrichtungen verlief, sich aber immer in einem höchsten Kraftzentrum in Zentralasien sammelte. Und wir sehen, dass dieses Motiv der kosmischen Hochzeit, das uns aus der mythischen Tiefe der Zeit überliefert ist, die Institutionen und Künste, Kulthandlungen und Gebräuche aller darauf folgenden Zivilisationen durchdrang und das immer gleiche ewige Thema der Einheit in der Vielfalt wiederholte.

Die Universalität der Pfeiler-Kultur wurde durch die Tatsache verdunkelt, dass diese Religion sich bei ihrer Verbreitung verwandelte und mit der Zeit spezielle lokale Merkmale entwickelte, die nur wenig Beziehung zu ihrer asiatischen Quelle aufzuweisen scheinen. Die westlichen Religionen, die stattdessen einen hohen Grad von Autonomie und Differenziertheit erreichten, scheinen die Möglichkeit einer geeinten Weltkultur, wie Michell sie sah, zu leugnen. Allein die Dichte und die Wechselfälle der dazwischen liegenden Geschichte erschwert es den Historikern, eine universelle Kultur und Religion der Cro-Magnon-Bevölkerung ins Auge zu fassen, die viele Jahrtausende lang auf der ganzen Erde existierte und viele Formen umfasste, ohne ihren Zusammenhalt zu verlieren. Noch schwieriger war die Vorstellung, dass dieser geeinte Zustand in einer erleuchteten Welt die Norm für die Menschheit sein könnte. Und dennoch haben viele philologische und archäologische Untersuchungen, wie etwa die von Hapgood, die Wahrscheinlichkeit einer solchen universellen prähistorischen Kultur unterstrichen.

## Elektris: ein hyperboräisches Weisheitszentrum

Wir müssen annehmen, dass Shambhala sich zu irgendeinem Zeitpunkt vom Nördlichen Eismeer nach Zentralasien verlagert hat, aber wir wissen nicht, wann dies geschah. Nach Guénons Meinung haben dieselben Menschen Atlantis und Shambhala begründet. Aber der Zeitraum, in dem diese Ereignisse erfolgten, und die Bewegungen der jeweiligen Eingeweihten-Gruppen erscheinen in den verschiedenen okkulten Traditionen, die für uns zugänglich sind, zweideutig und unterschiedlich. Da ist einmal die Rede von Millionen von Jahren (Blavatsky), dann von nur einigen Tausend (Bennett), und dies macht jede eindeutige Chronologie unmöglich. Aber wenn Guénons Theorien stimmen – und er ist wahrscheinlich unser zuverlässigster Führer –, sollten wir mindestens bis zur letzten Eiszeit zurückgehen, vielleicht auch bis zu 25.000 Jahren, um die Verlagerung von Shambhala nach Zentralasien zu bestimmen.

Gleichzeitig bekräftigen griechisch-römische Quellen, dass es auch ein Weisheits-Heiligtum namens Elektris in der westlichen Hemisphäre gegeben habe, dessen Gründung der frühgriechische Historiker Hekataios dem Meeresgott Poseidon, dem Vater des Atlas, zuschreibt. Diodorus Siculus berichtet im ersten Jahrhundert v. u. Z., Hekataios zitierend, dieses Heiligtum habe sich auf einer großen Insel – »nicht kleiner als Sizilien« – und wahrscheinlich vor der Westküste Europas befunden, denn es lag »dem Land der Kelten gegenüber«.[14] Es sei nach dem Muster der Sternensphären gestaltet gewesen, und damit meinte er eine astronomische Anordnung wie die von Stonehenge und anderen alten Sonnentempeln, in denen das Schema der himmlischen Sphären oder astralen Schalen rings um die Erde durch eine Reihe von konzentrischen Kreisen abgebildet war, die durch Mauern oder Gräben rings um einen Pfeiler-Stein in der Mitte markiert wurden.

Nach Diodorus war diese Insel ein besonders heiliger Ort, reich an kostbaren Metallen, mit denen die Menschen einen prachtvollen Apollo-Tempel schmückten, in dem sie Feste feierten, auf denen schöne Mädchen zu den Klängen von Leier und Laute tanzten und sangen. Innerhalb des

Tempelkomplexes stand der Pfeiler des Atlas, der den Himmel stützte, und hier wurde auch der *hierós gamós*, die »heilige Hochzeit« zwischen Göttern und Sterblichen gefeiert, die der Anthropologe Robert Heine-Geldern als heiliges Mysterium des Megalith-Zeitalters bezeichnete. Für den griechischen Dichter und Dramatiker Euripides war diese Insel das Ehebett des Zeus, denn in dem Garten in seiner Mitte gebar ihm Leto, eine Sterbliche, die auf dieser Insel geboren war, die Zwillingskinder Apollo und Artemis. (Einer anderen Version zufolge gehörte Leto zu den Titanen und war damit eine der alten Göttinnen des vorhellenischen Griechenland.)

Elektris gehörte vermutlich in der Antike – ähnlich wie Shambhala – zu einem globalen Netz von Einweihungszentren und beeinflusste die gesamte westliche Hemisphäre. Bernbaum legt dar, in wie vielen Aspekten es dem asiatischen Zentrum ähnelt:

»Die Reise zu beiden Orten verleiht magische Kräfte, die sich entweder in Gegenständen wie Flügelschuhen oder in den Wirkungen von mystischen Handlungen äußern. Diese Kräfte helfen, die Macht des Bösen zu überwinden. Sie befähigen Perseus, die Medusa zu erschlagen, und den König von Shambhala, den Tyrannen zu töten, der die Welt erobert. Indem sie Menschen zu Stein verwandelt, symbolisiert Medusa die Kräfte der Versklavung, die gegen die Freiheit wirken. Ein ähnliches Motiv finden wir in der Reise nach Shambhala, wo der Reisende einen Fluss überqueren muss, der ihn in Stein verwandelt, wenn er ihn berührt.«[15]

In beiden Fällen gelangen die Helden nach vielen schwierigen Abenteuern ins nördliche Paradies: »Die Hyperboräer gehen in eine bessere Welt ein, und die Bewohner von Shambhala treten ins Nirvana ein, das jenseits von allen irdischen Paradiesen liegt.« In den Annalen der Mythologie wurde beiden Heiligtümern eine kulturtragende Rolle zugesprochen. Das klassische Griechenland betrachtete die Hyperboräer als Vorbilder der Weisheit, der Stille und der Schönheit und verehrte sie als die Gründer der griechischen Zivilisation, wie auch die Adepten von Shambhala noch immer als die Gründer der asiatischen Zivilisationen gelten.

Die orphische *Argonautica*, die aus dem 6. Jahrhundert v. u. Z. stammt, spiegelt die mystische Kraft der Insel Elektris wider, wenn sie von ihr als dem Sitz der Götter spricht »der unter dem Polarstern in den fernsten Wassern der Tethys liegt«.[17]

Verborgene Weisheitszentren, die derart berühmt waren und als Heimat von Göttern und Halbgöttern betrachtet wurden, waren sicher von einem tiefen Geheimnis umgeben und übten eine starke Faszination aus. Elektris war zweifelsohne zu Beginn ein Zentrum schamanischer Magie, das von mächtigen Meistern der Cro-Magnon-Bevölkerung bewohnt war. Diese waren Wächter eines heiligen Ortes, der den Stämmen der nomadisierenden Jäger und Sammler verschlossen war,

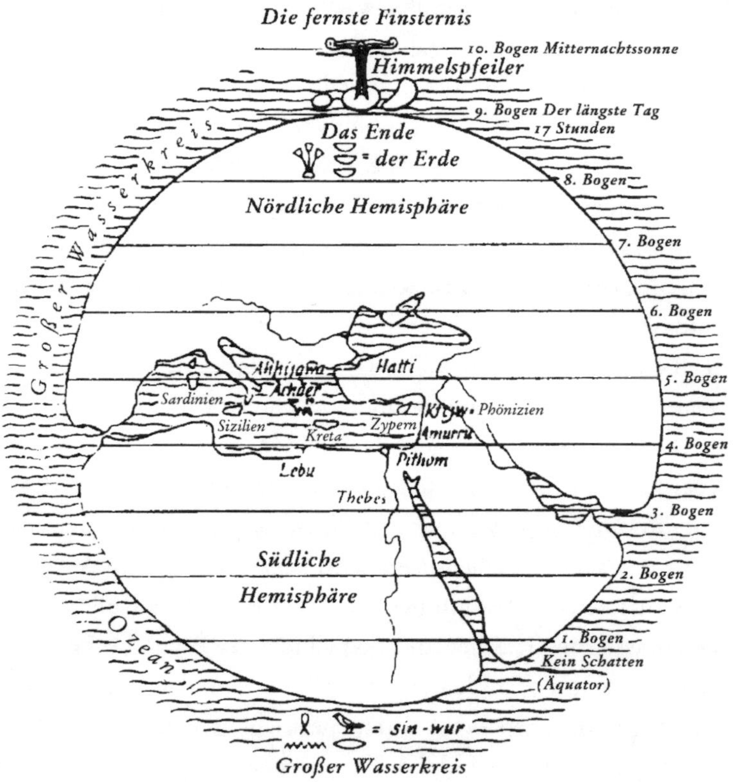


*Abb. 16: Ägyptische Weltkarte (1200 v. u. Z.)*

und setzten geisterfüllte und Ehrfurcht gebietende Geschichten in die Welt.

Solche Heiligtümer wurden wahrscheinlich nach einem einheitlichen architektonischen Prototyp gestaltet. Wahrscheinlich liegt es an der Ähnlichkeit der Formgebung, dass Gelehrte seit dem 4. Jahrhundert v. u. Z. Elektris trotz zahlreicher Unterschiede mit Platos Atlantis und die Hyperboräer mit dessen Bewohnern gleichgesetzt haben. Guénon sagt ausdrücklich, dass die Atlanter Hyperboräer waren, und wir werden später noch mehrere Anzeichen dafür kennen lernen, dass Shambhala und Atlantis einst hyperboräische Schwesterzentren der Einweihung waren – das eine in den Bergen des Ostens, das andere im westlichen Meer. Intensive Forschungen über die Geschichte von Atlantis haben tatsächlich viele Parallelen zwischen der Atlantis-Sage Platos und der griechischen Überlieferung über die Hyperboräer zutage gefördert.

## Atlantis: »Die verlorene Pracht der Frühzeit«

Platos Geschichte über Atlantis und dessen tragisches Ende ist ebenso berühmt wie erstaunlich. Die Priester von Sais am Nil-Delta hatten sie dem griechischen Gesetzgeber mitgeteilt, als er im 6. Jahrhundert v. u. Z. Ägypten besuchte. Nach seiner Rückkehr nach Athen schrieb er einen Bericht nieder, der von den ursprünglichen Aufzeichnungen der altägyptischen Tempelinschriften und Papyrus-Texte abgeleitet war. Das Manuskript gelangte in die Hände des mit ihm verwandten Kritias und kam von diesem schließlich zu Plato. Dieser fügte die dramatische Geschichte vom verlorenen Königreich in seine Dialoge *Timaios* und *Kritias* ein. Sie handelt von einer hohen Zivilisation, die von den Göttern gegründet wurde und sich rings um eine Königsstadt namens Basileía entfaltete, die auf einer Insel irgendwo außerhalb der Säulen des Herakles lag. Diese Insel versank aber in einem einzigen schrecklichen Tag und einer Nacht für immer unter den Wogen.[18]

Atlantis hatte die Größe eines Kontinents und wird als irdisches Paradies geschildert. Wie die Hyperboräer galten auch die Atlanter als unvergleichliche spirituelle und schöpferische Genies. Sie waren fortgeschritten in den Wissenschaften, hatten eine aristokratische Gesellschaft und weise Gesetze, die auf einem göttlichen Pfeiler eingemeißelt waren, der dem Poseidon geweiht war und in der Mitte des heiligen Bezirks im Herzen der Hauptstadt stand. Im Jahre 1882 bezeichnete Ignatius Donnelly, ein amerikanischer Rechtsanwalt, der zum Autor wurde, Atlantis als die erste und schönste Zivilisation, die Pionierleistungen in der Medizin, der Metallverarbeitung und der Entwicklung der Schrift vollbracht hatte, und er äußerte die Ansicht, dass ihre Herrscher zu den Göttern und Göttinnen der griechischen, indischen, phönizischen und skandinavischen Mythologie wurden.[19]

Die zehn Bezirke von Atlantis, die in jener Zeit auch Inseln und Teil von Europa und Afrika umfassten, wurden von zehn Königen regiert, Kindern des Poseidon und der Kleito, einer Sterblichen, die auf der Insel geboren war. Diese Kinder – fünf Zwillingspaare – wurden in der inneren Festung der Stadt aufgezogen, die der königlichen Familie vorbehalten war. Eines der beiden ältesten Kinder bestieg gewöhnlich den Thron von Atlantis, und seine neun Geschwister schworen ihm den Treueid.

Wie Elektris war Atlantis ursprünglich als »Troja-Stadt« erbaut und dann zu einer großen Stadt erweitert worden. Plato erzählt, dass auf dem Hügel in der Mitte von Basileía, der Hauptstadt, ein heiliger Schrein von »fremdartigem Aussehen«[20] mit Poseidons Pfeiler in seinem Mittelpunkt stand. Rings um den Hügel erstreckten sich wie konzentrische Kreise drei Wassergräben, die durch zwei Landringe voneinander getrennt waren; sie schützten die Große Mutter Kleito vor allen möglichen Gefahren. Poseidon hatte sie am Anfang der Zeit angelegt, »als es noch keine Schiffe und Segel gab«.[21]

Später wurden »Tempel und königliche Paläste, Häfen und Schiffswerften« errichtet, und ein Durchstich zum Meer ermöglichte den Austausch von Waren mit den umliegenden Ländern (Abb. 17).

Lange Zeit, sagt Plato, regierten die atlantischen Priester-Könige, die einer losen Föderation von Königreichen vorstanden, wohlwollend über ihr Imperium. Aber zuletzt wurde die göttliche Abstammung durch

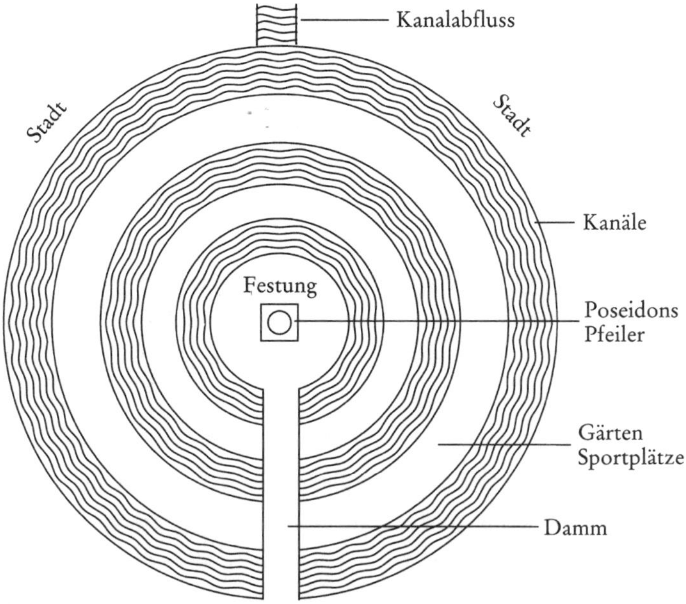


*Abb. 17: Atlantis: Eine Troja-Stadt*

ständige Mischheiraten geschwächt und durch Machtwillen, Gier und andere Schwächen der Sterblichen korrumpiert, und so begannen die Könige ihre Untertanen zu tyrannisieren und ihre Herrschaft zu sehr auszudehnen, indem sie »auf hochmütige Weise von ihrer Basis im Atlantik die Städte Europas und Asiens angriffen«.[22] Nun erhoben sich die Nationen wider sie, und in einer großen Schlacht wurden sie durch eine Koalition, die von den Athenern geführt wurde, besiegt.

Doch dann zerstörte eine große Erschütterung in der Natur sowohl die griechischen Heere als auch Atlantis selbst, das unter Erdbeben, Feuer und Flutwellen unter der Meeresoberfläche verschwand. Den ägyptischen Priestern zufolge fand diese Katastrophe 9.000 Jahre vor Solons Reise nach Ägypten statt.

Die Athener nannten die Insel der Hyperboräer »Elektris«. Dieser Name hat nach E. Zangger dieselbe Bedeutung wie »Atlantis«, denn Elektra war die Tochter des Atlas, und so ist »Elektris« ein *patronymikón*, ein Wort, das die Vater-Tochter-Beziehung beschreibt.[23]

Dieses genealogische Detail verweist auf eine große dynastische Ordnung, die einst ein weltweites Netzwerk von Weisheitszentren unterhalten und die Kanäle für die spirituelle Kommunikation geliefert haben muss. Der *modus operandi* dieser Dynastie war wiederum der *hierós gamós*, eine Institution, die wahrscheinlich am Ende der letzten Eiszeit mit dem Königtum entstand und die einen der wichtigsten Schlüssel für das Verständnis des Überganges der Menschheit von der paläolithischen zur neolithischen Kultur darstellt.

Archäologische Spuren einer »Heiligen Hochzeit« finden wir in allen Teilen der Welt. Sumerische Siegel, die in der Stadt Lagasch auftauchten, deren Blütezeit im dritten Jahrtausend v. u. Z. lag, zeigen, wie ein Tempelpriester zeremoniell bei der sakralen Vereinigung einer Hohepriesterin und eines Königs fungiert.[24] Für letzteren hatte dieser Akt, wenn er auf die richtige Weise vollzogen wurde, die Wirkung einer spirituellen Einweihung. Dahinter lag eine lange Tradition des sexuellen Yoga. Die Übertragung von höheren Energien durch eine solche Methode, die von einem Adepten unternommen wurde, um die königliche Erblinie zu verbessern, war imstande, tiefe physiologische und psychologische Veränderungen der königlichen Linie herbeizuführen.

Durch den Brauch der »Heiligen Hochzeit« wurde im Laufe der Zeit ein neuer und verbesserter Menschentypus geschaffen. Gleichzeitig wurde auch die göttlich-dynastische Erbfolge in den auf diese Weise gegründeten Königshäusern gesichert.[25] Die gemischten Gemeinschaften, die nun möglich wurden, zogen den Zusammenbruch der alten Stammesmuster nach sich, und es kam zu einem Klassensystem, zu institutionalisierten Religionen, Handel, Verstädterung und schließlich zur Entstehung der modernen Welt.

Das Motiv der Kundalini-Erweckung (dies war die Wirkung des *hierós gamós*) zieht sich durch alle Mythologien. Die biblische Anspielung auf die »Söhne Gottes«, die sich mit den Töchtern der Menschen paarten, ist ein fernes Echo dieser geheimen Praxis, aus der wichtige und berühmte Männer hervorgingen und zu mächtigen und wissenden Priesterkönigen wurden. Eine ähnliche Legende gibt es in Asien in Bezug auf die indischen Nagas, jenen geheimnisvollen Orden schamanischer Adepten, deren Totemtier die Schlange ist und von denen es heißt, dass sie sich hin und wieder mit Mitgliedern der königlichen Familien Indiens paarten, um das Erbgut der herrschenden Familie zu verbessern.

Zu einer solchen Mischlinie gehört auch Atlas. In der griechischen Sage hat er seinen Platz in einer Linie von zehn göttlichen Königen und Königinnen, die mit Uranus beginnt und über Poseidon, Atlas, Elektra und sechs weitere Abkömmlinge verläuft. Von jedem heißt es, dass er von einem Gott und einer Sterblichen geboren wurde, dass er eine Stadt erbaute und nomadischen Stämmen, die in Unwissenheit gefallen waren, die Künste der Zivilisation brachte. Wie wir sehen, nimmt die Atlantis-Geschichte ein Thema auf, das den Athenern in der hyperboräischen Verkleidung durchaus bekannt war, und wiederholt dieses zeitlose Motiv der Mischheirat und Hingabe im Interesse der Evolution.

Und so ist Leto, jene hyperboräische Jungfrau, die auf der Insel Elektris ihre Kinder Apollo und Artemis von Zeus empfing, mit der Großen Mutter Kleito auf der Insel Atlantis verwandt, der Gattin des Poseidon und Mutter des Atlas. Sowohl Kleito als auch Leto waren erdgeborene (d.h. uneingeweihte) Jungfrauen, die auf einer heiligen Insel geboren wurden. Beide wurden durch die Vereinigung mit einem Gott zu Muttergöttinnen. Beide gebaren eine halbgöttliche Nachkommenschaft. Der Name Kleito, sagt Jürgen Spanuth, wurde zu Leto, als diese hyperboräische Geschichte in den griechischen Mythos einging, und beide Namen beziehen sich auf die Große Muttergöttin, die mehr als 30.000 Jahre lang die alte Welt regierte, bis dann die patriarchalen Hellenen die alte mythologische Ordnung umstürzten.[26]

Die Athener schrieben den Hyperboräern ebenso die Rolle von Priestern und Kulturträgern zu wie Plato den göttlichen Gründern von Atlantis. Sicher erinnerte sich Plato an das tragische Schicksal des Sokrates, der als Häretiker zum Tode verurteilt wurde, und achtete deshalb im Allgemeinen darauf, wie er über die Götter sprach. Aber er nahm an, dass sie Menschen seien wie wir, und gelegentlich zitierte er Hesiod, der sie in einem früheren und liberaleren Zeitalter als »goldene Rasse, die zuerst kam« und als »erste Rasse« bezeichnete, als Eingeweihte und Philosophen, die in ferner Vergangenheit voller Weisheit und Fürsorge die Entwicklung der einfachen, uneingeweihten Stämme angeleitet hatten, die unter ihrer Obhut standen.[27] Und so spricht auch Plato in seinem Dialog *Kritias* von einem Stamm, der Atlantis gegründet habe, und vergleicht ihn mit den Titanen, den »alten Göttern«, die vor den Olympiern regierten:

»Einst hatten die Götter die Erde unter sich aufgeteilt (...) Jeder erhielt voller Freude seinen Anteil und ließ sich auf seinem Territorium nieder. Und danach begannen sie sich um uns, ihre Geschöpfe und Kinder, zu kümmern, wie Schafhirten sich um ihre Herde kümmern. Sie verwendeten keine physischen Machtmittel, sondern setzten ihren Einfluss auf den empfindsamsten Teil der Geschöpfe ein, indem sie die Kunst der Überzeugung pflegten, wie ein Steuermann das Steuerruder verwendet, um auf diese Weise das Bewusstsein so zu lenken, wie sie es für richtig hielten, und auf diese Weise alle sterblichen Geschöpfe anzuleiten.«[28]

Wir können vermuten, dass Plato damit die Unterweisung in philosophischen, religiösen und ethischen Prinzipien meinte. Seine Erzählung zeigt, dass die von den Göttern propagierte Religion die Säulen-Religion war, die auch von den Hyperboräern praktiziert wurde.

Im *Kritias* wird erzählt, wie sich die zehn Priesterkönige regelmäßig versammelten, um das Stieropfer als zentralen Ritus ihres Kultes zu feiern:

»Ihre Herrschaft und Gemeinschaft wurde von den Befehlen Poseidons geleitet, die im Gesetz geheiligt und von den ersten Königen auf dem ehernen Pfeiler im Poseidon-Tempel in der Mitte der Insel eingraviert waren. (...) Und jedes Mal, wenn sie ein Urteil fällen mussten, tauschten sie in der folgenden Zeremonie gegenseitige Gelübde aus. Im Tempel des Poseidon liefen Stiere frei umher. Die zehn Könige (...) traten einzeln nacheinander ein und begannen, einen Stier zu jagen. Dabei verwendeten sie Keulen und Schlingen, aber keine metallenen Waffen. Und wenn sie ihn gefangen hatten, schnitten sie seine Kehle über der Spitze der Säule, so dass das Blut über die Inschrift floss.«[29]

Dann wurde ein Festmahl abgehalten, bei dem die Gliedmaßen des Stieres dem Poseidon geweiht wurden, und danach saßen die Könige unter der Säule zu Gericht – wie die Asen am Fuße der Weltesche Yggdrasil.

Aber das griechische Wort *koryphé* (»Spitze«) bedeutet auch die Volute an der Spitze der Opfer-Säule, und so haben wir hier ein weiteres Beispiel für die Verwandtschaft der religiösen Symbole und Gebräuche bei den Atlantern und den Hyperboräern. Im Altnorwegischen heißen sowohl die Volute wie auch der Mittelpfosten, der das Dach eines Hauses stützt, *às*. Und *às* war, wie wir uns erinnern, auch die Hieroglyphe für Isis, *às-ar* diejenige für Osiris.

## Die verlorene Geschichte des alten Griechenland

Die atlantische Kultur weist große Ähnlichkeit mit der hyperboräischen auf, und hieratische Zentren wie jene, die von Dynastien von Priesterkönigen verwaltet wurden, waren einst ein hervorstechendes Merkmal in den frühen Zivilisationen. Hätten die Athener nicht die frühere achäische Welt vergessen, so hätten sie die auffallenden Parallelen zwischen Platos versunkener Stadt und dem Ursprungsland der Hyperboräer bemerkt und darin ihren eigenen Ursprung wiedergefunden.

Die Historiker haben oft bemerkt, dass es fast unmöglich ist, das Dunkel zu durchdringen, das die griechische Vergangenheit vor dem 6. Jahrhundert v. u. Z. verhüllt.

Eine Reihe von Gelehrten hat die Theorie aufgestellt, dass die Erde gegen Ende des 13. Jahrhunderts v. u. Z. von einer geologischen Katastrophe heimgesucht wurde, ungewöhnlich heftigen Vulkanausbrüchen, gefolgt von Erdbeben, Überflutungen und Feuersbrünsten auf dem ganzen Erdball. Und es gibt einige archäologische und klimatologische Indizien für eine solche Theorie. Sie wird zwar von einigen Wissenschaftlern bezweifelt, kann aber die ansonsten unerklärliche, plötzliche Zerstörung so vieler blühender Zivilisationen zu dieser Zeit verständlich machen. Jedenfalls ist die Kultur des bronzezeitlichen Griechenlands plötzlich verschüttet worden.[30]

Die Wurzeln der griechischen Kultur lagen in den Zivilisationen Ägyptens, Kretas und Mykenes, aber um 1200 v. u. Z. war die minoisch-kretische Welt verschwunden, und Griechenland versank in Barbarei. Es wurde von Ägypten abgeschnitten. Die Verbindungen mit dem Norden wurden unterbrochen, schriftliche Aufzeichnungen wurden zerstört. Das historische Wissen verfiel.

Erst ab dem 6. Jahrhundert v. u. Z. schufen Schriftsteller und Philosophen wie Pythagoras, Hesiod, Aischylos, Demokritos und andere eine neue blühende Kultur. Die Renaissance kam aus Zentralasien, als hyperboräische Missionare des Apollo zuerst auf der Insel Delos und dann in Delphi ein Heiligtum errichteten und Griechenland die Künste und Wissenschaften eines neuen Zeitalters brachten.

Der hyperboräische Apollo gehörte nicht zum olympischen Pantheon. Schuré meint, er sei aus einer früheren Zeit und einer Gegend gekommen, in der Schamanen und magische Adepten ein Höchstes Wesen unter dem Namen *Ap Olen* (»All-Vater«) verehrten.[31] Aber als die Verehrung des Apollo in Delphi Wurzeln schlug, wurde er in einen Sonnengott verwandelt und erhielt eine neue Geburtsgeschichte, die es ermöglichte, ihn dem hellenischen Pantheon des Zeus einzuverleiben, obwohl er die Merkmale seiner zirkumpolaren Herkunft, wie Guthrie zeigt, nie ganz verloren hat.[32]

12

# DAS PYTHAGORÄISCHE YPSILON

Die Einweihungstradition bestätigt, dass Atlantis und Shambhala Brennpunkte eines Energienetzes rings um den Erdball gewesen sein müssen. Und Shambhala existiert noch immer und wartet nur darauf, aktiviert zu werden.

Die europäischen Ritter des Mittelalters, die vom Sufismus beeinflusst waren, wussten sicher, dass es ein solches Einweihungszentrum im Herzen Asiens gab. Aber ob Aristeas von Prokonnesos irgendetwas von Shambhala wusste, als er nach Apollos nördlicher Kraftbasis suchte, wissen wir nicht mehr. Ebenso wenig wissen wir, ob Plato durch seine enge Beziehung mit den Pythagoräern davon wusste. Aber es wäre zumindest möglich, denn der Osten zog die Griechen unwiderstehlich an. Von Pythagoras heißt es, dass er auf seiner Weisheitssuche eine Reise nach Hindustan antrat, und Philostratos hat die Reise des Apollonius von Tyana in eine Gegend jenseits des Transhimalaya, wahrscheinlich Tibet, aufgezeichnet. Dort suchte der griechische Magier nach einem Land, das er *Heimstätte der Götter* nannte.

Aber im Gegensatz zu ihren Philosophen hatten die normalen athenischen Bürger zu Platos Zeiten einen eher beschränkten Horizont. Sie waren fromm und konservativ, ihr spiritueller Ehrgeiz war auf die elysischen Felder jenseits des westlichen Meeres gerichtet, in denen die seligen Toten mit den Göttern zusammenlebten. Dies ist ein mythischer Ort, den Homer bei den nördlichen Stämmen der Kimmerer lokalisierte. Dort, sagt der Meeresgott Proteus in der *Odyssee,* »ist Rhadamathus mit dem blonden Haar, wo das Leben am leichtesten für die Menschen ist. Dort gibt es keinen Schnee, noch große Ungewitter, noch Regen; vielmehr schickt der Ozean immerfort eine sanfte Brise des Westwindes aus, um den Menschen Kühle zu spenden«.[1] In diesem idyllischen Land, so glaubten die Athener, sangen die Töchter der Göttin der Nacht, und dort stützte der Himmels-Träger Atlas den Kreis der kosmischen Ordnung. Platos traurig endende Atlantisgeschichte harmonisierte deshalb gar nicht mit der poetisch-religiösen Stimmung der Athener. Ihnen gefiel es sicher nicht, dass ein glänzendes Inselkönigreich im westlichen Ozean, das von Göttern gegründet worden war, sich korrumpieren ließ und dafür vernichtet wurde.

Im Athen des 5. Jahrhunderts v. u. Z. wurde die religiöse Freiheit stark eingeschränkt. Platos gefeierter, aber exzentrischer Mentor Sokrates war gerade erst durch einen erzwungenen Selbstmord hingerichtet worden, weil er die Götter beleidigt und religiöse Lehren verbreitet habe, die »der Sittsamkeit der athenischen Jugend Schaden zufügen« konnten. Sein Tod zeigte deutlich, dass es sowohl religiöse als auch politische Themen gab, über die man besser nicht allzu frei sprach, und so fand Platos historisch wenig begründeter und umständlicher Bericht über Atlantis und dessen tragisches Ende, der noch dazu aller mythischen Verzierungen beraubt war, nur wenig öffentlichen Anklang.

Aber obwohl die Zeitgenossen diesen Bericht größtenteils bezweifelten, fanden ihn einige gebildete Griechen dennoch plausibel. Plato selbst scheint an seine historische Wahrheit geglaubt zu haben, denn im *Timaios* ließ er den Kritias zweimal erklären, dass diese Ereignisse wirklich stattgefunden hätten. Auch den Sokrates ließ er zustimmend reagieren. Der Geoarchäologe Eberhard Zanggar sagte vor kurzem, dies sei der deutlichste Beweis dafür, dass Plato selbst an diese Geschichte glaubte. Sie wurde von den Platonikern und Neuplatonikern weitergegeben und führte schließlich zur Suche nach dem verlorenen Königreich, die ganze Generationen von Gelehrten und Okkultisten beschäftigte. Zahllose Versuche wurden gemacht, dieses Ereignis zu erklären, zu datieren und Atlantis zu lokalisieren, und Tausende von Büchern sind darüber geschrieben worden, seit Ignatius Donnelly zu Beginn dieses Jahrhunderts das Atlantis-Thema auf sensationelle Weise popularisierte, indem er die Überreste des versunkenen Königreiches in den Azoren gefunden zu haben glaubte. (Dies war allerdings eine ziemlich unseriöse Theorie, die später durch geologische Forschungen im Atlantischen Ozean widerlegt wurde.[2])

Edgar Cayce lokalisierte Atlantis aufgrund medialer Vision in der Nähe der Bahamas. Robert Graves schlug Tunesien oder Nigeria vor, andere Kreta, Ceylon, Großbritannien oder das antike Tartessos an der iberischen Küste. Wieder andere versetzten es in vielerlei Länder, die von der Halbinsel Krim bis nach Australien reichten, und in allen Fällen wurden die jeweiligen Theorien mit scheinbar fehlerloser Logik untermauert. Zanggar setzte es mit dem alten Troja gleich – genauso wenig überzeugend wie die Hypothese Jürgen Spanuths, der es auf einem versunkenen Bergrücken lokalisierte, der in der heutigen Nordsee zwischen Helgoland und Schleswig-Holstein liegt.

Spanuth, ein Österreicher, der in Bordelum an der deutschen Nordseeküste Pastor geworden war, führte zahlreiche Ausgrabungen auf Helgoland durch. Sie führten ihn zu der Schlussfolgerung, dass dies bis in die Zeit um 1200 v. u. Z. das sakrale Zentrum eines germanischen Kulturgebietes war, reich an Bernstein, der in großen Mengen in dem nahe gelegenen Fluss Eider vorkam. Danach allerdings sei Nordeuropa in der Barbarei versunken, und die Erinnerung an sein Goldenes Zeitalter sei verloren gegangen.[3] Zanggar wiederum stützt seine Theorie auf umfangreiche Ausgrabungen, die in Tiryns in der Argolis (östlich des Peloponnes) durchgeführt wurden und ihn davon überzeugten, dass Atlantis in Wirklichkeit eine Nacherzählung des trojanischen Krieges war.

Da auch die eifrigste Suche in allen Teilen der Welt kein zweifelsfreies Beweismaterial zutage fördern konnte, das diese beiden Orte oder irgendwelche anderen mit Atlantis in Verbindung bringen würde, betrachten heute viele Menschen das verschollene Reich Atlantis ebenso wie Shambhala als einen Mythos.

Aber es gibt auch andere, die mit Spanuth der Meinung sind, dass Atlantis in der Nordsee lag und dass Atlanter und Hyperboräer identisch waren. Pytheas von Massilia, eine gebildeter Geograph aus dem 4. Jahrhundert v. u. Z., der den Atlantik ebenso gründlich erforschte wie das Cronische Meer (so hieß damals die Nordsee), war ebenfalls dieser Meinung.[4] Seine Beobachtungen und astronomischen Messungen, die zu seiner Zeit einzigartig waren (wie auch sein Bericht über seine Reisen in das Baltikum), wurden von griechischen Gelehrten Jahrhunderte lang bezweifelt, vor allem weil er Basileía oder Elektris Scheria nannte, und das ist Homers Name für die königliche Insel der Phaiaken, die Odysseus im Cronischen Meer besuchte und die ihre Herkunft von Poseidon ableitete.[5]

Olaf Rudbeck, ein schwedischer Professor der Medizin und Botanik, der im 17. Jahrhundert lehrte, glaubte ebenfalls, dass die Atlanter, die Hyperboräer und die Phaiaken ein und dasselbe Volk waren, und nachdem er die schwedische Geschichte studiert hatte, kam er zu dem Schluss, dass dieses Königreich in seinem eigenen Land lag.[6]

Der schottische Anthropologe Lewis Spence vermutet, dass Atlantis eine eiszeitliche Cro-Magnon-Siedlung war, die vor 12.000 Jahren im Meer versank, genau wie Solon vermerkt. Schon die Art, wie die Atlanter in Platos Beschreibung den Stier jagten, verweist auf das hohe Alter ihrer Religion. Die Stammeshäuptlinge, die gleichzeitig auch Priester waren und den wilden Auerochsen als Opfertier jagten, waren nur mit Keulen und Schlingen, den ältesten Waffen der Menschheit, ausgerüstet. Spence ist der Ansicht, dass Platos bronzezeitliche Version von Atlantis wesentlich ältere Volkslegenden aus der Vorgeschichte überlagerte.[7]

Er äußerte die Vermutung, dass es vor der letzten Eiszeit zwei große Inseln im Atlantik gegeben habe, nämlich Atlantis und Antillia. Während nun Atlantis am Ende der Eiszeit ganz unter dem steigenden Wasserspiegel verschwand, blieben die höheren Teile von Antillia sichtbar. Aber zuvor hatten beide eine paläolithische Kultur hervorgebracht, die sich im Westen nach Amerika und im Osten nach Europa ausbreitete. Nach Spence übermittelten die Atlanter ihre Kultur dem eurasischen Kontinent und waren die schamanischen Höhlenkünstler Spaniens und Frankreichs. Zur

Unterstützung von Spences Theorie kannten die Kariben und andere Stämme von Hispaniola lange Zeit eine Überlieferung, dass viele der Antillen-Inseln – eine bekannte Erdbebenzone – einst in einer einzigen Landmasse verbunden waren. Aber eine große Katastrophe hatte die Verbindungen zerrissen und nur die gegenwärtigen Inselfragmente hinterlassen. Denn der Meeresspiegel, sagt Zanggar, »begann vor etwa 13.000 Jahren deutlich anzusteigen und hatte 5000 Jahre später einen Anstieg von 1,20 Meter vollzogen. Nun standen weite Küstengebiete unter Wasser«.[8]

Spences Hypothese ist für sich genommen unbefriedigend, aber wenn wir sie mit Guénons Thesen kombinieren, wird sie einleuchtender. Guénon meint, dass im Laufe der Zeit neben den bereits vorhandenen Weisheits-Zentren neue gegründet wurden, und auf dieser Basis kann man sich vorstellen, dass es mehrere Atlantis-Reiche gegeben hat und dass sich aufgrund der großen Zeitspannen Ungenauigkeiten in die Berichte eingeschlichen haben. Die erste Atlantis-Siedlung wurde vielleicht auf den Antillen gegründet, wie Spence vermutet, um dann am Ende der letzten Eiszeit für immer unter dem steigenden Meeresspiegel zu verschwinden. Wenn es wirklich so gewesen sein sollte, dann war das Atlantis, von dem die Priester in Sais sprachen, wahrscheinlich ein Heiligtum, das zerstört und anderswo wieder aufgebaut worden war, ein sekundäres oder tertiäres Zentrum, das als neolithische Siedlung begann, sich ausdehnte und (wie beschrieben) zu großem Ruhm aufstieg. Dieses neuere Atlantis wurde dann vielleicht durch jene große Katastrophe im 13. Jahrhundert zerstört.

## Das uralte Netz der Energielinien

Alles, was über Atlantis geschrieben wurde, lässt eine historische Grundlage anehmen, auch wenn die Berichte im Laufe der Zeit verzerrt und durcheinander gebracht wurden. Es lässt auch eine enge Verbindung mit Shambhala vermuten, und tatsächlich verschmolz die Antlantis-Sage in mehreren Fällen mit dem Mythos von Shambhala und dem Altai-Gebiet. Zum Beispiel entdeckte Guénon ähnliche archetypische Eigenschaften bei

Atlantis und Shambhala. In Indien, sagt er, wird Shambhala auch »weiße Insel« und »Wohnstätte der Gesegneten« genannt. Aber in der keltischen Tradition ist die »weiße Insel«, die »Insel der Heiligen« und die »Insel der Gesegneten« ein irdisches Paradies im Westen, das manchmal in Irland, dann wieder in England oder Helgoland gesehen wird und sich auf Atlantis bezieht.[9]

Im Jahre 1776 veröffentlichte Jacob Bryant, Philologe und Experte für das homerische Troja, eine Enzyklopädie der antiken Mythologie, in der er behauptete, dass die Trojaner von einer sehr alten atlantischen Bevölkerung abstammten, die in ganz Eurasien Siedlungen unterhielt. Als Ergebnis seiner philologischen Forschungen bemerkte er, dass die Spuren dieser Kultur von Westafrika bis zum Indus reichten. Auf diese Weise bestätigte er, ohne es zu wissen, die Verbindung zwischen Atlantis und Shambhala.[10]

Wir können ohne weiteres annehmen, dass das Wissen über ein großes Netz spiritueller Kraftspeicher, das einstmals die Welt erleuchtete und den Osten mit dem Westen verband, über die Jahrtausende in den geheimen Eingeweihten-Zirkeln Europas erhalten blieb und immer wieder auf merkwürdige Weise hervorbrach, so dass die Jesuiten sich veranlasst fühlten, das geheimnisvolle asiatische Königreich von Prester John zu suchen, während die russischen Altgläubigen das gesegnete Land Bjelovodije im Osten zu finden hofften. Ohne Zweifel lieferte ein uralter Strang esoterischen Wissens die Basis für die religiöse Mystik, welche die Mitglieder des Deutschen Ritterordens von Bornholm in ihrem »Drang nach Osten« zu ihrer missionarischen Ausbreitung des Christentums trieb.

Diese Ritter waren einerseits stark durch die Sufi-Tradition beeinflusst, die während der Kreuzzüge von den Sarazenen ins Heilige Land gebracht wurde, andererseits auch durch die alten keltischen Geheimnisse.

Manche esoterischen Gesellschaften wussten immer von dieser gnostischen Schicht unter der orthodoxen Geschichtsschreibung. So ist bekannt, dass die Templer, deren Orden im Jahre 1118 in Palästina gegründet wurde, im Geheimen an die Einheit aller Erblinien, Rassen und Religionen glaubten und dass sie spirituelle Techniken und Rituale vollzogen, die asiatischen Riten wie etwa dem tibetischen Dzog-Chen-Kult der »Abgeschnittenen Köpfe« sehr ähnelten.[11] Es ist keineswegs unmöglich, dass die mittelalterlichen Ritterorden Europas von den Einweihungszentren in den Gebirgen Asien wussten und Verbindungen zu ihnen herstellten, um sie für ihre eigenen religiösen Ziele zu nutzen.

Dies glaubt jedenfalls Tomas. Er legt dar, dass der Troubadour und Tempelritter Wolfram von Eschenbach, der in seinem Epos *Titurel* die Sagen vom Heiligen Gral zusammenfasste, eine spirituelle Verbindung zwischen dem Gral und Asien herstellte und den Gral als Stein bezeichnete. Sprach Eschenbach, so fragt Tomas, von Shambhala und dem Chintamani-Stein? Trägt der junge Held Parsifal in der Geschichte von den Meistersingern die heilige Schale bzw. den Stein nach Asien, ins Königreich des Priesterkönigs Titurel? Dieser hatte Ähnlichkeiten mit einem Phantom-Kaiser von Asien, den die Christen Prester John nannten und der wie Titurel ungefähr 500 Jahre gelebt haben soll.

Wie Shambhala, so war auch das mythische Königreich von Prester John ein Land voller Wunder. Angeblich lag es in der Wüste Gobi und besaß einen Jungbrunnen, aus dem alle Bewohner trinken und auf diese Weise Krankheit und Alter verbannen konnten. Nur die reinsten Seelen konnten in Prester Johns Land leben, denn dort waren Verbrechen, Armut und Ungerechtigkeit unbekannt. Ein magischer Spiegel erlaubte es dem König, alles zu beobachten, was in der Welt geschah. Fliegende Drachen trugen Menschen über lange Entfernungen durch die Luft, und ein Zauberring konnte sie unsichtbar machen. Ein riesiger Turm erhob sich in der Mitte der Stadt, und dort wurde ein magischer Stein Tag und Nacht bewacht. Tomas betrachtet all diese sagenhaften Vorstellungen, aus denen Eschenbach einen großen Teil seines Materials bezog, als Hinweise auf die wirkliche Existenz eines asiatischen Einweihungszentrums, das die geheimen gnostischen Lehren der Templer anbot.[12]

Auf der Basis unseres Wissens ist klar, dass die Templer und die von ihnen abstammenden Orden aus dem großen Schatz des Geheimwissens schöpften, der ihnen durch die Kreuzzüge offen stand, und dass sie auch etwas über das Netz der Kraftlinien erfuhren, das die Erde umgibt. Offenbar waren sie imstande, es zu erkennen, und vielleicht haben sie in ihrem Drang nach Osten seinen Mittelpunkt in Asien gesucht, um die Verbindung mit ihrem eigenen kühnen religiösen Unterfangen herzustellen: die Vereinigung Europas unter dem Banner eines universellen Christentums. Der Reisende Earnest von Salomon fand bei den Basken, deren Geschichte bis in die Eiszeit zurückreicht, eine Überlieferung, dass die Pyrenäen und das Atlasgebirge in Marokko einst zu einem großen Reich im Westen gehörten, das von Göttern regiert wurde, und dass dieses in einer großen Naturkatastrophe zugrunde ging – genau wie Plato berichtete.[13] Aber Plato erwähnte auch, dass dieses Reich nur ein Teil eines noch größeren weltweiten Reiches war, das von Zeus selbst regiert wurde. Und so war es vielleicht die Errichtung einer solchen umfassenden eurasischen Hegemonie, die den Tempelrittern vorschwebte. Ihr großes Unternehmen schlug fehl, aber die Vision lebte in den revolutionären esoterischen Zirkeln der Renaissance und der Reformation weiter. Im frühen 17. Jahrhundert wurde Francis Bacons posthumes Werk *Nova Atlantis* veröffentlich – eine allegorische Erzählung, die Bacons Vorstellung von der idealen religiösen und wissenschaftlichen Gesellschaft enthielt. Auch die mittelalterlichen Illuminaten-Orden und die Rosenkreuzer sprachen von einem vollkommenen Staat.[14]

## Atlantis und Shambhala – zwei gegensätzliche Wege

Francis Bacon beschreibt in seinem Werk *Nova Atlantis* einen idealen Staat und er stützt sich dabei auf Platos Schilderung von Atlantis. *Nova Atlantis* ist ein Land, das die Außenwelt nicht kennt, in dem brüderliche Liebe und eine fortgeschrittene Wissenschaft herrschen. Ein Orden von Wissenschaftlern und Priestern studiert in einer Hochschule des Wissens, dem *Haus Salomons,* all jene Künste und Wissenschaften, die der Menschheit am meisten nützen. Von einem tief frommen hermetisch-kabbalistischen Mystizismus erfüllt, kehren die Bewohner von *Nova Atlantis* in den Zustand Adams vor dem Sündenfall zurück und leben in der Gegenwart von göttlichen Kräften und engelhaften Wesen.

Platos Atlantis war nicht so utopisch. Es war keine vollkommene Gesellschaft, und seine Bewohner lebten nicht in einem Zustand ursprünglicher Gnade. Es war kein paradiesisches Königreich wie Shambhala, sondern moralisch und spirituell mit Mängeln behaftet. Hätte es ein lebendes Modell für Bacons Nova Atlantis gegeben, so wäre es eher die Gemeinschaft der Adepten in den zentralasiatischen Gebirgen gewesen.

Aber das ursprüngliche Atlantis, so ruhmreich und strahlend es zu seiner Zeit auch gewesen sein mochte, transzendierte niemals die Grenzen eines bloß irdischen Imperiums und war wie alle irdischen Gesellschaften den Gesetzen des Entstehens und Vergehens unterworfen.

Aus unserer Kenntnis der Gesellschaften des Neolithikums und der frühen Bronzezeit im Allgemeinen, sowie der Literatur über Atlantis und die Hyperboräer im Besonderen können wir ein ziemlich umfassendes Bild von Atlantis zeichnen: So schön es auch begonnen hatte, es entwickelte sich in der Folge in einen hieratischen Stadtstaat, der von einer Monarchie regiert wurde, die sich selbst Gesetz war – reich, gut gerüstet, mit Handel, territorialen Zielen und politischem Einfluss beschäftigt, von einer mächtigen religiösen Autokratie beherrscht und geformt.

In seiner Entwicklung nach der Eiszeit wurde Atlantis zum Zentrum einer dualistischen Religion, in der sowohl die Magna Mater, als auch ihr Gemahl, der Gott der Welten-Säule, verehrt wurden. Das Prinzip der Einheit verlor seine Kraft, und der Dualismus setzte sich immer mehr durch und zwang allen nun folgenden Kulturen ihr polarisierendes Muster auf.

In einer früheren paläolithischen Gesellschaft wurde das Höchste Wesen als Einheit von männlichen und weiblichen Kräften und all ihrer Erscheinungsweisen verehrt. Dies können wir den kleinen paläolithischen Statuetten der Großen Mutter entnehmen, in denen das weibliche Prinzip in dem eiförmig runden Körper erscheint, während das männliche Prinzip in dem säulenartigen Hals und Kopf zum Ausdruck kommt. Aber in den neolithischen Kulturen trennte sich die ursprünglich androgyne Göttin in einen weiblichen und einen männlichen Teil, und nun tauchen göttliche Paare auf.

Als die alphabetisierten Zivilisationen entstanden, führte diese Trennung unvermeidlich zum Verlust von Zusammenhalt im Kollektiv, zu einer Fragmentierung und Dezentralisierung, und diese Spaltung veränderte die Prinzipien der Gesellschaftsorganisation und die gesellschaftlichen Institutionen. Es scheint, dass Atlantis an dieser universellen Entwicklung teilhatte: Vielleicht ließ es sich durch seinen natürlichen Reichtum verführen, vielleicht lag es an der Übernahme von barbarischen Werten und Gebräuchen der umwohnenden Bevölkerung – jedenfalls wurde es immer weltlicher und offenbarte sich schließlich als Hauptquartier einer hoch ritualisierten, sichtbaren und reichen religiösen Institution, wie wir sie heute in jeder unserer monotheistischen Religionen finden.

In der Säulen-Religion, wie sie uns überliefert ist, mit ihren kostbaren Tempeln, ihrer professionellen Priesterschaft, ihrer symbolischen Theologie und ihren anthropomorphen Göttern, mit ihren politischen und ökonomischen Interessen und ihrer Verbindung zu den Gesetzen des Staates, mit ihren moralischen Zwängen und ihrem monolithischen Stil, erkennen wir nicht die Grundlagen für Utopia, sondern nur einen Vorläufer unserer eigenen westlichen Gesellschaft, die von widerstreitenden Kräften und Idealen zerrissen ist. Das immer gleiche ungelöste Dilemma des Krieges zwischen Geist und Materie, zwischen Männlichem und Weiblichem, zwischen Heiligem und Profanem begegnet uns in allen Zeitaltern. Von Theben bis zum Vatikan lebt die Häresie der Ackerbaukultur immer weiter, und sie spaltet und polarisiert.

In ihrer Blütezeit muss die atlantische Säulen-Religion eine kraftvolle Triebfeder der Entwicklung gewesen sein, die stabile Monarchien schuf und eine unvergleichliche Kreativität in Künsten und Wissenschaften ermöglichte, so dass die frühe Bronzezeit im westlichen Denken bis zum heutigen Tag als das sagenhafte Goldene Zeitalter gilt. Aber in Wirklichkeit muss ein so monolithischer Glaube am Ende seiner Zeit, als in den Tempeln der Göttin der Verfall einsetzte, schwer auf einer Welt gelastet haben, die für einen Wandel bereit war. Seine massive Trägheit wie auch seine Einmischung in jeden Aspekt des Lebens, seine Opferbräuche, seine erotischen Exzesse und sein schwindender spiritueller Gehalt waren sicherlich eine Last für den erwachenden Geist der Eisenzeit. Die grobe Konkretisierung des Göttlichen, die Bindung der Religion an die Gesetze des Staates wie auch die dualistische Theologie hatten zweifellos eine Wirkung auf den zukünftigen Kurs der westlichen Religion.

Vor allem das dualistische Denken führte im Westen zu einer exzessiven Polarisierung von Gut und Böse und dadurch zu ungeheuren Spannungen im Bereich der Moral. Die englische Mystikerin und Kabbalistin Dion Fortune schreibt zu diesem Thema:

»Für die gebildeten und aufgeklärten Stifter aller Religionen ist der Dualismus eine Häresie. Es sind nur die unwissenden Anhänger eines Glaubens, die einen Widerstreit zwischen Licht und Finsternis, Geist und Materie sehen, (...) die den Fehler machen, eine Seite eines Paares von Gegensätzen als gut und die andere als böse zu bezeichnen. Und dies bedeutet, dass man der fundamentalen Häresie des Dualismus anheimfällt. Wir können das Übel nicht erlösen, indem wir es bekriegen, sondern nur, indem wir es in uns aufnehmen und im Geiste des Friedens harmonisieren.«[15]

Diese Aufgabe hat der Westen nicht erfüllt, und deshalb ist das Unbehagen in unserer Gesellschaft moralischer Natur und hat notwendigerweise Jahrhunderte des Hasses und der fremdenfeindlichen und religiös-nationalistischen Kriege hervorgebracht, deren Samen bereits vor langer Zeit in den ersten Heiligtümern gesät wurde, in denen weibliche und männliche Gottheiten getrennt dargestellt wurden.

Atlantis und Shambhala sind zwei gegensätzliche Antworten auf die Fragen nach dem Wesen der institutionalisierten Religion und ihrer angemessenen Rolle in der Gesellschaft.

Gerade heute stellen sich die fundamentalen Fragen: Wie sollte Religion institutionalisiert werden, nach welchen Prinzipien und in welcher Form? Wie sollte sie in die Politik Eingang finden? Wie müsste sie sich auf die sozialen und moralischen Normen ihrer Zeit beziehen? Und wie lauten ihre legitimen Parameter?

Dies waren die Fragen, mit denen sich die esoterischen Schulen des alten Griechenland befassten und Plato zu seinen Untersuchungen über die Rolle der Religion in einem guten Staat führten. Seinen Mit-Eingeweihten war das Klima der ideologischen Repression nur allzu bewusst: Pythagoras, der versucht hatte, einen Rat von Eingeweihten über die Institutionen der Regierung zu setzen, war mit all seinen Anhängern ermordet worden. Sokrates wurde, wie wir wissen, wegen Gotteslästerung zum Tod verurteilt. Obwohl das dorische Griechenland große Fortschritte in den Naturwissenschaften machte, stand es am Ende seiner Lebenskraft; es war durch den Peloponnesischen Krieg erschöpft, spirituell verarmt und erstarrt und wandte sich immer mehr den materiellen Machtzielen zu, was dazu führte, dass die Fremdenfeindlichkeit zunahm und die Rechte von Frauen und Sklaven rücksichtslos beschnitten wurden. Die Einweihungsschulen waren davon überzeugt, dass dies mit dem Aufstieg der Religion zur Staatsreligion zu tun hatte.

In den beiden Dialogen *Timaios* und *Kritias* befasst sich Plato mit dem Prozess der Degeneration und des Todes in jedem Aspekt des Lebens – im menschlichen Körper, in der Bodenerosion, in der menschlichen Seele – und scheint diese verschiedenen Systeme mit dem entsprechenden Prozess in den religiösen Institutionen in Verbindung zu bringen. Wie sein Mentor Sokrates hatte auch Plato kein Interesse an Mythologie; er betrachtete sie als Erfindung von Dichtern, die nur der Phantasie des Volkes angemessen sei, und wir können uns die Frage stellen, ob er nicht vielleicht Parallelen zwischen dem athenischen Staatskult und der spirituellen Dekadenz von Atlantis zog und nun eine Warnung aussprach.

Das Ende seiner Erzählung lässt dies vermuten. Dort bezieht sich Plato auf das Vorwort des *Timaios*, und der Leser wird wieder daran erinnert, dass die atlantischen Gott-Könige keineswegs über dem Gesetz standen, sondern nur eine Familie innerhalb einer größeren Bruderschaft von Göttern waren.

Plato sagt über die atlantischen Könige:

»Solange das göttliche Element in ihrem Wesen überlebte, gehorchten sie den Gesetzen und liebten das Göttliche, mit dem sie verwandt waren. (...) Aber als das göttliche Element in ihnen durch häufige Vermischung mit sterblichem Erbgut schwächer wurde und ihre menschlichen Züge überwogen, waren sie nicht mehr imstande, ihren Wohlstand mit

Mäßigung zu genießen. (...) Für das wahrnehmungsfähige Auge war die Tiefe ihrer Degeneration deutlich genug, (...) aber für jene, deren Urteil in bezug auf das wirkliche Glück mangelhaft ist, schienen sie auf der Höhe ihres Ruhmes und Glückes zu sein. Und der Gott der Götter, Zeus, der dem Gesetz nach herrscht und dessen Auge solche Dinge sehen kann, beschloss, als er den heruntergekommenen Zustand dieses bewunderswerten Geschlechts sah, es zu bestrafen und durch harte Disziplin zur Ordnung zu rufen. Und so rief er alle Götter in seiner prachtvollen Wohnstätte zusammen, die sich im Zentrum des Universums befindet und auf das ganze Reich der veränderlichen Dinge herabblickt, und als sie sich versammelt hatten, sprach er zu ihnen wie folgt (...)«[16]

Hier reißt die Geschichte plötzlich ab. Mehrere Theorien wurden vorgetragen, um dieses merkwürdige Ende der Erzählung mitten im Geschehen zu erklären, aber keine davon war wirklich zufriedenstellend. Vielleicht erkannte Plato, ein Eingeweihter und Intimfreund der Pythogoräer und der ägyptischen Weisheitsschulen, dass es unklug wäre, über ein so sensibles Thema noch weiter zu sprechen.

Plato wusste, dass die vermeintlichen Götter eigentlich Kulturträger und Eingeweihte waren und – wie wir – Fehler begehen konnten, aber in der Zeit, in der er schrieb, hätten es die meisten Griechen wahrscheinlich als Häresie betrachtet. Wäre öffentlich dargelegt worden, dass die Götter ihre okkulten Kräfte gegen die Menschheit wenden und sogar die Waffen gegen die Völker erheben konnten, die zu lieben sie beteuerten, ja, dass sie schreckliche Naturkatastrophen gegen sie entfesseln konnten, die die gesamte Menschheit bedrohten, so hätte dies den Glauben vollkommen zerstört und die Wurzel aller religiösen Gefühle der Griechen, ja vielleicht auch Platos Leben gefährdet.

Der Tenor der Atlantis-Geschichte führte unvermeidlich zu den quälenden Fragen, die Gilgamesch in einer ähnlichen Situation seiner eigenen Seele stellte, als er mit der moralischen Zweideutigkeit der sumerischen Götter konfrontiert war, die zerstörerische Fluten zuließen. Wenn die Götter aufgrund ihrer Großherzigkeit die Menschheit beschenkt hatten, indem sie ihr göttliches Blut mit dem der Sterblichen mischten, wie konnten sie böse werden? Und wenn die Götter böse werden konnten, was blieb dann noch von der Religion, die sie eingeführt hatten? Konnte sie ebenfalls altersschwach und korrupt werden, so dass ein göttliches Gericht über sie verhängt werden musste? Waren Gut und Böse relative, unsichere, letztlich vielleicht sogar leere Begriffe? Es sollte uns nicht erstaunen, dass Plato an dieser Stelle verstummte, wenn er die endlose Zahl all dieser moralischen Fragen überdachte und sich an das Schicksal des Sokrates erinnerte.

Jedenfalls hatte er gesagt, was er sagen wollte. Wir schätzen den Mythos der Götter nicht mehr hoch ein, und es ist für uns vollkommen unwichtig, wo Atlantis geographisch gelegen haben mag oder wie und wann es in den Fluten versank. Wichtig aber ist – in einer Welt, dic sich durch religiöse Intoleranz immer mehr zerstört –, dass wir den Unterschieden zwischen Atlantis und Shambhala als Zentren spiritueller Lenkung nachspüren. Und dabei hilft uns Plato.

Er vermittelt uns die Einsicht, dass die Methoden der Atlanter versagten, weil diese hauptsächlich durch Eigeninteresse motiviert waren, auch wenn sie sich gegenüber ihren Untertanen wohltätig erwiesen. Sie manipulierten die Welt durch Reichtum und politische Macht, sie glaubten, dass der Zweck das Mittel heilige und waren von dem Willen erfüllt, sich durchzusetzen und die atlantischen Grenzen mit allen Mitteln zu wahren, die Besten zu sein und ewig zu leben. Sie glaubten, dass die Säulen-Religion die beste für die ganze Menschheit sei, übersahen dabei aber die Rhythmen der Geschichte. Deshalb mussten ihre egoistischen Methoden und Motive versagen, denn sie führten zum Krieg und zur Zerstörung genau der Institution, die sie schützen wollten.

Wenn wir Shambhalas Methoden betrachten wollen, so sind wir durch die Tatsache behindert, dass seine Wirkungsweisen so unsichtbar sind, dass selbst seine Existenz fraglich ist. Dennoch kann auch dies als Teil seiner Regierungsmethode betrachtet werden. Aus genau diesem Grund konnte Shambhala Jahrtausende lang unkorrumpiert und unbeschädigt überleben. In unserer Kultur neigen wir zu der Annahme, dass Autorität die sichtbaren Insignien des Amtes tragen müsse, um wirkungsvoll zu sein, dass sie durch ein offen zur Schau gestelltes Befehlssystem, durch moralische oder formaljuristische Gesetze oder – im einfachsten Fall – durch rein physische Kraft gesichert sein muss. Aber es gibt eine andere Art der Autorität, die vom *vajra*-Körper und seinem verborgenen Willen ausgeht, und diese ist nur selten sichtbar.

Diese Art der Regierung wurde von Pythagoras formuliert und fand durch den englischen Magier und Mathematiker John Dee Eingang in die westliche Mystik.

Frances Yates schreibt über sein Werk:

»Es beginnt mit einer Zeichnung des pythagoräischen ›Y‹ und bezieht sich auf die beiden möglichen Arten der Herrschaft: Den breiten Weg der ›Tyrannen‹ einerseits und den schmalen Weg der ›Adepten‹ oder inspirierten Mystiker andererseits.«[17]

Shambhala hat sich für den zweiten Weg entschieden. Es hat sich keinem bestimmten Glauben angeschlossen, es gehört keiner Kirche oder Gemeinde an, kennt keine »Enzyklika«, übt keine königliche Macht aus, verzichtet auf Amts-Insignien, erhebt keine territorialen Ansprüche, greift nicht zu moralischem oder militärischem Zwang, hat kein Handelsimperium und keinen sichtbaren Regierungssitz, dafür aber eine unparteiliche Liebe zu allen Völkern und Religionen auf der Erde. Und so konnte es erfolgreich bis zum heutigen Tag überleben – eben, weil seine Autorität unsichtbar ist und noch nie angegriffen werden konnte. Es hat diese Immunität auch dadurch erreicht, dass es dem Weg des Tao folgte. Von ihm sagt das *Tao Te King*: »Das Tao tut nicht, und dennoch werden alle Dinge durch es getan.«[18]

Dies bedeutet nicht, dass Shambhala inaktiv ist, vielmehr wirkt es in der Welt als Katalysator, als verborgener alchimischer Stoff, der mit der Geschichte interagiert, aber nicht durch sie verändert wird, der im absichtslosen Zentrum verbleibt und nur interveniert und reguliert, wenn es nötig ist. Indem es die »bewegungslose Bewegung des Himmels« reflektiert, die auf dem Grunde aller Religionen und überhaupt aller irdischen Angelegenheiten vorhanden ist, schließt es sich keinem Ziel an und bleibt deshalb in Ruhe, in vollkommenem Frieden. Es tut, und ist doch tatenlos.

»In Nicht-Handlung konzentriert zu sein – das ist der Weg des Himmels«, sagt Dschuang Tse.[19]

Shambhala wird uns als Kanal für die Kraft des Himmels vorgestellt, die aus der Weltachse hervorströmt, die unterschiedslos allen Religionen und Kulturen zuteil wird und deshalb nicht zu missionieren oder sich anzupreisen braucht, die keine Gesetze erlassen oder Ungläubige bestrafen muss. Es ist wie bei den alten chinesischen Kaisern der Vorzeit, die danach strebten, passive Instrumente der kosmischen Kräfte zu sein.

In den Worten von Dschuang Tse:

»Die Herrscher der Vorzeit enthielten sich jeder eigenen Handlung und erlaubten dem Himmel, alles durch sie zu lenken. Am Gipfel des Universums übt das ›Tao‹ seinen Einfluss auf Himmel und Erde aus, die dann als Übermittler dieses Einflusses auf jedes Wesen agieren. In der Welt der Menschen wird dieser Einfluss zu einer vernünftigen Regierung, die alle Talente und Fähigkeiten zur Entfaltung bringt. (...) Dementsprechend forderten die Herrscher der Welt nicht, und die Welt war voll des Überflusses. Sie handelten nicht, und alles wurde in Übereinstimmung mit der Norm durchgeführt. Sie versanken tief in ihrer Meditation, und die Menschen verblieben in vollkommener Ordnung. Wie ein altes Sprichwort sagt: Alles gedeiht bei all jenen, die sich mit der Einheit vereinigen, und selbst die Dämonen dienen denjenigen, die kein Eigeninteresse haben.«[20]

# 13

# DIE ALTERNATIVE WISSENSCHAFT

In den Sagen, die sich um Shambhala ranken, wurde seine Technologie als magisch gepriesen, und seine Wissenschaft erschien als eine Art von übernatürlicher Zauberei. Aber ob dies wirklich so ist, hängt von der jeweiligen Perspektive ab. Die esoterische Tradition betont das fortgeschrittene Wissen derer, die in Shambhala leben, sagt aber gleichzeitig, dass uns ihre Technologie nur deshalb wunderbar erscheint, weil wir deren Prinzipien nicht verstehen. Personen, die das verborgene Königreich gesehen haben wollen, sei es in Träumen, Visionen oder in Wirklichkeit, berichten von technischen Leistungen, die weit über die unserer modernen Wissenschaft hinausgehen. Sie setzen die Wunder, die sie gesehen haben, in Beziehung zu den zahlreichen Sagen über ein riesiges Netzwerk von Höhlen und unterirdischen Tunneln, die sich unter den Gebirgszügen erstrecken und, wie es heißt, in weit zurückliegender Zeit ausgehoben wurden.

»Nur eine hochstehende Technologie«, sagt Andrew Tomas, »der eine mächtige Energiequelle zur Verfügung steht, kann ein Netzwerk von Tunneln in den Felsen gehauen haben, das manchen Berichten zufolge Hunderte von Kilometern misst.«[1] Merkwürdig aussehende Wagen flitzen in ihnen vorbei, und sie werden von einem strahlenden, künstlichen Licht erhellt, »das Getreide und Gemüse wachsen lässt und den Menschen ein langes Leben ohne Krankheit gewährt«, sagt Ossendowsky.[2] Es heißt, dass in dieser unterirdischen Welt viele Wunder zu bestaunen sind: Museen,

Bibliotheken, Edelstein-Lager und kostbare Kunstwerke, wie auch technische Erfindungen, die Jahrtausende zuvor gemacht worden waren.

Wie konnte dies alles so lange vor den Blicken des profanen Publikums verborgen werden? Reisende haben in den Wüsten und Schneefeldern Innerasiens Menschen gesehen, die von den Einheimischen als *Azaras* oder Wächter des heiligen Landes bezeichnet wurden und die Eindringlinge durch die Kraft ihrer mentalen Schwingungen vertreiben konnten. Nicholas Roerich äußert die Vermutung: »Wenn sie plötzlich inmitten der Wüste erscheinen, so stellt man sich sofort die Frage, wo sie ihre lange Reise ohne Wasservorräte begannen und wie sie reisten. Aber es wurden lange, sehr lange Höhlen ohne Ende gefunden.«[3] Er berichtete auch davon, dass er in der Finsternis der Wüstennächte helle Blitze und Lichtsäulen sah, die Hunderte von Kilometer von jeglicher Siedlung oder sonstigen Beleuchtungsquelle entfernt waren – und das in einer Gegend, in der Elektrizität unbekannt war und das Nordlicht nicht vorkam.

In den Sagen rund um Shambhala ist das Fliegen ein immer wiederkehrendes Thema. Lange vor der Entwicklung des modernen technischen und astronomischen Wissens wurde seinen Bewohnern die Fähigkeit zu interstellaren Reisen zugeschrieben. Der alten chinesischen Tradition zufolge bewegen sich die Fluggeräte und Raumschiffe der Unsterblichen zwischen den Sternen und beobachten die Behausungen anderer Völker und Königreiche. Andrew Tomas erwähnt eine bekannte tibetische Sage, der zufolge der Chintamani-Stein, dessen innere Strahlung stärker als Radium sein soll, auf dem Rücken eines gefügelten Pferdes oder *Lung-ta* auf die Erde gebracht wurde, und er glaubt, dass dies ein metaphorischer Ausdruck für »Raumschiff« ist. Es hieß, dass *Lung-ta* imstande sei, als Botschafter der Götter das gesamte Universum zu durchmessen. In Tibet waren Jahrhunderte lang Geschichten über tibetische Könige und Heilige in Umlauf, die in solchen »Raumschiffen« riesige Entfernungen zurücklegten.

Tomas verweist auf eines der Gemälde von Nicholas Roerich, das die Form eines Kryptogrammes und die Bezeichnung »Rigden Jyepo, Herrscher von Shambhala« trägt. Innerhalb einer felsigen Berglandschaft sieht man eine Höhle, in der eine feurige buddha-ähnliche Gestalt steht und einer vor ihr stehenden Gruppe von berittenen Botschaftern Befehle erteilt. Wenn man genau hinschaut, kann man in der oberen linken Ecke Roerichs bärtiges Profil in den Bergformationen erkennen, und in der Mitte dieser Komposition sieht man den Umriss einer Rakete bzw. den Rumpf eines Flugzeuges ohne Tragflächen, das auf den Himmel gerichtet ist. Besagt dieses Kryptogramm, so fragt Tomas, dass Roerich in diesem Gefährt geflogen ist?[4]

Eine weitere Shambhala-Sage erklärt, dass die fortgeschrittensten Bewohner einen Körper haben, der weder altert noch stirbt. Einige – diejenigen, die aus dem »Bewusstsein geboren« sind – erzeugen einen sichtbaren, aber künstlichen Körper aus reinen, atomaren Elementen, der fest und real erscheint. Andere bleiben unsichtbar und schließen sich den »Menschen des Feuernebels« an, die im Herzen der Sonne wohnen. Sie können willentlich durch das Universum reisen und je nach Wunsch schwerer und dichter oder ätherischer werden, sie vermögen sich mit großer Geschwindigkeit zu bewegen, gleichzeitig an zwei Orten aufzutauchen, sich zu materialisieren und wieder zu verschwinden. Die buddhistische Forscherin Alexandra David-Neel spricht in ihren Memoiren von Lamas, die unsichtbar wurden oder plötzlich aus dem Nirgendwo aufzutauchen schienen.

Und dann gibt es auch Geschichten von Akten übermenschlicher Kontrolle über mentale Kräfte, durch die ganze Menschenmengen dazu gebracht werden, aufgrund von Massenhalluzinationen über längere Zeit hinweg Landschaften, Städte und Heere wahrzunehmen. Es heißt, dass die Meister in der Vergangenheit unerwartet aus Shambhala hervorzukommen pflegten, um Lamas in solchen Dingen zu unterrichten. Ein chinesischer Chirurg schrieb in den *Shanghai Times* über eine Reise mit einem nepalesischen Yogi in ein innerasiatisches Zentrum für fortgeschrittenes Yoga und berichtete über viele wissenschaftliche Wunder, denen er dort begegnet war, darunter auch komplizierten Experimenten über den Einsatz der Willenskraft und über Telepathie. Ernest Scott erzählt von ähnlichen übersinnlichen Forschungen, die im Sarmun-Kloster, einem Sufi-Ausbildungszentrum in Afghanistan, durchgeführt wurden.[5]

Es ist schwer zu entscheiden, wieviel Glaubwürdigkeit wir diesen manchmal bizarren Legenden und Gerüchten zugestehen können. Was zum Beispiel sollen wir von den ganz »normalen« *siddhis* der tibetischen Yogis halten, von denen Tsultrim Allione, eine Amerikanerin, die eine Einweihung als buddhistische Nonne durchlief und in einem Kloster in Kathmandu ausgebildet wurde, berichtet und denen sie folgende Fähigkeiten zuschreibt:

»Das Vermögen, durch Wände zu gehen, Steine in Gold zu verwandeln, auf dem Wasser zu gehen, ohne zu sinken, durch das Feuer zu gehen, ohne Brandwunden davonzutragen, in extremer Kälte Schnee durch die eigene Körperwärme zum Schmelzen zu bringen, einige Sekunden lang in einen fernen Kosmos zu reisen, im Himmel zu fliegen, durch Felsen und Berge zu gehen, Gedanken zu lesen und die Zukunft vorauszusehen, sowie die Entwicklung aller Sinne weit über ihre normalen Fähigkeiten hinaus. Man kann auch Lichtstrahlen vom eigenen Körper aussenden und im Sonnenlicht stehen, ohne einen Schatten zu werfen, seinen Körper verschwinden lassen und andere sogenannte Wunder dieser Art wirken.«[6]

Sie bemerkt dazu:

»Wir müssen unser westliches Denksystem aufgeben, das unsere Vorstellung über Mögliches und Unmögliches einschränkt, und verstehen, dass die materielle Welt auf höheren Ebenen der spirituellen Entwicklung durch das Bewusstsein manipuliert werden kann und dass viele Dinge möglich werden. (...) Ich bitte die Leser, ihre Vorstellungen von den Grenzen des Körpers und des Geistes beiseite zu legen und sich für unbekannte Möglichkeiten zu öffnen.«[7]

Aus dieser Erforschung unbekannter Möglichkeiten, wie Allione sie empfiehlt, ergibt sich eine neue Perspektive: Wir müssen erkennen, dass die oben erwähnten Phänomene nicht durch eine bloße Erweiterung der modernen Wissenschaft erklärt werden können, sondern dass sie auf einem vollkommen anderen Modell der Realität beruhen, das auch ein Wissen um eine uns noch unbekannte psycho-physische Energie enthält. Am nächsten kommt die moderne Physik diesen Phänomenen noch mit dem Paradigma der *Unified Field Theory*, die von einigen Wissenschaftlern als aufgeklärtere Version der östlichen Yoga-Kosmologie betrachtet wird.

Diese Theorie spricht von morphogenetischen Feldern, die auf hierarchische Weise in größeren Feldern und letztlich in einem ursprünglichen »vereinten« Feld enthalten sind. Dieses letztere wird als Raumzustand konzipiert, der zusammen mit Energie die Grundlage aller physischen Wirklichkeit darstellt. Dies ist das Ordnungsprinzip des gesamten Universums. Oberflächlich gesehen unterscheidet sich dieses holistische Bild vom Universum als Organismus nicht allzu sehr von dem des antiken hermetisch-kabbalistischen Systems, in dem der Kosmos aus einer Hierarchie von Ebenen oder Welten von zunehmend reinerer Materie besteht, die letztlich alle im universalen Sein des Ain Soph, der höchsten Quelle, enthalten sind. Aber diese Ähnlichkeit ist irreführend. Sie hat uns zu der durch nichts begründeten Annahme verleitet, wir könnten in unserer post-mechanistischen Zeit zu einer traditionellen und zuverlässigeren Art des Denkens zurückkehren.

Eine genauere Untersuchung der modernen Physik offenbart jedoch die Kluft, die zwischen zeitgenössischen und traditionellen Ansichten über die Natur liegt. Für die einen ist das *Bewusstsein* als intelligente und zielorientierte Instanz das Ordnungsprinzip, das allen Phänomenen zugrunde liegt. In der Physik dagegen wird noch immer diskutiert, auf welche Weise man Spontaneität, Kreativität und Sinn in das Newtonsche Universum zurückbringen kann. Aber hierbei ist kein vitales Prinzip zu erkennen, das ein solches Resultat erzeugen könnte. Auch in der evolutionären Physik, sagt Sheldrake, ist das Universum ein einheitliches Ganzes, ein Organismus, in dem ein universelles Formprinzip den gesamten Entwicklungsverlauf bestimmt. Aber worin besteht dieses schöpferische Prinzip? Bislang entzieht es sich der Definition. In der Entwicklungsbiologie wird gegenwärtig voll und ganz zugegeben, dass es einen anderen formenden Einfluss als die DNA geben muss, der am Aufbau der verschieden geformten Glieder und Organe des Körpers beteiligt ist, denn die DNA-Gene sind in allen Körperzellen identisch programmiert – und dennoch kommt es zur Differenzierung. Aber worin besteht dieser formende Einfluss? Jede mechanistische Erklärung, die gegenwärtig angeboten wird, sagt Sheldrake, verliert sich in vagen Formulierungen wie etwa »komplexe raum-zeitliche Muster physisch-chemischer Interaktion, die wir noch nicht verstehen«. Und er sagt, dies sei keine Lösung des Problems, sondern nur eine andere Art, das Problem zu benennen.[8] Im Jahre 1984 äußerte Sydney Brenner auf einer Konferenz von Entwicklungsbiologen:

»Anfänglich wurde gesagt, dass der Schlüssel zum Verständnis der Entwicklung aus einem Wissen um den molekularen Mechanismus der genetischen Kontrolle komme. Ich glaube nicht, dass irgendjemand das noch glaubt. Die molekularen Mechanismen sehen auf langweilige Weise einfach aus, und sie sagen uns nicht, was wir wissen wollen. Wir müssen die Organisationsprinzipien entdecken.«[9]

Aber trotz aller Schwierigkeiten glauben die Physiker, dass es nur eine Frage der Zeit ist, bis das Wesen dieses Organisationsprinzips verstanden ist. Schon jetzt nimmt es in der modernen Physik den Platz des Begriffes der »Seele« ein, das in den Naturphilosophien der Antike eine so wichtige Rolle spielte. Die antiken Philosophen glaubten, dass alles durch seelenartige Faktoren, immaterielle Seelen oder Entelechien, wie Aristoteles sie nannte, von innen her organisiert sei, und diese Entelechien waren im Wesentlichen die schöpferischen Instanzen Gottes, des großen Architekten selbst. Heute, sagt Sheldrake, hat sich eine neue Art des Denkens entwickelt, in der eine Hierarchie von morphischen Feldern die alte vitalistische Idee der Seelen ersetzt. In der Wissenschaft des Magnetismus und der Elektrizität haben die elektromagnetischen Felder die Seele ersetzt. Durch einen vergleichbaren Schritt haben die morphischen Felder der Biologie die Entelechien ersetzt. Und auf der höchsten Ebene der Organisation hat das universelle Schwerkraftfeld die alte Vorstellung von der Weltseele ersetzt.[10] Auf diese Weise, so versichert er, ist das Prinzip der Selbstorganisation wieder in die Natur zurückversetzt worden.

Aber stimmt das? Die moderne wissenschaftliche Theorie unterscheidet sich von der esoterischen Tradition durch einen zentralen und absolut entscheidenden Punkt: Das *Bewusstsein* wird aus ihrer Argumentation ausgeschlossen. Während die esoterische Tradition den Seelen oder Entelechien jene psychospirituellen Attribute des Bewusstseins und der Vernunft zuordnet, die für jede organisierende Aktivität notwendig sind, schreiben die modernen Physiker den morphischen Energiefeldern keine solchen Eigenschaften zu. Im Gegenteil, die mechanistischen Hypothesen sind beibehalten worden, und die Energiefelder der Wissenschaft sind weit davon entfernt, die psychische Funktion der Seele einzunehmen. Die Seele gilt vielmehr als unbewusste, sinnentleerte Arena für ein Organisationsprinzip, das keinen eigenen Existenzgrund besitzt.

Gregory Bateson, dessen revolutionäres Denken über das Wesen des Wissens in seinem Buch *Steps to an Ecology of Mind* erschien, war einer der wenigen modernen Denker, die sich an der traditionellen Einheit von Geist und Materie orientierten.[11] Er setzte Leben und Bewusstsein ins Zentrum seiner Weltsicht. Aber die gegenwärtige Feldtheorie wird im Allgemeinen noch immer vom kartesianischen Dualismus beherrscht, der das Bewusstsein aus einem mechanisch funktionierenden, materiellen Universum ausschließt. Die Suche nach einer einheitlichen Feldtheorie – sei es in der Physik oder in der Biologie – wird noch immer durch diesen Dualismus sabotiert, der selten offen zugegeben wird.

Aber in den Bruderschaften der Eingeweihten wurde dieser Schritt schon längst vollzogen. Dort gibt es so viele Hinweise auf eine alternative Geheimwissenschaft, die auf einem Einheitsprinzip beruht, das die Polarität von Geist und Materie transzendiert und den Dualismus aufhebt. Dieses Einheitsprinzip kann in den Leistungen der Zen- und Sufi-Meister ebenso gefunden werden wie in denen der tibetischen Yogis. In ihnen zeigt sich eine hervorragende Meisterschaft im Einsatz des Bewusstseins zur Beeinflussung der Materie. Sie lehren nur, dass Geist und Materie eins sind und dass Bewusstsein und Intelligenz jedes Atom des Universums durchdringen. Dies ist der Schlüssel zur Meisterschaft des Adepten – und zur Zukunft unserer eigenen Wissenschaft.

Die sich selbst beschneidende Beschränktheit der neuen Entwicklungsphysik besteht darin, dass ihr unausgesprochenes Programm genau das Prinzip ausschließt, das sie finden will, nämlich ein universelles schöpferisches Prinzip – holistisch, intelligent und sinnorientiert –, das in der Natur wirkt. Denn die Wissenschaftler sagen ja selbst, dass die von ihnen beobachteten Entwicklungsmechanismen der Natur auf elektromagnetischer, chemischer oder molekularer Ebene nur das Rohmaterial der Form sind, dem irgendein unbekanntes Organisationsprinzip seinen schöpferischen Einfluss einprägen muss. Aber das Wesen dieser geheimnisvollen Instanz ist noch nicht identifiziert worden und wird im gegenwärtigen wissenschaftlichen Klima auch im Dunkeln bleiben.

Die einzige schöpferische Instanz, die alle philosophisch erforderlichen Eigenschaften aufweist, wird vom indischen Tantra formuliert: Es ist die Kundalini-Shakti oder, besser gesagt, die Kundalini in ihrer universellen Form als Maha-Kundali oder Mutter von Raum und Zeit, als Ur-Energie des Universums. Sie allein manifestiert die intelligente und zielorientierte Bindungskraft, die von einem wahrhaftig schöpferischen Prinzip im Universum gefordert ist. Aber die Kundalini stößt bei den Wissenschaftlern aus zwei Gründen auf Skepsis: Erstens scheint sie vom Makel der Subjektivität befleckt zu sein, und Subjektivität mit ihren intuitiv-animistischen Werten ins Reich der Wissenschaft einzulassen, hieße Sicherheiten durch Wahrscheinlichkeiten zu ersetzen, und das zöge höchst unwillkommene Konsequenzen nach sich. Zweitens fügt sich das Kundalini-Konzept nur in einen nicht-dualistischen Kontext ein und würde deshalb die Konsistenz und Stabilität der gesamten technologischen Wissenschaft des Westens aufs Spiel setzen, denn diese beruht eben auf einem dualistischen Weltbild. Insofern sind die beiden genannten Gründe eigentlich identisch: Es geht darum, das gegenwärtige System zu retten. Im Dienste eines so dringenden Bedürfnisses fühlen sich Wissenschaftler ständig, wenn auch unbewusst, dazu verpflichtet, ihre eigene Vision einer Einheit von Geist und Materie beiseite zu schieben.

Werner Heisenberg, der die *Unfied Field Theory* formulierte, sagte in einem Interview mit dem Historiker William Irwin Thompson, dass seiner Meinung nach die große Zeit der Physik vorüber sei. Die ökologische Grenze für das Wachstum der Zivilisation sei nur das äußere Zeichen für die Tatsache, dass der menschliche Geist im Bereich des Materiellen, den er seit der Renaissance erforschte, nicht mehr weiter gehen könne. Die Ära der Nach-Renaissance erreiche nun ihr Ende, und man müsse wieder einen Weg zur Spiritualität finden.[12]

Wie als Antwort auf dieses Bedürfnis scheint nun Shambhala das Klima zu erzeugen, das notwendig ist, um zu einer neuen und weniger destruktiven Art der Technik zu gelangen, die auf dem Prinzip der Einheit von Geist und Materie beruht, nicht auf deren dualistischer Spaltung. Es gibt Beweise dafür, dass gegenwärtig eine Welle von Ur-Energie in die Welt fließt – in einem Ausmaß, das in der Geschichte nicht seinesgleichen hat –, die mit der Zeit unsere alten Haltungen revolutionieren wird. Dies wird uns dem Verständnis der alternativen Wissenschaften der Meister näher bringen. Aufgrund dieser neuen Entwicklung werden wir immer öfter Gelegenheit haben, die Wirkungsweise der Kundalini direkt zu erleben, ihre wunderbaren Schöpfungskräfte unmittelbar zu beobachten und ihre Rolle beim Aufbau des Universums zu begreifen. Im folgenden Kapitel werden wir sehen, dass diese Gelegenheiten vielleicht schon vorhanden sind und uns an die Schwelle der neuen wissenschaftlichen Prinzipien führen, wie Gregory Bateson es formulierte.

John Bennett ist einer der Menschen, die glauben, dass die geheime Weltregierung uns auf das nächste Stadium unserer Evolution vorbereitet, und zwar durch das Aussenden einer neuen Energie, die er als den »höheren kosmischen Impuls der Liebe« bezeichnet. Der evolutionäre Prozess, der im Menschen gipfelte, wurde dadurch erreicht, dass der Erde eine Reihe von Energien zur Verfügung gestellt wurden, deren jede eine höhere Frequenz hatte als die vorhergehende. In diesem Prozess mussten wir nacheinander konstruktive, vitale, sensuelle, bewusste und kreative Energien meistern. Diese ermöglichten den gesamten evolutionären Fortschritt vom Molekül zum menschlichen Wesen. Und nun befinden wir uns auf der Schwelle zur nächsten Energie, der »Einheits-Energie« oder »integrativen Energie«.[13]

Das traditionelle Sufi-Konzept, das Bennett vorträgt, ist im Prinzip dasselbe wie die Theorie von René Guénon, nach der das Chakrensystem der Erde im Dienste der Evolution auf genau die gleiche Weise wirkt wie das menschliche Chakrensystem. Die Chakren sind wie Ventile, die sich während der Einweihung öffnen, um die Abstrahlung von Energien aus höheren psychospirituellen Ebenen in den Körperapparat einzulassen. Diese neuen Energien üben eine dauerhaft umformende Wirkung auf jeden Aspekt des individuellen Systems aus – sowohl physisch wie auch psychisch und spirituell –, und manchmal wirken sie auch plötzlich und erzeugen einen Evolutionssprung, also eine Mutation. Auf dieselbe Weise entladen sich von Zeit zu Zeit neue Energien in unsere Welt, die aus einer spirituellen Dimension im Universum kommen und über die Weltachse radikale Transformationen auf der Erde und in all ihren Lebensformen erzeugen.

Die Abfolge des Werdens, in der dieser Prozess über lange Zeiträume hinweg stattfindet, und das folgerichtige Auftauchen von Energien in unserem Universum gehören zu den großen metaphysischen Geheimnissen, die die Sufi-Philosophen beschäftigen. Professor E. H. Palmer, eine führende Autorität im Bereich der Sufi-Mystik, sagte, dass dies alles auf der Idee eines Kreises beruht: vom Göttlichen zurück zum Göttlichen. Und der Weg dieser Reise umfasst die gesamte Schöpfung vom Molekül bis zum vollkommenen Menschen. Erst am Ende seiner Reise erkennt der Reisende, dass alles nur ein Trugbild war. Alles ist schon im Anbeginn vollkommen, und die höchste Energie ist mit der niedrigsten identisch.

»Da der Mensch einer Intelligenz entstammt, die das Universum hervorgebracht hat, (...) gehen die Sufis weiter und betrachten seine Existenz als einen Kreis, dessen Enden sich in jener Intelligenz treffen, die das Göttliche offenbart. Diesen Kreis teilen sie in zwei Kreissegmente ein. Das erste Segment wird ›Abstieg‹ genannt und umfasst alle Stadien vom ersten aufsprühenden Funken, von der ursprünglichen Intelligenz zur vollen Entwicklung der logischen Kräfte des Menschen. Das zweite Bogensegment, der ›Aufstieg‹, umfasst alle Stadien vom ersten Gebrauch seines Verstandes zu seinem richtigen Zweck bis zu seiner letztendlichen Wiederaufnahme in die Göttliche Intelligenz. Das ist gemeint, wenn die Sufis von dem ›Ursprung‹ und der ›Rückkehr‹ des Menschen sprechen.«[14]

Bennett glaubt, die Menschheit habe in den vergangenen 40.000 oder mehr Jahren angestrengt danach gestrebt, Kreativität in ihre Psyche aufzunehmen – eine Kraft, auf der sich die Kraft des Ichs aufbaut. Aber nun fordert uns das neue »Einheitsprinzip«, das von einer viel höheren energetischen Ebene kommt als zuvor, zu einem noch viel größeren Engagement für unsere evolutionäre Entwicklung heraus. Diese Kraft wird als Anziehungs- und Bindungskraft verstanden, die sich auf vielerlei verschiedene Weisen manifestieren kann, je nachdem, auf welcher Ebene sie wirkt: auf der emotionalen Ebene als Liebe, auf der mentalen Ebene als Synthese, auf der physikalischen Ebene als Magnetismus. Scott nennt sie »objektive Liebe«, um sie von »ihrem vorauseilenden Echo, der sexuellen oder polaren Liebe«[15], zu unterscheiden. Im Hinduismus und Buddhismus nennt man sie die Liebes- und Weisheits-Energie Christi, und Buddhas Eingeweihte glauben, dass keine Energie, die niedriger ist als diese göttliche Energie, imstande sein könnte, die potentiell destruktiven Kräfte des dualistischen Denkens zu überwinden und uns mit Erfolg in die nächste Phase unserer Evolution zu führen.

Scott, der mit vier Begleitern die Erlaubnis erhielt, das Sarmun-Kloster in Afghanistan zu besuchen – ein Sufi-Ausbildungszentrum, dessen genaue Lage leider immer sehr unklar geblieben ist –, erblickte die Wirkungsweise dieses »Einheitsprinzips« in all den übernatürlichen Phänomenen, die er im Kloster erlebte. Er bemerkte, dass einige wenige Menschen in jeder Generation – die Mystiker und Genies – die nahende Energie früher als der Rest der Menschheit empfangen. Er ist überzeugt, dass die Energie der objektiven Liebe – also der Kundalini – die Basis der gesamten Derwisch-Tradition ist.

Es scheint, als mache sich in unserer Zeit eine neue psychospirituelle Energie in der Welt bemerkbar, die zum ersten Mal den Beginn einer echten Erleuchtung ermöglicht, die nicht irgendwelchen isolierten Mystikern oder esoterischen Schulen vorbehalten bleibt, sondern der ganzen Menschheit zugute kommt. Jetzt können wir auf eine zukünftige Zivilisation hoffen, die auf dem Vedanta-Konzept eines lebendigen Kosmos beruht, der von einer universellen Energie gelenkt wird, aus der alle niedrigeren Energien fließen und die sich in der Welt der Phänomene als Kundalini-Shakti manifestiert.

## Das Licht, das jenseits der Welt leuchtet

Es gibt eine Art von höherem Wissen, eine Gnosis, die weder aus den organisierten Religionen noch aus den landläufigen Wissenschaften bezogen werden kann. Sie wird einzig und allein durch die Aktivierung des Herz-Chakras übermittelt und führt zu einer Bewusstseinserweiterung, welche die Wahrnehmungsfähigkeit erleuchtet und transformiert und auf diese Weise die Möglichkeit eröffnet, ein echtes Wissen von der Wirklichkeit selbst zu erlangen.

Dieses höhere Wissen strömt aus einem Reich des Lichts hervor, das die Welt der Phänomene durchdringt und dennoch jenseits von ihnen liegt, und es lässt ein überphysisches Licht jenseits des Lichtes ahnen, aus dem wir alle leben. Durch dieses unaussprechliche Licht jenseits des Lichts sind unsere Energiezentren mit dem inneren Lebens-Gewebe des ganzen Universums verbunden – mit dem Lichtkörper der Natur und ihren mannigfaltigen Formen, dem Lichtkörper der Erde, anderer Sonnen und Planeten und letztlich auch mit dem Lichtkörper des Universums. Ein Adept, der sich dieser lebendigen Lichtwelt jenseits der physischen Welt voll und ganz bewusst ist, kann sich in sie hineinbegeben und kreativ mit einem Lichtfeld interagieren, das gemäß seinen eigenen Gesetzen und Zwecken die in ihm liegenden physischen Phänomene gestaltet. Auf diese Weise wird er zum Meister der physischen Ebene, wie auch der dahinter liegenden Ebenen und kontrolliert Materie, Leben, Zeit und Schicksal.

Alle spirituellen Traditionen auf der ganzen Welt sprechen vom »lebendigen Licht«.

Im Koran (24. Sure, Vers 35) heißt es:

»Allah ist das Licht des Himmels und der Erde. Sein Licht ist wie eine Nische, in der eine Lampe steht. Die Lampe ist in einem Glas, das aussieht, als sei es ein glänzender Stern. Diese Lampe wird durch einen gesegneten Baum gespeist, einen Olivenbaum, der weder aus dem Osten noch aus dem Westen stammt, dessen Öl von sich aus leuchten würde, auch wenn es von keinem Feuer berührt würde. Licht über Licht, Allah führt zu seinem Licht, wenn Er will. Und Allah spricht zur Menschheit in Gleichnissen, denn Allah ist derjenige, der alle Dinge weiß.«

Nun ist der Baum ein Symbol für die *baraka*, den spirituellen Segen der Moslems, der im islamischen und Sufi-Sprachgebrauch zwar oft unspezifisch ist, aber die spezielle Bedeutung einer Einweihung hat, welche die *lataif*, die Chakrenzentren im menschlichen »Baum« des Nervensystems, erweckt. Und das »Öl« des Baumes, der die Einweihung wirksam werden lässt, ist ein Begriff, der von den Buddhisten normalerweise als Symbol für die Kundalini verwendet wird. Deshalb sagt Lama Yeshe, ein tantrischer Buddhist der Vajrayana-Schule, dass dieser unser Körper »trotz all des Leidens, das mit ihm verbunden ist, die wertvollste von allen natürlichen Ressourcen besitzt – Kundalini-Gold, Kundalini-Öl!«[16] Deshalb bezieht sich die oben zitierte Koran-Passage eigentlich auf den inneren Körper des Menschen und seine Erweckung: auf den Lichtkörper, der »wie ein Stern« in der »Nische« des grob physischen Systems scheint, und auf die immerfort brennende Lampe des Geistes, jene unzerstörbare innere Festung innerhalb des Lichtkörpers.

Diese göttliche Lampe, sagt der Koran, dieses Licht innerhalb des Lichts führt das Individuum, so Allah will, zur höchsten Erleuchtung, wenn es einmal entdeckt worden ist. Der gesegnete Baum, der »weder aus dem Osten noch aus dem Westen« stammt, also allen Völkern und Ideologien angehört, weist in derselben Weise über das individuelle System hinaus in die Universalität der Weltachse, die das Rückgrat unseres Universums darstellt. An der Spitze dieses Baumes weilt die göttliche Gegenwart des Kosmos, der Höchste Einweiher, und erteilt dem gesamten Planeten die *baraka*. Sein Licht ist ein spirituelles Licht. Es scheint auf der ganzen Welt und kommt aus einem raum- und zeitlosen Reich der Energie jenseits unserer Welt, dessen wir nur durch ein radikales spirituelles Erwachen gewahr werden können.

Die psychospirituellen Methoden, die von den Eingeweihten der Shambhala-Region praktiziert werden, bezeugen allesamt die Erhabenheit dieses Lichtes. In den Begriffen der Parapsychologie ist es eine magnetische Energie, die den schöpferischen Impuls steigert und sein zerstörerisches Potential durch die Kraft der Synthese und Zentralisation neutralisiert. Ohne sie zerfällt die schöpferische Ordnung und stirbt gleich nach ihrer Geburt, wie wir an zahllosen kurzlebigen Kulturen und ihren Werken im Laufe der Geschichte wahrnehmen können. Das Hereinströmen einer Energie der Einheit befriedet und verlangsamt das Rad der Zeit und bringt der Instabilität und Vergänglichkeit des schöpferischen Aktes ein Moment der Ruhe. Der Unterschied zwischen dem Goldenen Zeitalter des Sattva Yuga und dem finsteren Zeitalter eines Kali Yuga ist durch die Anwesenheit oder Abwesenheit dieser strahlenden Kraft bedingt, die wie keine andere die Werke der Menschen mit dauerhafter Stärke, Autorität und Langlebigkeit erfüllt. In dem Sufi-Gedicht »Shirin und Farhad« von Sir William Jones heißt es:

»Es gibt eine starke Neigung, die durch jedes Atom tanzt, selbst das winzigste Teilchen an irgendein Objekt anzuziehen. Durchsuche dieses ganze Universum vom Grund bis zum Gipfel, vom Feuer bis zur Luft, vom Wasser bis zur Erde, vom Sublunaren bis zu allem, was jenseits der Himmelssphäre liegt, und du wirst nicht ein einziges Teilchen finden, dem diese natürliche Anziehungskraft fehlt; das Ende des allerersten Fadens in diesem scheinbar verwirrten Strang ist nichts anderes als ein solches Prinzip der Anziehungskraft, und alle Prinzipien außer ihr entbehren einer wirklichen Basis; aus einer solchen Neigung entsteht jede Bewegung, die man in den himmlischen oder irdischen

Körpern wahrnehmen kann; die Bereitschaft, sich anziehen zu lassen, lehrte den harten Stahl, seinen Platz zu verlassen und sich an den Magneten zu heften; dieselbe Veranlagung bringt einen leichten Strohhalm dazu, sich fest am Bernstein anzuheften; dieselbe Eigenschaft verleiht jedem Stoff in der Natur eine Tendenz zur Annäherung an einen anderen, sowie eine Neigung, die auf einen äußeren Punkt gerichtet sein *muss.*«[17]

Dies ist auch die Kraft, die den tibetischen Yogi in so vielen seiner Übungen mit seinem Lichtkörper verbindet. So gewinnt er Zugang zu den Energien der Elemente, die im Lichtkörper der Erde weilen, und vermag die harten tibetischen Winter zu überleben, ohne sich an die Behaglichkeit eines Klosters zu klammern. An Orten, an denen Monate lang weder Brennstoff noch Nahrung vorhanden ist, setzt er Techniken ein, die den physischen Körper erhitzen und ernähren. Anstelle von materieller Nahrung kann er den Felsmineralien, dem Wasser, den Baumsäften und selbst der Luft Essenzen entnehmen, um das physische Leben zu erhalten. Und außerdem praktiziert er *tummo*, eine Übung, durch die der Körper genügend Hitze erzeugt, um auch bei Temperaturen unter dem Gefrierpunkt warm zu bleiben.

Die Übung des Yang-Ti ist ein ganz besonders treffendes Beispiel für die Macht, die ein hoch entwickeltes Bewusstsein über die Materie hat. Wenn man Materie als Energie erkannt hat, die sich in einem Muster kristallisiert, dessen Bestandteile durch den Strahl eines hoch-konzentrierten Bewusstseins aufgebrochen und neu organisiert oder in ein Feld von feineren Licht-Schwingungen umgewandelt werden können, so kann man die Praxis des Yang-Ti besser verstehen.

Mehrere Monate lang bereitet sich der Yogi auf seinen Tod vor, indem er alle mit Energie gefüllten und transformierbaren Zellen seines Körpers in ihre Essenz transformiert, nämlich Licht. Nach und nach werden sie in den unsterblichen *vajra*-Körper aufgenommen und sind in der physischen Welt nicht mehr sichtbar. Sein physischer Körper wird kleiner und kleiner, bis er nur noch die Größe eines Kindes hat. Schließlich legt er die »immerwährende Robe des Ruhmes« an, die nur für hellsichtige Menschen erkennbar ist, und nun sehen ihn seine Schüler in den Himmel emporfliegen und in einem Regenbogen verschwinden, wo er sich unter eine Schar von anderen Lichtwesen der spirituellen Welt mischt. Auf Erden aber ist nichts von seinem Körper zurückgeblieben.[18] Er wird zu einem jener Lichtwesen, von denen der Philosoph Plotin sagt, dass sie in den Mysterien-Einweihungen erscheinen und in unserer irdischen Welt unsichtbare Botschaften der Gnade übermitteln – sie werden zu Boddhisattvas höherer Regionen.[19]

Yang-Ti scheint bei den heiligen Frauen und Männern Tibets nicht ungewöhnlich gewesen zu sein; in den jüngeren Übersetzungen ihrer Biographien und Autobiographien, die in Dharamsala für den Westen geschrieben und veröffentlicht wurden, gibt es zahlreiche Berichte darüber. Dieser Brauch allein ist noch keine Definition der Shambhala-Wissenschaft, aber er zeigt uns seine tieferen Prinzipien und Möglichkeiten. Er sagt uns, dass innerer und äußerer Raum austauschbar sind, dass das Subjektive wie etwa die Erfahrung der Vision objektiviert werden kann. Physisches Licht kann aus Bewusstsein erzeugt werden, und genauso kann auch Materie in eine Form hyperphysischen Lichtes verwandelt werden. Was ist Wirklichkeit? Wo finden wir einen absoluten Bezugsrahmen? Im Yang-Ti sind alle Dinge, die für uns absolut sind, flexibel und lösen sich in austauschbare Bewusstseinszustände auf.

Die moderne Quantentheorie kommt den Erkenntnissen des Yang-Ti recht nahe. Sie besagt zum Beispiel, dass Energie und Materie austauschbar sind. Aber der dritte Faktor, der des Bewusstseins, ist aus ihren Überlegungen ausgeschlossen, damit er nicht die methodische Objektivität kontaminiert. Aber was bedeutet »objektiv«, wenn Subjekt und Objekt eng miteinander verbunden sind? Was bedeutet »empirisch«, wenn die Funktion der Beobachtung selbst in Frage gestellt ist? Hat es einen Sinn, Subjektivität rigoros auszuschließen, wenn sie doch ein integraler Teil des Versuchsgegenstandes ist? Und vor allem: Wie sehr hängt die Antwort auf diese Fragen von einem Verständnis der organisierenden Kräfte, Neigungen und existentiellen Grenzen des menschlichen Bewusstseins ab? Dies ist ein Gebiet, das außerhalb der Einweihungsschulen noch nie erforscht wurde, das aber für die höhere Technologie Shambhalas von elementarer Bedeutung ist.

Die Adepten wissen, dass das individuelle Bewusstsein nur *ein* Funktionselement im Bewusstsein der Erde ist und dass dennoch auch die kleinsten Impulse sich auf das gesamte Universum auswirken. Sie wissen auch, dass ihre Arbeit letztlich vom Spiel aller existierenden Kräfte und der Kooperation aller Wesen abhängt, wenn sie gelingen soll. Deshalb sagt Allione, dass tibetisch-buddhistische Meister sich mit den Intelligenzen der nicht-menschlichen Reiche, die mit uns auf der Erde existieren, aber für uns meist unsichtbar sind, vereinigen und von ihrer nichtmenschlichen Kultur Hilfe für ihre eigenen Unternehmungen beziehen können. Um eine solche Verbindung zwischen verschiedenen Reichen herzustellen, kann der Yogi mittels seines Lichtkörpers die Grenzen seines mentalen Ich-Bewusstseins transzendieren, ohne es zu zerstören.

Dion Fortune schreibt hierzu:

»Immer, wenn der Mensch in Berührung mit dem Astralen kommt, sei es als Medium oder als Magier, verleiht er den Wesenheiten, denen er begegnet, anthropomorphe Gestalt: Er erschafft Formen, die ihm selbst ähnlich sind, um für sich selbst die flüchtigen, subtilen Kräfte darzustellen, mit denen er Kontakt aufnehmen will, die er verstehen und seinem Willen unterwerfen will. Er ist ein echtes Kind der Großen Mutter und trägt seine natürliche Neigung zur Gestaltbildung in alle Ebenen, auf die er sein Bewusstsein heben kann.«[20]

## Das Wahrzeichen von Shambhala: UFOs

Welche Technologie hat den glänzenden kugelförmigen Körper erzeugt, den Roerich und seine Reisegenossen 1927 über den wolkenlosen Himmel Innerasiens flitzen und plötzlich seine Richtung ändern sahen? Von allen merkwürdigen Manifestationen, die Shambhala zugeschrieben werden, ist dies die geheimnisvollste und unerklärlichste: die UFOs. Jener Körper wurde durch drei Fernrohre wahrgenommen und war den anwesenden Lamas durchaus vertraut. Seither wurden ähnliche Phänomene von Millionen von Menschen in allen Teilen der Welt beobachtet. Heute können wir fragen, ob, wie und wo solche Objekte entwickelt wurden. Wenn ja, wie lange ist dies her? Worin bestehen ihre Prinzipien? Und wie gelang es, sie vor der Entdeckung zu schützen? Wir können keine dieser Fragen beantworten.

Die Lamas teilten Roerich mit, dass das von ihm wahrgenommene Flugobjekt die Signatur von Shambhala und das Zeichen für Shambhalas Segen sei. Wenn es über einem Menschen fliegt, so heiße dies, dass erhabene Kräfte zugegen sind, um der kämpfenden Menschheit zu Hilfe zu kommen und sie in ihren humanitären Zielen zu unterstützen. Die Energie, die den Flug ermöglicht, ist die Ur-Energie, »dieser feine, gewichtslose Stoff, der überall verteilt ist und in jedem beliebigen Augenblick von uns genutzt werden kann«[21] – dieselbe Energie, die Tomas »die intelligente Kraft im Kern des Atoms«[22] nannte. Bislang wissen wir noch nicht, ob das Wahrzeichen von Shambhala eher übersinnlicher oder rein physischer Natur ist. Aber Geschichten von seltsamen Fahrzeugen werden von jeher mit Shambhala assoziiert.

Bis vor kurzem lösten UFOs meist nur leichtgläubige Faszination oder Ungläubigkeit aus. Aber die Zahl der hartgesottenen Skeptiker schwindet dahin, seit akademisch gebildete Wissenschaftler qualifizierte Untersuchungen anstellen und viele zuverlässige Beobachter die Echtheit des Phänomens bekräftigen. Allerdings ist deren Interpretation keineswegs eindeutig. Soweit man den Erscheinungen von UFOs überhaupt Glauben schenkte, ging man davon aus, dass es sich dabei um eine Art Raumschiff handelt, das mit außerirdischen Wesen bemannt ist – vor allem auch deshalb, weil es offenbar fähig ist, in den Bereich der Sichtbarkeit einzutreten und wieder aus ihm zu verschwinden. Dabei kann es materielle Hindernisse durchqueren und Flugmanöver ausführen, die dem Gesetz der Schwerkraft und anderen Naturgesetzen widersprechen. Aber seit mehr Fakten bekannt werden und die Erforschung der UFOs sich auf sicherem wissenschaftlichem Terrain abspielt, werden auch andere Möglichkeiten diskutiert.

Kenneth Ring, Professor für Psychologie an der Universität von Connecticut, hat in diesem Bereich geforscht. In seinem Buch *The Omega Project* ist er zusammen mit anderen Wissenschaftlern zu dem Schluss gekommen, dass das UFO ein psychophysikalisches Ereignis ist, das aus einer unbekannten *irdischen* Quelle stammt. Er hält es für möglich, dass es die äußere Manifestation eines größeren Entwicklungsfortschritts im menschlichen Bewusstsein ist. Jacques Vallée, ein Computer-Experte mit einer Ausbildung in Astrophysik und einer der bekanntesten Forscher auf dem Gebiet der UFO-Phänomene, äußert sich ähnlich:

»Es ist merkwürdig, dass selbst wissenschaftlich ausgebildete Forscher, die das Konzept der multiplen Universen akzeptieren, oder jene wenigen Ufologen, die verstehen, dass Raum und Zeit ineinander fallen können und dadurch eine fast augenblickliche Reise von einem Punkt unseres Universums zu einem fernen Ziel ermöglichen, noch immer in ihrem tiefsten Inneren der Vorstellung anhängen, dass jede nicht-menschliche Form des Bewusstseins notwendigerweise aus dem Weltraum kommen muss.«[23]

Angesichts von Tausenden persönlicher Berichte über Begegnungen mit UFOs gibt es nun starke Argumente zugunsten der These, dass eine unbekannte irdische Instanz das Bewusstsein der breiten Masse in einer Weise beeinflusst, die zu einer weltweiten Bewusstseinserweiterung führen könnte. Ebenso wie die Nahtod-Erfahrung, die gleichermaßen allgegenwärtig ist, weist die UFO-Erfahrung mit ihren starken übersinnlichen und paranormalen Aspekten Eigenschaften auf, die zunehmend als Form eines spirituellen Erwachens oder einer Initiation gedeutet werden.

Von modernen Forschern wurde beobachtet, dass diese unbekannten Flugobjekte zwar materiell genug sind, um durch Radar entdeckt und von Hunderten von Menschen gleichzeitig wahrgenommen zu werden, dass aber gleichzeitig Trance, veränderte Bewusstseinszustände, Zeitverlust von einer übersinnlichen Dimension zeugen und dadurch die Objektivität der Erfahrung wieder zweifelhaft erscheinen lassen. Viele Zeugen erzählen, dass sie die normale Wirklichkeit hinter sich ließen und sich wie in einem luziden Traum bewegten, als ob die normale Physik von Zeit und Raum nicht mehr zuträfe, und dass sie, als sie wieder in die normale Welt zurückkehrten, das Gefühl einer Zeitlücke hatten. Aber dies ist eigentlich die genaue Beschreibung der Erfahrung, die man beim Verlassen des eigenen Körpers macht. Der physische Körper wird in einem tranceartigen Schlaf zurückgelassen, während der innere Körper, der das Ich-Bewusstsein trägt, eine Zeit lang an einem anderen Ort weilt und nicht einmal bemerkt, dass der physische Körper an seinen Abenteuern nicht teilnimmt.

Manchen Menschen ist das psychisch-spirituelle Wesen dieser Begegnung durchaus klar, und sie sagen ganz offen, dass es eine zutiefst persönliche Einweihungserfahrung war, die zu physischen Heilungen, übersinnlichen Kraftübertragungen und zu größerer Spiritualität führten. Eine solche Erfahrung mit einem UFO erzählte auch L.C.W., die wir bereits in Kapitel 6 kennen lernten.

Sie schreibt:

»Ich verließ mein Bett und schloss mich K. an. Wir wanderten über Felder zu dem Flugzeug, das auf uns wartete. Männer und Frauen kamen aus allen Richtungen bei ihm zusammen. Der Pilot – ein hochgewachsener, hübscher junger Mann in einer blauen Uniform – hieß jeden von uns mit einem Essenspaket für die Reise willkommen. Wir hoben ab, und ich gelangte zum Mutter-Raumschiff. Aber K. erzählte mir am nächsten Tag, dass er zu einem anderen Ort gebracht worden sei, und zwar zu einem Planeten, der von goldenen Städten übersät war. Das Mutter-Raumschiff war riesig. Ein Kreuz aus Feuer schwebte vor mir her und führte mich durch dunkle Gänge, bis ich zum Kontrollraum an der Spitze des Raumschiffes gelangte. Die Wände waren durchsichtig, so dass ich all die funkelnden Sterne des tiefen Weltraumes sehen konnte. In der Mitte des Raumes befand sich ein runder Tisch aus poliertem Silber, auf dessen Rand der Tierkreis eingraviert war. Vor allem bemerkte ich das pythagoräische ›Y‹ [das Zeichen der Wahl zwischen Guten und Böse]. Ich fragte einen der Stewards, worin der Sinn dieses Raumschiffes bestehe. Er antwortete, dass es Botschaften an die Sterne übermittle und auch Botschaften empfange. Drei Monate nach dieser Erfahrung schloss ich mich einer spirituellen Bewegung an, die mein Leben veränderte, und dort wurde ich von genau dem Mann willkommen geheißen, mit dem ich im Raumschiff gesprochen hatte.«

L.C.W. erzählt weiter, dass K. von genau derselben Erfahrung in jener Nacht berichtete: Er sei mit ihr über die Felder zum Raumschiff gegangen und bestätigte jedes Detail dieses Ereignisses bis hin zur Anordnung der Sitze im Rumpf des Raumschiffes; dann trennten sie sich und fuhren – ihrem unterschiedlichen Temperament entsprechend – zu verschiedenen Zielen weiter. Viele Forscher halten es inzwischen für höchst wahrscheinlich, dass Zeugen, vor allem solche, die eng mit einem UFO in Berührung kamen, von Ereignissen berichten, die eine objektive Basis haben, aber wie Träume wahrgenommen werden – also durch die Linse eines subjektiven Bewusstseins im Trancezustand, und zwar entsprechend den eigenen unbewussten Vorurteilen, Erwartungen, Neurosen und der intellektuellen und psychospirituellen Entwicklungsebene.

Wenn man ihre Erfahrungen in dieser Weise betrachtet, so stellt das alle vereinfachenden, außerirdischen Deutungen der fliegenden Untertassen in Zweifel. John Spencer von der britischen *UFO Research Association* konstatiert die Notwendigkeit einer tieferen Erforschung dieses Gegenstandes:

»In den letzten Jahren gab es eine Tendenz zuzugeben, dass das UFO-Phänomen eine unbekannte Instanz unserer irdischen Umwelt darstellt, und insofern wird der Begriff *alien* [englisch: »fremd«] nun auf Wesen bezogen, die zwar der Menschheit, nicht notwendigerweise aber der Erde ›fremd‹ sind.«[24]

Lassen wir noch einmal Jacques Vallée zu Wort kommen:

»Wenn es eine Lebensform gibt, die auf einer von uns noch nicht entdeckten Raum-Zeit-Ebene agiert, dann braucht sie gar nicht außerirdisch zu sein. Sie könnte natürlich aus einem anderen Sonnensystem in unserer Milchstraße oder aus einer anderen Milchstraße kommen. Aber sie könnte auch zusammen mit uns existieren und unentdeckt bleiben.«[25]

Das ist genau die Aussage, die von esoterischen Lehren in Bezug auf Shambhala gemacht wird. Sie führt uns zu Roerichs Bericht zurück. Die Vertrautheit der Lamas mit diesem Phänomen lässt vermuten, dass

Shambhala das fehlende Glied in der UFO-Frage ist. Tatsächlich hat Geoffrey Ashe sein Erstaunen darüber ausgedrückt, dass die UFO-Forscher von Roerichs Berichten keine Notiz nahmen. Er äußert: »Vielleicht liegt hier der Schlüssel zu der berüchtigten UFO-Manie der letzten Jahre (...) Vielleicht hat dieses Phänomen mit Shambhala und dem alten Weisheits-Territorium zu tun.«[26]

Die Weltachse ist der einzige Ort, an dem sich die Kraftlinien der Erde schneiden und das Raum-Zeit-Gefüge seine normalen Grenzen überschreitet. Dort konnten spirituelle Adepten, die ihre Geheimgesellschaft bis in die Zeiten des Cro-Magnon-Menschen zurückverfolgen können, mindestens 40.000 Jahre lang mit Metall-Legierungen, höchsten Energien, Aerodynamik und multidimensionalem Raum experimentieren. All den Legenden zufolge, die von Forschern und Autoren zusammengetragen wurden, werden die Adepten von Shambhala für die einzige Instanz auf der Erde gehalten, die in der Lage ist, das Bewusstsein anderer Lebewesen auf die Weise zu manipulieren, wie sie von den UFO-Zeugen beschrieben wird: unsere Wahrnehmung auf einer tiefen Ebene zu verändern, eine tiefe Trance und Hypnose zu erzeugen und Gefühle wie Angst, Ehrfurcht, Feindseligkeit und Lust auf dramatische Weise real werden zu lassen.

Die Berichte erzählen auch von der außerordentlichen Fähigkeit dieser Meister, materielle Objekte zu erschaffen, welche die Schwelle der Sichtbarkeit mühelos in beiden Richtungen überschreiten, oder von Gestalten, die uns – wie die Dakinis – zeitweilig in menschlicher Verkleidung begegnen, uns in ihrem inneren Wesen jedoch so fremd sind, als kämen sie von einem anderen Stern. Alle Kräfte, die den UFOs zugeschrieben werden – die Manipulation des Bewusstseins, die Herrschaft über die Materie, der Zugang zu einem höheren Universum und unbekannten Energien, die Interaktion mit nicht-menschlichen Intelligenzen und andere transzendentale Fähigkeiten – zeugen (wenn wir diesen Berichten Glauben schenken), nicht so sehr von der Invasion einer außerirdischen Wissenschaft, als vielmehr von der Weiterentwicklung unseres eigenen Bewusstseins, das in Shambhala und dessen Manifestationen verkörpert ist. Sie zeigen uns, dass unsere Wissenschaften nicht der einzig mögliche und schon gar nicht der erfolgreichste Weg sind. Jenseits von ihnen liegt ein viel weiteres Gebiet: die Felder einer synergistischen Lebens-Energie, die dem Reich der Materie zugrunde liegt. Und diese höhere Shambhala-Ebene wird uns alternative technologische Wege zur Nutzung eines weit höheren Potenzials eröffnen, als wir es heute kennen.

# 14

# SHAMBHALA – EIN ZEICHEN FÜR DAS NEUE JAHRTAUSEND

Mircea Eliade überlegte, wie eine primitive Gemeinschaft die Situation unserer heutigen Gesellschaft sehen würde – nämlich als den pathologisch gewordenen Zustand einer Stammeseinweihung, der jedoch die gesamte Bevölkerung erfasst. Sie würde, so Eliade, die Lage der modernen Welt mit der eines Mannes vergleichen, der von einem Ungeheuer verschlungen wird »(...) oder in einem Labyrinth wandert, das bereits das Symbol der infernalischen Unterwelt ist. (...) Und dennoch ist diese schreckliche Erfahrung in den Augen des Primitiven für die Geburt des neuen Menschen unerlässlich. Ohne das Ritual des Sterbens, des Todes und der Wiederauferstehung ist keine Einweihung möglich. (...) Die Ängste der modernen Welt sind das Zeichen ihres bevorstehenden Todes, eines Todes jedoch, der notwendig und erlösend ist, denn er wird von der Auferstehung und der Chance zur Erlangung einer neuen Seinsweise gefolgt sein, eines Zustandes der Reife und der Verantwortlichkeit.«[1]

## Die Spiritualisierung der Menschheit

Die Zeichen der Zeit ziehen unsere Aufmerksamkeit immer zwingender auf die bedeutende Metamorphose, die innerhalb der Bewusstseinselite der Menschheit in globalem Maßstab erfolgt. Sie findet in China, Russland, Europa und Amerika statt. Professor Ring betrachtet sie als Spiritualisierung der Menschheit und führt sie auf einen Kontakt mit einer höheren transzendenten Ordnung zurück, die wir heute noch nicht kennen. Einer der auffallendsten Aspekte dieser Tendenz ist Ring zufolge das gehäufte Auftreten von Menschen auf der ganzen Welt, die über angeborene Fähigkeiten wie Hellsichtigkeit, Psychokinese und Telepathie, über spirituelle Heilkräfte und andere spontane, übersinnliche Fähigkeiten verfügen. Diese werden von einer weit verbreiteten Empfänglichkeit für religiös-okkulte Geheimnisse begleitet, die in der Vergangenheit immer hinter den geschlossenen Türen von esoterischen Bruderschaften bewacht wurden. Gleichzeitig übernehmen weltliche Gelehrte Wissensbereiche, die traditionellerweise den Theologen vorbehalten waren.

Wir erleben in allen Teilen der Welt, dass eine wachsende Zahl von Menschen, meist junge Frauen ohne Zugehörigkeit zu einer Religion oder einer esoterischen Gruppe, über die angeborene Fähigkeit verfügen, das dynamische Energiefeld wahrzunehmen, das den Körper der Mitmenschen umgibt, und psychosomatische Krankheiten zu diagnostizieren und zu heilen, die sich zuerst in diesen Feldern manifestieren. Die Sensibilität für das, was ein Mediziner einst als »extrem komplexes biomagnetisches, außerhalb der Grenzen des Nervensystems wirkendes Feld« bezeichnet hat, nennt Barbara Ann Brennan »übersinnliche Wahrnehmung«, und sie ist der Meinung, dass wir alle dazu imstande sind: »Die moderne Wissenschaft sagt uns, dass wir aus der Welt der festen Form in eine Welt von dynamischen Energiefeldern eintreten. Unsere alte Umgebung aus festen konkreten Gegenständen ist von einer flüssigen Welt strahlender Energie umgeben und durchdrungen, die sich wie das Meer ständig bewegt und verändert und uns zugänglich ist, weil wir ein Teil von ihr sind.«[2]

Noch erstaunlicher als diese angeborene Begabung ist die Fähigkeit von spirituellen Heilern, als Medien ganz bewusst mit Geistwesen zusammenzuarbeiten, die sie bei ihren Heilungen ausbilden, beraten und unterstützen. Auch hier ist Brennan der Meinung, dass dies mit der Zeit für uns alle möglich wird. »Wir werden von spirituellen Lehrern geleitet«, sagt sie, »die zu uns in unseren Träumen und durch unsere Intuition sprechen; wenn wir zuhören, informieren sie uns direkt – erst durch automatisches Schreiben, dann durch Klang, Stimme oder umfassende Konzepte.«[3] Diese kreative Zusammenarbeit mit der geistigen Welt ist auch die unabdingbare Voraussetzung für die Erfahrung des Schamanen. Ohne sie kann er keine Einweihung von den Ahnen empfangen oder die Geheimnisse seines Amtes erfahren. Dass diese Sensitivität in der modernen Welt so spontan auftritt, ist eine so neue und eindrucksvolle Entwicklung, dass manche Forscher sogar von der Geburt einer neuen Rasse sprechen, die über ein angeborenes schamanisches Bewusstsein verfügt.

Abgesehen vom Erwachen dieser übersinnlichen Fähigkeiten breitet sich ein neuer Idealismus aus, der ebenfalls für den Schamanismus mit seiner Liebe für die Natur charakteristisch ist. Vor allem jene Personen, die ungewöhnlichen übersinnlichen Erfahrungen wie Nahtod- oder UFO-Erlebnissen ausgesetzt waren, berichten, dass sie bald darauf begannen, sich für ökologische Probleme, die gerechte Verteilung von Reichtum, die Versöhnung zwischen den Religionen und andere Reformideen zu interessieren. Diese Ideale entsprechen den utopischen Ideen, die im frühen 17. Jahrhundert die Elite des europäischen Denkens revolutionierten und auch damals das Interesse an der Natur anregten.

Interessant ist nun Folgendes: Wo immer wir den Schamanismus in seinen wesentlichen Formen finden – wie etwa beim sibirischen Medizinmann –, finden wir auch den Weltenbaum, die schöpferischen Geistkräfte der Kundalini und die Mythologie von Shambhala. Diese Elemente sind untrennbar miteinander verbunden. Wenn Ring also in dem schamanischen Trend, der gegenwärtig unsere Gesellschaft überflutet, eine Urquelle entdeckt, die er mit einer höheren Ordnung, etwa dem Höheren Selbst der ganzen Menschheit, gleichsetzt, so erscheint es nur logisch, dass ein Zusammenhang mit Shambhala besteht.

In seinem Omega-Forschungsprojekt assoziiert Ring diese vermutete höhere Ordnung mit der geheimnisvollen Kraft der Bewusstseinserweiterung, die wir immer dort finden, wo es zu einem Kontakt mit Shambhala gekommen ist. Er behauptet, dass von Hunderten untersuchter Fälle, in denen es zu übersinnlichen Begegnungen mit dieser höheren Ordnung gekommen war, die Mehrzahl der Personen tiefe und dauerhafte Veränderungen erlebten, die oft viele Jahre anhielten. Auch hätten sie ausnahmslos die gleichen Symptome gezeigt wie der Schamane während seiner Ausbildung beim Erwachen der Kundalini-Kraft. Trotz mancher äußeren Unterschiede ist die archetypische Struktur dieser Erfahrung die gleiche: ein ungewollter Abstieg in Qualen und Zerreißproben, eine Einweihungsreise und eine psychospirituelle Wiedergeburt. Auch dies sind Kennzeichen der Shambhala-Erfahrung.

Wie das Erlebnis des Schamanen, so schließen auch Nahtod-Erfahrung und UFO-Begegnung ein, dass man in eine andere Wirklichkeit »entführt« wird, geheimnisvolle Wesen trifft und in die Alltagswelt mit neuen Werten und – in vielen Fällen – auch mit neuen übersinnlichen Fähigkeiten zurückkehrt. Diese Erfahrung höherer Ordnung weist bedeutsame Parallelen mit jener Art der psychosomatischen Transformation auf, von der Gopi Krishna nach seiner Kundalini-Erweckung sprach: Sie führte zu einer Verfeinerung des Charakters, zur Stärkung der intellektuellen Leistung, zu einer überaus weiten und klaren Weltsicht und zur Entwicklung von mystischen Fähigkeiten, die einer gesteigerten Empfänglichkeit des Körpers und der Intuition entstammten. Dieselbe tief greifende Veränderung erzeugt auch eine Fähigkeit, die traditionellerweise den Bewohnern von Shambhala zugeschrieben wird, nämlich gleichzeitig in zwei Welten zu leben.

Gallup-Umfagen, die in den letzten Jahrzehnten durchgeführt wurden, zeigen, dass allein in den Vereinigten Staaten etwa acht Millionen Menschen Nahtod-Erfahrungen hatten und dass bis zu 19 Millionen (!) UFOs gesehen haben – und von den letzteren berichten viele davon, dass sie auch in engere Berührung mit den UFOs gekommen seien.[4] Diese Forschungsergebnisse haben Kenneth Rings Überzeugung gestärkt, dass die moderne Menschheit durch bewusstseinsverändernde Erfahrungen dieser Art auf dem Weg ist, sich zu »schamanisieren«, dass sie also zu einer Reisenden in andere Welten wird, die sich wie ein Schamane auf überbewussten Ebenen bewegt. Ring betrachtet die erwachende kollektive Kundalini-Energie als Triebfeder, durch die ein solcher Prozess in Gang kommt:

»Unsere Ergebnisse zeigen Steigerungen in mehreren psychologischen Wahrnehmungsweisen, Hinweise auf übereinstimmende Unterschiede in physiologischen Funktionen, Veränderungen von neurologischen Zuständen, ferner eine Mischung von ungewöhnlichen psychoenergetischen, psychologischen und paranormalen Erfahrungen. (...) Wir erleben die ersten Explosionen einer sich selbst erneuernden Heilkraft der Erde mit Jahrtausende alten Energien, die durch den unmittelbaren Kontakt mit einer transzendenten Ordnung freigesetzt wurden. (...) Die Ergebnisse des Omega-Projektes lassen vermuten, dass wir im Anfangsstadium einer einschneidenden Veränderung des Bewusstseins sind, die es der Menschheit erlauben wird, gleichzeitig in zwei Welten zu leben. (...) Dies ist natürlich genau das, wozu der Schamane in traditionellen Kulturen ausgebildet wurde (...) und das meine ich mit der Schamanisierung der Menschheit.«[5]

Der Kern solcher Forschungen, wie Ring sie durchgeführt hat[6], besagt, dass es eine permanente verborgene Liebesbeziehung zu transzendentalen Kräften im Körper der Menschheit gibt, die genügend große Mengen von Menschen für eine Einstrahlung höherer Energien empfänglich macht und so die evolutionäre Entwicklung der ganzen Menschheit vorantreibt. Auf diese Weise »wird die prophetische Funktion demokratisiert; immer mehr normale Männer und Frauen erleben tiefgreifende Prozesse, die von prophetischer Offenbarung erfüllt sind«.[7] Sie tragen die mystische Botschaft der Erneuerung unserer ganzen Erde in sich. Ring bemüht sich sehr, die These zu unterstützen, die auch ich in diesem Buch vorgetragen habe, nämlich dass Shambhala, und nur Shambhala, jene verborgene Evolutionsinstanz ist, die im Laufe der Geschichte die Menschheit auf ihrem spirituellen Weg vorangetrieben hat.

»In den letzten Jahrhunderten hat sich die menschliche Entwicklung beschleunigt. Das Tempo der Veränderung unserer Spezies kennt in der ganzen Geschichte nicht seinesgleichen, und ich bin der Meinung, dass eine neue Spezies entstehen wird. Wir erleben die Endphase des *Homo Sapiens* und die gleichzeitige, wegen der atomaren und ökologischen

Gefahr noch recht vorsichtige Entstehung einer Menschengattung, die ich als *Homo Noeticus* bezeichnen möchte.«[8]

In ihrem Buch *Return from Death*, einem Werk, das sich ausschließlich mit Nahtod-Erfahrungen befasst, sagt auch die Psychologin Margot Grey eine nahende evolutionäre Mutation in der menschlichen Gattung voraus:

»Es scheint, dass in der Nahtod-Erfahrung und in Kundalini-Phänomenen ähnliche physiologische Mechanismen ablaufen und dass sie zwei Aspekte der gleichen evolutionären Energie sind. Alles in allem betreffen diese spektakulären Beispiele für innere Transformation einen erstaunlich großen und immer noch zunehmenden Prozentsatz der Bevölkerung, und man könnte deshalb erwarten, dass dies auch einen wachsenden Einfluss auf das kollektive Bewusstsein der übrigen Menschheit ausübt. (...) Vielleicht wird gerade eine neue Menschenart geboren, und damit dies geschehen kann, müssen unser Bewusstsein und unsere biologische Struktur einer radikalen Transformation unterworfen werden.«[9]

In seinem Buch *Up from Eden* kommt der Psychologe und Philosoph Ken Wilber zu einer ähnlichen Schlussfolgerung. Er glaubt, dass die Menschheit noch immer auf dem Weg vom niedrigsten vor-menschlichen, materie-dominierten Bewusstsein zur höchsten Stufe, dem seelisch-geistigen Überbewusstsein unterwegs ist. Ihr gegenwärtiger Zustand ist ein intellektuell-egoistisches Stadium irgendwo auf der Mitte des Weges – ein rationaler, selbstbezogener Zustand, der durch rein persönliche Horizonte begrenzt ist. Zuvor lebten wir in einem vor-persönlichen Stadium, das in einer traumartigen Einheit mit der Natur, dem tierischen Körper und dem Unterbewussten wurzelte. Gegenwärtig stehen wir als Gattung auf der Schwelle des nächsten Stadiums, dem der transpersonalen Seele, und bereiten uns darauf vor, in das erweiterte Bewusstsein des Schamanen einzutreten.

Wilber ist überzeugt, dass die Menschheit auf die Stufe der religiösen Erfahrung zustrebt, aber auf höherer Ebene, als es den Schamanen früherer Gesellschaften möglich war. Aus diesem Grund nennt er das kommende Zeitalter »Kundalini-Ära«.

Dies sind nur einige von vielen Äußerungen, welche die Idee unterstützen, dass die Menschheit von einer neuen Energie überflutet wird, die sie auf eine höhere Evolutionsstufe trägt, näher zum religiösen Bereich des Schamanen, der Weltachse und der Meister: nach Shambhala. Dies ist ein ungeheurer Evolutionsschritt, größer als jeder andere, den unsere Gattung jemals vollzogen hat.

## Die Suche nach Liebe und Reinheit

Shambhalas Kraft ist die Kraft der Liebe. Alle Legenden über Shambhala betonen dies. Seine Bewohner leben in Harmonie miteinander und mit der Natur, obwohl ihr Leben tausend Jahre lang währt. Diese Liebe, dieser Friede, diese Reinheit sind unzerstörbar. Deshalb wird Shambhala auch das einzige »Reine Land« auf Erden genannt.

Aufgrund dieser Eigenschaften löst Shambhala in uns tiefe Sehnsucht und spirituelle Einsicht aus. Weil es verborgen ist und nur jene es betreten können, die es niemals beschädigen, kann es durch die äußere Welt nicht verdorben werden.

»Dadurch gewinnt Shambhala eine besondere Qualität, die es von anderen idyllischen Orten unterscheidet, die zwar abgelegen, dennoch aber erreichbar sind und zum Opfer von Ausbeutung werden können. (...) Man kann sich nur schwer vorstellen, dass Shambhala jemals zu einem Kurort für reiche Touristen wird. In unserem Bewusstsein liegt das Königreich weit außerhalb des Machtbereiches von Personen, die es auf diese Weise ausnützen könnten. Die Anziehungskraft von Shambhala spiegelt unsere Sehnsucht nach einem reinen und unverdorbenen Ort wider, den weder wir selbst noch andere jemals verschmutzen können.«[10]

Aus dieser unverwirklichten Sehnsucht entspringt die reine Liebe. Denn jede Gottheit, die wir verehren, ist immer nur ein Abbild des unbekannten und unverwirklichten Selbst. Wir sind fasziniert und angezogen von jenem Göttlichen, das sich in uns noch nicht manifestiert hat und noch immer in den unverwirklichten Tiefen der Kollektivseele lebt, und wir projizieren diese Sehnsucht auf das unentwegt strahlende Shambhala. Dieser Ort symbolisiert unsere Befreiung und einen freudvollen Übergang in einen entwickelteren Zustand.

Auf jeder einzelnen Ebene, die auf dem Weg dorthin zu erreichen und zu transzendieren ist, gibt es allerdings eine Reihe von Einschränkungen, denen sich alle Individuen unterwerfen müssen. Ernest Scott spricht von der Skala der Energien, die für die menschliche Evolution erforderlich sind, und betont die Schwierigkeiten dieses Prozesses:

»Die Art, wie diese Energien wirken, zeigt, dass jede neue höhere Frequenz bereits in Aktion ist, während die Menschen sich noch mit der vorigen abmühen. (...) Wenn man den Fortschritt der Energien innerhalb der Seelenentwicklung des Menschen betrachtet, so kann man annehmen, dass die integrative Energie noch weit in der Zukunft liegt. Der Mensch hat sich noch nicht an das Bewusstsein, noch viel weniger an die Kreativität angepasst. Dennoch scheint es, dass beim Eintritt Jesu in die Erde tatsächlich integrative Energie zum Menschen hinfloss, und wir können davon ausgehen, dass dies geschah, bevor der Mensch dafür bereit war.«[11]

## Die Suche nach einem neuen Weltmodell

Zwischen der Entwicklung eines Volkes und seiner Vorstellung von der Welt besteht eine enge Verbindung. Die Frühchristen wussten das, und Buddha sprach davon in seiner Lehre von der gleichzeitigen Entstehung und der Verbundenheit aller Dinge. Man kann dies auch so ausdrücken: Eine Zivilisation entsteht durch ihre eigenen Paradigmen. Eine Kultur entsteht und vergeht mit ihrer Religion, ihren sozialen und politischen Strukturen, ihren Künsten und Moralvorstellungen, ihrer Definition der Menschlichkeit und ihrer Philosophie über den Kosmos, und jeder einzelne Teil ist nur eine Reflexion des Ganzen.[12] Dementsprechend ist die landläufige Meinung, dass die eigene Entwicklung Privatsache ist und nichts mit der vorherrschenden Weltanschauung, dem Kollektiv und seinem Modell des Kosmos zu tun hat, unzutreffend. Im Gegenteil: Eine

Welt, der wir unsere kollektive Zustimmung geben, übt eine entscheidende Wirkung auf unsere Entwicklungsmöglichkeiten aus.

Solange wir uns die Erde als rein physischen und unbeseelten Körper vorstellen, der sinnlos in einem bewusstlosen, lieblosen, nur-physischen Universum rotiert, solange wir keine zusammenhängende Theorie über die mitfühlende und intelligente Lebensenergie im Herzen jeglicher Existenz haben, liefern wir uns wahrscheinlich dem Tod aus und überantworten die Erde einer fortschreitenden Verwahrlosung. Wir müssen die Bedeutung der Weltachse als integrierende Kraft der Energie und als Strukturkomponente unserer Weltgeographie erkennen. Sonst wird es uns nicht gelingen, die nächste Schwelle unserer Entwicklungsreise zu überschreiten. Solange wir Gaia nicht als spirituelles Wesen sehen, können wir auch unsere eigene Spiritualität nicht erkennen, denn Gaia und wir gehören zusammen. Wenn wir die ökologischen Reformen ablehnen, die uns durch die integrative Weltsicht auferlegt werden, werden wir unser volles menschliches Potenzial nicht verwirklichen können.

Die Vision einer Erde, die durch eine bewusste, intelligente und liebende Energie in ihrem Zentrum gestärkt wird, zu der jedes menschliche Wesen Zugang hat, wird mit Sicherheit den Entwicklungsweg unserer Gattung in einer heute noch unvorstellbaren Weise revolutionieren.

## »Der König von Shambhala wird seine Residenz verlegen«

Shambhala ist der Inbegriff des integrativen Prinzips, das der Vielfalt innewohnt. Es ist unser Ziel, unser Gravitationszentrum, das Alpha und Omega aller Religionen, aller Seelen, aller kollektiven Werke der Transzendenz auf diesem Planeten. Es zieht uns unwiderstehlich zu sich, damit wir uns wie die Schamanen spiritualisieren. Es ist der wortlose Ruf, der uns zum göttlichen Herzen der ganzen Gattung zurückholt, zu einem Gefühl der unaussprechlichen Einheit mit allen Lebewesen. Ein Lama teilte Roerich mit, dass der Ruf nun vernehmbar wurde. »Die große Bewegung hat begonnen! Eine neue kosmische Energie manifestiert sich in der Welt. (...) Kalagiya, kalagiya, kalagiya. Komm nach Shambhala!«[13]

Shambhala hatte viele geographische Orte, viele Namen, viele Formen. Im Laufe der Zeitalter war es eine verbotene Region der paläolithischen Magie, ein riesiges megalithisches Heiligtum, ein sakrales Königreich, ein unterirdisches Weisheitszentrum, ein moderner Komplex von Ashrams und Ausbildungsstätten. Manchmal war es für die äußere Welt zugänglich, manchmal verborgen. Aber niemand weiß, worin sein wirkliches Wesen besteht. Die Tibeter sagen, dass es nur von Menschen erreicht und betreten werden kann, deren Karma reif ist. Shambhala scheint einen Kordon der Unsichtbarkeit um sich gezogen zu haben, den keine normale Kraft durchbrechen kann, aber durch das Radar der Seele kann es immer entdeckt werden.

Über sein zukünftiges Schicksal sagen die Kalachakra-Texte, dass sich die Herrschaft des Königs von Shambhala dereinst über die gesamte Erde erstrecken wird. Ein neues Zeitalter der Weisheit wird heraufdämmern, und die Menschheit wird rasche spirituelle Forschritte machen. Die Feinde von Shambhala werden besiegt werden, und jene Barbaren, die in sein geheiligtes Territorium eindringen, werden vernichtet werden. Aber diese Vernichtung wird ihre Rettung sein. Denn Shambhalas starke Schwingungen werden sie reinigen, und ihre Seelen werden durchsichtig werden wie Kristall, so dass sie nach dem Tod auf dem Schlachtfeld in einem »Reinen Land« wiedergeboren oder jenseits aller irdischen Paradiese ins Nirvana eingehen werden.

Es scheint, dass das 20. Jahrhundert eine kritische Periode für das verborgene Königreich wie auch für den Rest der Welt war. Die brutale Technologie der äußeren Welt steht bereits an ihren Grenzen. Tibets Wälder, die so riesig waren wie die des Amazonasgebietes, wurden niedergehauen, seine Fauna wurde massakriert, seine Hochebenen und Flüsse mit atomarem Abfall verschmutzt. (Die chinesischen Kernwaffentests werden im Herzen des Lop-Nor-Gebietes durchgeführt.) Tausende von buddhistischen Klöstern wurden zerstört, die spirituelle Kultur der ganzen Region wurde vernichtet. In dieser Verwüstung liegt eine Gefahr für die gesamte Menschheit. Wie sieht die Zukunft Zentralasiens und Shambhalas aus? Ein chinesischer Lama erzählte Andrew Tomas, dass der König von Shambhala nach den Kriegen von Shambhala, deren Beginn wir bereits erkennen können, seine Residenz verlegen und dass das Zeitalter der Vollkommenheit von neuem anbrechen werde.[14]

Dies bedeutet, dass Shambhala als unzerstörbare Macht trotz der Unruhe dieser Zeit weiterexistieren wird. Niemals waren wir offener für transzendente Ideen, für die Möglichkeit unerhörter Dimensionen, höherer Wesen, subtiler Energien und himmlischer Führungsinstanzen. Heute, am Beginn des neuen Jahrtausends, gibt es viele Lamas und Tausende von anderen Personen, die Shambhala in Träumen und Visionen besucht haben und bezeugen können, dass es als Brunnen einer unendlichen schöpferischen Kraft fortdauert und noch immer dieselbe heilige Funktion erfüllt wie in der Vergangenheit.

# ABBILDUNGSVERZEICHNIS

**Abb. 11:**
Ein syrisch-hethitisches Siegel, das Gilgamesch an der Weltachse darstellt (Reproduktion aus William Hayes Ward, *The Seal Cylinders of Western Asia*, 1910)

**Abb. 12:**
Die Weltenesche Yggdrasil (Titelblatt von *Northern Antiquities*, 1847)

**Abb. 13:**
Der Baum des ewigen Lebens auf dem mykenischen Ring des Nestor (aus Sir Arthur Evans, *The Palace of Minos*)

**Abb. 14:**
Drei Variationen der Volute (aus Jürgen Spanuth, *Atlantis of the North*, 1979)

**Abb. 15:**
Der djed-Pfeiler (Papyrus des Ani)

**Abb. 16:**
Alt-ägyptische Weltkarte, ca. 1200 v. u. Z. (aus Jürgen Spanuth, *Atlantis of the North*, 1979)

**Abb. 17:**
Atlantis als Troja-Stadt (Zeichnung von Michael Young)

# ANMERKUNGEN

## 1. Kapitel

1 Eliade, Mircea: *The Myth of the Eternal Return*. Princeton 1974, S. 17
2 Zit. in William Thompson, Irwin: *Passages About Earth*. London 1974, S. 89–90
3 Rinpoche, Garje K'am-tul: *A Geography and History of Shambhala*. Library of Tibetan Works and Archives, Dharamsala 1974
4 Bernbaum, Edwin: *The Way To Shambhala*. Los Angeles 1989, S. 8
5 Eliade, S. 18
6 Ossendowski, Ferdinand: *Beasts, Men and Gods*. London 1976, S. 300
7 Tomas, Andrew: *Shambhala. Oasis of Light*. London 1976, S. 32
8 Scott, Ernest: *The People of the Secret*. London 1985, S. 173–74. Hier ist Scott ungenau. Er scheint Shambhala mit der antiken Stadt Shams-i-Balkh in Afghanistan gleichzusetzen, die durch Dschingis Khan zerstört wurde, sagt aber an anderer Stelle, dass Shambhala noch immer aktiv sei.
9 Evans-Wentz, W. Y. (Hrsg. u. Übers.): *The Tibetan Book of the Dead*. London, 1960, S. 3
10 Zit. nach Tomas, S. 32
11 Blavatsky, Helena: *The Secret Doctrine*. Wheaton, Illinois 1993
12 Roerich, Nicholas: *Shambhala*. Rochester, Vermont 1990, S. 7
13 ebd., S. 297
14 Tomas, S. 11
15 ebd., S. 29
16 Guénon, René: *The Lord of the World*. London 1983, S. 65–66
17 Der armenische spirituelle Lehrer George Gurdjeff sprach von einem Bienenstock von Höhlen unter dem Syr Darya, der angeblich Jahrtausende lang geheime Schulen der Mystik beherbergt hat. Und Roerich zufolge sprechen Men-

schen aus Mittelasien überall von den Agharti (in der Bedeutung von »Geheime«, »Verborgene«) als einem Volk von großer Weisheit und Tugend, das sich vor langer Zeit in ein unterirdisches Königreich zurückgezogen habe. In: Roerich, S. 213

18 Alder, Vera Stanley: *The Initiation of the World.* London 1960

19 Yates, Frances A.: *The Rosicrucian Enlightenment.* London 1986

20 Pauwels, Louis und Bergier, Jacques: *The Morning of the Magicians.* Mayflower 1971, S. 193–199

21 Ravenscroft, Trevor: *The Spear of Destiny.* London 1974, S. 254–257

22 Bernbaum, S. 34

23 Tomas, S. 29

## 2. Kapitel

1 Conze, Edward: *A Short History of Buddhism.* London 1986, S.76

2 Schuré, Edouard: *The Great Initiates.* New York 1961, S. 189–190

3 Bernbaum, Edwin: *The Way to Shambhala.* Los Angeles 1989, S. 8

4 Ngawang Sopa: *The Collected Works.* Neu Delhi, 1975

5 Bernbaum, S. 125

6 ebd., S. 122

7 ebd., S. 6–11

8 ebd., S. 12–24

9 ebd., S. 12

10 Brennan, Barbara Ann: *Hands of Light.* New York 1988, S. 43

11 Avalon, Arthur: *The Serpent Power.* Dover und New York, 1974

12 Dem tantrischen System zufolge, das von Sir John Woodroffe (Arthur Avalon) beschrieben wurde, besitzt das *anahata*-Chakra zwölf und nicht acht Blütenblätter, wie manche Lamas behaupten, hat aber einen kleinen zusätzlichen Lotus mit acht Blütenblättern, der direkt unter ihm sitzt. Der Sanskrit-Text dazu lautet: »Dort befindet sich der Kalpa-Baum, der Juwelen-Altar, der von einem Baldachin bedeckt und mit Flaggen und ähnlichem verziert ist. Dies ist der Ort der mentalen Verehrung.« In: Avalon, S. 383.

13 Aus der Mundaka Upanishad, in: *The Upanishads: Breath of the Eternal.* (Übers. v. Swami Prabhavananda und F. Manchester), New York 1957

14 Avalon, S. 110

15 Eliade, Mircea: *The Myth of the Eternal Return.* New Jersey 1974, S. 16

16 Bernbaum, S. 141–142

17 ebd., S. 144

18 ebd., S. 168–174

19 Steiger, Brad: *The Gods of Aquarius*. London 1977, S. 146
20 Brennan, Martin: *The Stars and Stones*. London 1983, S. 53
21 Roerich, Nicholas, *Shambhala*. Rochester, Vermont 1990, S. 32–33

## 3. Kapitel

1 Hedin, Sven: *My Life As An Explorer.* New York 1925, S. 188
2 Ossendowski, Ferdinand: *Beasts, Men and Gods*. London 1924, S. 300
3 ebd., S. 302
4 Bernbaum, Edwin: *The Way to Shambhala*. Los Angeles 1989, S. 1
5 Roerich, Nicholas: *Shambhala*. Rochester, Vermont 1990, S. 13
6 Allione, Tsultrim: *Women of Wisdom*. London 1986, S. 43
7 Bernbaum, S. 66
8 Ashe, Geoffrey: *The Ancient Wisdom*. London 1979, S. 144
9 *The Mahabharata of Krishna-Dwaipayna Vyasa*. (Übers. v. Pratap Chandra Roy), Calcutta 1925, Abschnitt 6.8
10 Tomas, Andrew: *Shambhala: Oasis of Light*. London 1976, S. 25–26
11 *Harvard Theological Review* 35, Nr. 4, 1942, S. 231
12 Snelling, John: *The Sacred Mountain*. London 1983
13 Govinda, Lama Anagarika: *Pilgrims and Monasteries in the Himalayas*. Crystal Mirror, Bd. IV, Berkeley 1975, S. 245–246
14 Ali, S. K.: *The Geography of the Puranas*. Neu Delhi 1966
15 Eckartshausen, K. von: *The Cloud Upon the Sanctuary*. London 1919
16 Gesar ist der tibetische Heldenkönig des elften Jahrhunderts, den die Nyingmapa Lamas als Inkarnation ihres Gründers, des indischen Heiligen und Missionars Padma Sambhava, betrachten. Es ist ein weit verbreiteter Glaube, dass Gesar in einem unterirdischen Königreich wartet, um in Shambhala als Erlöser und Avatar Rudra Chakrin wiedergeboren zu werden, und dass er am Ende der Zeit an der Spitze einer großen Kriegerschar daraus hervorreiten wird, um die Welt von der dämonischen Macht der Barbaren zu befreien. Nach und nach ist die heldenhafte Gestalt Gesars mit der des Maitreya, des fünften und zukünftigen Buddha verschmolzen, und dies wurde zur Basis einer populären, apokalyptischen Bewegung, die sich in Zentralasien ausgebreitet hat. Vgl. Bernbaum, S. 81
17 Hoffman, Helmut: *Kalachakra Studies 1, Manicheism, Christianity and Islam in the Kalachakra Tantra*, Central Asiatic Journal 13, Nr. I, 1969, S. 44
18 Bauer, Wolfgang: *China and the Search for Happiness*. New York 1976, S. 87
19 Bernbaum, S. 46
20 King, Peter: *Afghanistan: Cockpit of High Asia*. London 1960: zit. nach Ernest Scott: *The People of the Secret*. London 1983, S. 168

21 ebd., S. 168
22 ebd., S. 252
23 Michell, John: *The Earth Spirit*. London 1975, S. 7
24 ebd., Fußnote 37
25 ebd., Fußnote 42
26 Lincoln, Henry: *The Holy Place*. London 1991, S. 17
27 ebd., S. 155
28 Michell, S. 147
29 Bauval und Gilbert behaupten, dass die etwa 14 Pyramiden, die während des Pyramidenzeitalters (2686–2181 v. u. Z.) entlang des Nils gebaut wurden, genau dem Sternbild des Orion entsprechen, das die alten Ägypter für den Sternenkörper des auferstandenen Gottes Osiris hielten. Die beiden Forscher behaupten ferner, dass die drei Pyramiden von Giza (zwei große und eine kleine) in spezifischer Weise auf die drei Sterne des Orion-Gürtels ausgerichtet sind und dass die Schächte, die von der Grabkammer des Königs und der Königin in der großen Cheops-Pyramide aufsteigen, nicht Luftschächte sind, wie die meisten Ägyptologen glauben, sondern astronomische Einrichtungen, von denen einer zur Zeit der Erbauung der Pyramide auf den Sirius zeigte, den größten Stern im Gürtel des Orion, der andere auf den damaligen Polarstern, den Alpha Draconis im Kleinen Wagen. Bauval und Gilbert zufolge ist die Cheops-Pyramide deshalb der eigentliche Schlüssel zum Verständnis der ägyptischen Vorstellungen über Religion und Astronomie, der sich auf die Osiris-Mysterien bezieht. Vgl. Robert Bauval und Adrian Gilbert: *The Orion Mystery*. London 1994, S. 126–128
30 Scott, S. 171
31 Campbell, Joseph: *The Hero With a Thousand Faces*. London 1993, S. 385

## 4. Kapitel

1 Campbell, Joseph: *The Hero With a Thousand Faces*. London 1993, S. 3
2 Einige Mystiker sagen, dass Menschen in früheren Zeiten alle neun inneren Welten verstehen konnten. Deshalb spricht die Prophetin der isländischen Edda über die Weltesche Yggdrasil folgendermaßen:
Neun Welten kannte ich,
Die neun des Baumes
Mit seinen mächtigen Wurzeln
Und der Erde.
3 Baring, Anne und Cashford, Jules: *The Myth of the Goddess*. Harmondsworth 1993, S. 250

4 *The Mahabharata.* (übers. v. M. N. Dutt), 3. Bd., Calcutta 1895–1901
5 Eliade, Mircea: *The Myth of the Eternal Return.* New Jersey 1974, S. 14
6 ebd., S. 15
7 Guénon, René: *The Lord of the World.* London 1983, S. 50
8 Ashe, Geoffrey: *The Ancient Wisdom.* London 1979, S. 134–135
9 Zit. nach: A. J. Wensinck: *The Ideas of the Western Semites Concerning the Nevel of the Earth.* Amsterdam 1926
10 Ashe, S. 94
11 ebd., S. 100
12 Guthrie, W. K. C.: *The Greeks and Their Gods.* London 1950
13 Im Rig Veda heißen die Sterne des Großen Bären *Saptarshi* oder »Die sieben Weisen«. Die Hindus assoziierten diese Konstellation in besonderer Weise mit der Weisheit von Shambhala. Aber Ashe verweist darauf, dass der Bär auch im uralten altaischen Bärenkult als göttliche Gestalt, als Heiler und Geistführer betrachtet wurde und den Schamanen selbst verkörperte. Vgl. Ashe, S. 125 und 167
14 ebd., S. 166
15 Lissner, Ivar: *Man, God and Magic.* London 1977
16 Ashe, S. 148
17 Yeshe, Lama Thubten: *An Introduction to Tantra.* London 1987, S. 111
18 Balfour, Mark: *The Sign of the Serpent.* Dorset 1990, S. 24
19 Motoyama, Hiroshi und Brown, Rande: *Science and Evolution of Consciousness.* Massachusetts 1978, S. 139
20 ebd., S. 140
21 Guénon, S. 48
22 Drower, Lady: *Angel Peacock.* London 1941
23 Crossingham, Lesley: *The Medicine Wheel and the Star People.* The Whole Person 4, N. 5, Oktober 1992, S. 15
24 Spangler, David: *The Iona Report.* Forres 1972, S. 1
25 ebd.

## 5. Kapitel

1 Prjevalsky, N. M.: *Mongolia.* London 1876, zit. nach Andrew Tomas: *Shambhala: Oasis of Light.* London 1976, S. 32–33
2 Ashe, Geoffrey: *The Ancient Wisdom.* London 1979, S. 168
3 ebd., S. 171
4 ebd.
5 ebd.

6 Godwin, Jocelyn: *Mystery Religions in the Ancient World.* London 1981, S. 79

7 Schonfield, Hugh: *The Essene Odyssey.* Wiltshire 1984, S. 79

8 Ursprünglich war der Hochgott des gesamten Nahen Ostens, El oder Eloah, Elion, Allah usw., der Namenlose, einer, der hoch über dem bevölkerten Pantheon der Lokalgötter stand. »Elohim ist der Plural von Elo«, sagt Fabre d'Olivet, »und diesen Namen verliehen die Hebräer und Chaldäer dem Höchsten Wesen. Es ist von der Wurzel El abgeleitet, die *Erhebung*, *Stärke* und *expansive Kraft* und, ganz allgemein, *Gott* bedeutet.« Fabre d'Olivet: *The Hebraic Tongue Restored.* Zit. nach: Edouard Schuré: *The Great Initiates.* New York 1961

9 »Sohn der Sonne« oder »Sohn Gottes« waren die Bezeichnungen für den höchsten Einweihungsrang in den Tempeln der Antike. »In der Sprache der Tempel«, sagt Schuré, »bedeutete *Sohn der Frau* einen niedrigeren Einweihungsgrad. *Frau* bedeutet in diesem Zusammenhang *Natur*. Höher standen die *Söhne der Männer* oder Eingeweihten des Geistes und der Seele, dann die *Söhne der Götter* oder Eingeweihten der Kosmogonie und schließlich die *Söhne Gottes* oder Eingeweihten der höchsten Wissenschaft.« Edouard Schuré, ebd., S. 520

10 Zu Abrahams Zeit war das Höchste Wesen El schon längst zugunsten vieler Lokalgötter vergessen worden. Aber Jakob, Abraham und Isaak wurden in eine Sonnenreligion eingeweiht, die das Höchste Wesen wieder in den Mittelpunkt rückte und die Lokalgottheiten unterwarf. Das Judentum wurde also auf der Basis einer religiösen Revolution gegründet, die zweifelsohne das Werk der einwandernden indoarischen Propheten war, wie Guénon anmerkt. Seine Interpretation der hebräischen Geschichte stimmt mit Prof. T. J. Meeks linguistischer Analyse der Texte des Alten Testamentes überein. Er kommt zu dem Ergebnis, dass im Aufbau der Bibelmythen ein Zusammenspiel von hurritischen (indoarischen) und semitischen Faktoren vorhanden ist. Vgl.: T. J. Meek: *Hebrew Origins.* New York 1960. Zit. nach: Joseph Campbell: *The Masks of God.* Bd. 3, Harmondsworth 1984, S. 120–121

11 Guénon, René: *The Lord of the World.* London 1983, S. 39–41

12 ebd., S. 42

13 ebd., S. 43

14 ebd.

15 ebd., S. 44

16 Thomas, Lewis: *Lives of a Cell. Notes of a Biology Watcher.* New York 1974, zit. nach: James Lovelock: *The Ages of Gaia.* Oxford 1988

17 Valentinus, Vasilius, zit. nach: John Michell: *Earth Spirit.* London 1975, S. 4

18 Michell, S. 145

19 Cobett, William: *History of the Protestant »Reformation« in England and Ireland.* London 1824

20 Michell, S. 10–22
21 Sheldrake, Rupert: *The Rebirth of Nature*. New York und London 1991, S. 37
22 Michell, S. 22
23 Dong, Paul: *The Four Major Mysteries of Mainland China*. New Jersey 1984
24 Watson, Lyall: *Gifts of Unknown things*. London 1976, S. 112
25 ebd., S. 115
26 Lovelock, James: *The Ages of Gaia*. New York 1988
27 Zit. nach: Sheldrake, S. 120–124
28 Zit. nach: Roger Lewin: *Complexity:Life at the Edge of Chaos*. New York 1992, S. 115–116
29 Overbye, Dennis: *The Shadow Universe*. in: *Discover*, Mai 1985
30 Sheldrake, S. 75
31 ebd., S. 74
32 ebd.
33 Krishna, Gopi: *Kundalini*. Berkeley 1971, S. 88

## 6. Kapitel

1 Die neuen Shakti-Schulen – Mahikari, Subud, Sumarah und andere – werden nicht immer als solche anerkannt, da sie eine modifizierte Form der Kundalini-Erweckung betreiben, nicht die klassische Art, welche die Kundalini im Muladhara-Chakra an der Basis der Wirbelsäule stimuliert. Ein indischer Sufi teilte Irina Tweedie mit: »Durch unser System wird die Kundalini sanft erweckt (...) wir erwecken den *König*, das Herzchakra, und überlassen es ihm, alle anderen zu erwecken.« Durch diese Methode wird der natürliche Zustand der Reinheit nicht durch Meditation oder asketische Disziplinen erreicht, sondern in vollem Bewusstsein, idealerweise durch eine spontane Vereinigung mit dem reinen Bewusstsein des Gurus. Siehe: Irina Tweedie: *The Chasm of Fire*. Dorset 1984, S. 27
2 Michell, John: *The View Over Atlantis*. London 1975, S. 71
3 Wilson, Colin: *The Quest for Wilhelm Reich*. London 1982
4 Ostrander, Sheila und Schroeder, Lynne: *PSI: Psychic Discoveries Behind the Iron Curtain*. London 1973, S. 372
5 ebd., S. 368
6 Brennan, Barbara Ann: *Hands of Light*. New York 1988, S. 40
7 ebd.
8 *The Tantratattva of Siva-candra Vidyarnava Battacarya*. (Übers. v.: A. Avalon), London und Madras 1914
9 *Devi-Bhagavata: Hymns to the Goddess*. (Übers. v.: A. Avalon), London 1913

10 Harshe, R. G.: *Mount Meru: The Homeland of the Aryans.* In: Vishveshvaranada Indological Journal 2, 1964, S. 140

11 Evans-Wentz, W. Y.: *Tibetan Book of the Dead.* London-Oxford 1960, S. 61–66

12 ebd., S. 62

13 Roerich, Nicholas: *Shambhala.* Rochester, Vermont 1990, S. 31

14 Alder, Vera Stanley: *From the Mundane to the Magnificent.* London 1988, S. 174 und 193

15 Guénon: S. 18–48

16 Hoeller, Stephan: *Jung and the Lost Gospels.* Wheaton 1990, S. 225

17 Lissner, Ivar: *Man, God and Magic.* London 1977

18 Eliade, Mircea: *Myths, Dreams and Mysteries.* New York 1975, S. 65

## 7. Kapitel

1 Tomas, Andrew: *Shambhala: Oasis of Light.* London 1976, S. 34

2 Die chinesische Regierung und der Dalai Lama sind verschiedener Meinung über den Nachfolger des Panchen Lama, da der Junge, der durch Seine Heiligkeit bestimmt worden war, durch einen anderen ersetzt wurde, der von chinesischen Beamten ausgewählt wurde. Wenn die falsche Person als neue Inkarnation des Panchen Lama gewählt wird, so kann es ernste Konsequenzen für die Weitergabe der Kalachakra-Traditionen in China geben.

3 Tomas, S. 73

4 Roeric, Nicholas: *Shambhala.* Rochester, Vermont 1990, S. 28

5 ebd., S. 28

6 Bernbaum, Edwin: *The Way to Shambhala.* Los Angeles 1989, S. 123

7 ebd., S. 124

8 Tomas, S. 28

9 ebd., S. 156

10 Scott, Ernest: *The People of the Secret.* London 1984

11 Campbell, Joseph: *The Masks of God.* Bd. 2, Harmondsworth 1985, S. 118

12 Sellars, J. B.: *The Death of the Gods in Ancient Egypt.* Harmondsworth 1992, S. 199

13 Im Glauben der Shinto-Buddhisten ist das Chrysanthemen-Emblem der kaiserlichen Familie Japans von der kosmischen Uhr abgeleitet. Vgl.: Andris Tebecis: *Mahikari.* Tokio 1982

14 Capra, Fritjof: *The Turning Point.* London 1982, S. 363

15 ebd., S. 14

16 Capra, Fritjof: *Uncommon Wisdom.* London 1989, S. 126

17 Avalon, Arthur: *The Serpent Power.* New York 174, S. 19

18 Eliade, Mircea: *The Myth of the Eternal Return.* New Jersey 1974, S. 114

19 *The Vishnu Purana. A System of Hindu Mythology and Tradition.* London 1868, 4, S. 225–227

20 Das weiße oder blaue Ross gilt als Symbol von Kalki und unterscheidet ihn von den neun vorausgehenden Inkarnationen von Vishnu. Es symbolisiert den von Wünschen gereinigten Körper. Vgl.: Bernbaum, S. 84

21 *The Vishnu Purana*

22 Ossendowski, Ferdinand: *Beasts, Men and Gods.* London 1921, S. 313–314

23 Abbildung des *muladhara*-Chakra, in: Avalon, Arthur: *The Serpent Power*, S. 355

24 Guénon, René: *The Lord of the World.* London 1983, S. 62

## 8. Kapitel

1 Bennett, John G., *Gurdjieff: Making a New World.* London 1973, S. 25

2 ebd., S. 75

3 Guénon, René: *The Lord of the World.* London 1983, S. 18

4 d'Alveydre, Saint-Yves: *Mission de L'Inde*, 1910/1949, zit. nach René Guénon, S. 23

5 ebd., S. 5

6 Ravenscroft, Trevor und Wallace-Murphy, T.: *The Mark of the Beast.* U.K. 1990, S. 60

7 Schonfield, Hugh: *The Essene Odyssey.* Dorset 1984

8 Die modernen Rosenkreuzer sollten vielleicht nicht mit der gleichnamigen Bruderschaft aus dem 17. Jh. gleichgesetzt werden. Vgl. Ernest Scott: *The People of the Secret,* London 1985, S. 176

9 Yates, Frances A.: *The Rosicrucian Enlightenment.* London 1986, S. 232

10 Bennett, S. 29–50

11 Sheldrake, Rupert: *The Rebirth of Nature.* New York und London, 1991, S. 37

12 Scott, S. 250–257

13 Bennett, S. 52

14 ebd., S. 53

15 Bennett erklärt die Diskrepanz zwischen dem künstlerischen Niveau der eiszeitlichen Höhlenmalerei und dem sonstigen Kulturniveau dieser Zeit folgendermaßen: »Diese Höhlen-Bewohner lebten auf dem Niveau von primitiven Wilden. Die Diskrepanz im Kulturniveau kann nur erklärt werden, wenn wir die Höhlenmalereien einer Gruppe von kreativen Menschen zuschreiben, die ganz anderes lebten als die primitiven Stämme in ihrer Umgebung.« In: John G. Bennett: *The Dramatic Universe.* Bd. IV, London 1961, S. 250

16 Shushud, Hasan L., in: *Journal of Systematics* 6, Nr. 4, 1969. Zit. nach Ernest Scott, S. 260

17 Owen, Walter: *More Things in Heaven.* London 1947, zit. nach Andrew Tomas: *Shambhala: Oasis of Light.* London 1976, S. 21

18 Die Ousir waren wahrscheinlich die Götter der Capsier, eines Volkes, das während der letzten Eiszeit in der Sahara jagte und um 10.000 v. u. Z. damit begann, Tiere zu domestizieren. Später ritzten sie Planetensymbole in ihre Felsen und praktizierten einen Sonnenkult. Offensichtlich verfügten sie also über astronomisches Wissen. Sie wanderten nach Osten ins Niltal und in nördlichere Teile der Welt. Vgl. Joseph Campbell: *The Masks of God*, Bd. 1, Harmondsworth 1984, S. 379–383

19 Herodotus: *The Histories.* Harmondsworth, 1954

20 *The Gospel of the Egyptians.* New York, 1977

21 Hoeller, Stephan: *Jung and the Lost Gospels.* Wheaton, Illinois, 1990, S. 226

22 ebd., S. 31

23 Josephus, Flavius: *The Antiquities of the Jews.* 9. Bd., London 1978

24 Schuré, Edouard: *The Great Initiates.* New York, 1961, S. 323

25 ebd.

26 Scott, S. 217

27 ebd., S. 246

28 Guénon, S. 5

## 9. Kapitel

1 *Amrita*, der Nektar der Unsterblichkeit bei den Hindus, wird auch von den Bäumen in den Wohnstätten der Siddhas – Siddhaloka – gewonnen, und dies ist ein anderes Wort für Shambhala. Guénon erwähnt, dass auch im Christentum Bäume, die unverderblichen Gummi oder Harz erzeugten, als Symbole für Jesus Christus verwendet wurden. Vgl. René Guénon: *The Lord of the World.* London 1983, S. 22

2 Baring, Anne und Cashford, Jules: *The Myth of the Goddess.* Harmondsworth 1992, S. 563

3 ebd., S. 488

4 Scott, Ernest: *The People of the Secret.* London 1985, S. 74

5 ebd., S. 75

6 Baring und Cashford, S. 497

7 Es gibt Hypothesen, dass sich die Runenschrift aus dem griechischen Alphabet entwickelt hat, aber es gibt auch Hinweise auf eine viel frühere vor-runische Schrift, die vielleicht sogar bis zum Ende der Eiszeit zurückreicht. Vgl. Joseph

Campbell: *The Masks of God.* Bd.3, Harmondsworth 1985, S. 481–482; Jürgen Spanuth: *Atlantis of the North*, London 1979, S. 80–81

8 *The Poetic Edda*, Hovamol 139, 140, 142. New York 1923, S. 60–61; vgl. Hauer, W.: *Urkunden und Gestalten der Germanisch-Deutschen Glaubensgeschichte.* Stuttgart 1940, S. 92

9 Yggdrasil bedeutet »Pferd des Ygg«, also von Odin. Und wie Maitreyas weißes Ross ist es eine kosmische Kraft, auf der dieser Gott reitet und die ihm treu und gehorsam dient. Vgl. Joseph Campbell: *The Masks of God*, Bd. 1, Harmondsworth 1984, S. 121

10 Campbell, Bd.3, S. 488

11 Bellows, Voluspa 2, 46, 47

12 Bellows, Voluspa 57, 59, 62

13 Evans, Sir A. J.: *The Palace of Minos.* London, 1921/35, zit. nach Joseph Campbell, S. 50

14 Plutarch: Fragment 178, zit. nach Jocelyn Godwin: *Mystery Religions in the Ancient World.* London 1981, S. 36

15 Baring und Cashford, S. 23

16 Lissner, Ivar: *Man, God and Magic.* London 1977, zit. nach Joseph Campbell: *The Masks of God.* Bd. 2, Harmondsworth 1984, S. 256

17 Schuré, Edouard: *The Great Initiates.* New York 1974, S. 515–516

18 Budge, E. A. Wallis: *The Gods of the Egyptians.* Bd. 2, London 1902, S. 202–203

19 Hauer, S. 175

20 Budge, Bd. 1, S. 154

21 An war ursprünglich der sumerische Gott des Himmels, aber sein Platz wurde später durch Enlil übernommen. Vgl. Robert K. G. Temple: *The Sirius Mystery.* London 1976, S. 133

22 Aus einer ägyptischen Hymne des Neuen Reiches, zit. nach Rundle Clark, R. T.: *Myth and Symbol in Ancient Egypt.* London 1978, S. 103

23 Plutarch: *Isis and Osiris*, in: Moralia, Buch 5, F. C. Babbit 1969, S. 31–49

24 Ksenofontov, G. V.: *Schamanengeschichten aus Sibirien.* München 1955, S. 211–212

25 Plutarch, S. 31–49

26 Baring und Cashford, S. 232

27 Isis wird oft mit dem Mond zwischen zwei Kuhhörnern auf ihrem Kopf dargestellt. Diese werden meist als die Hörner des heiligen Stieres oder der heiligen Kuh gedeutet, die in der Antike fast überall verehrt wurden. Wahrscheinlicher aber ist, dass die beiden Hörner die beiden Kanäle der psychospirituellen Energie darstellen, die vom Kopf erleuchteter Wesen aufsteigen und von hellsichtigen Personen gesehen, manchmal sogar photographiert werden können. Zum Beispiel zieren diese beiden Energieströme auf antiken Illustrationen immer

den Kopf von Schlangen und Drachen, die als hellsichtige Wesen betrachtet wurden.
Im *Goldenen Esel* des Apuleius heißt es: »Genau über ihrer Stirn glänzte eine Scheibe wie ein Spiegel oder wie das leuchtende Antlitz des Mondes (...) Schlangen, die sich aus ihrer rechten und linken Haarspange erhoben, trugen diese Scheibe.« Der Mond auf dem Kopf der Göttin symbolisiert dann den Spiegel der übersinnlichen Intuition, die aus der Wirkung einer erwachten Kundalini entsteht. Vgl. Apuleius: *Der Goldene Esel.* Harmondsworth 1950, S. 227–228

## 10. Kapitel

1 Der Brauch des Königsopfers, in dem der Sakralkönig am Ende eines bestimmten Zeitraumes (oft sieben oder zwölf Jahre) rituell erschlagen wurde, breitete sich seit dem fünften Jahrtausend über große Gebiete der Welt von Afrika nach Indonesien aus und überlebte in einigen archaisch gebliebenen Gemeinschaften bis in die jüngste Zeit. Vgl. Joseph Campbell: *The Masks of God.* Bd. 1, Harmondsworth 1984, S. 166–168 und Anne Baring und Jules Cashford: *The Myth of the Goddess.* Harmondsworth 1991, S. 79–82
2 Eisler, R., zit. nach Jürgen Spanuth: *Atlantis of the North.* London 1979, S. 92
3 ebd., S. 101
4 Wirth, W.: *Die Volute, Symbol einer kultischen Weltordnungsidee.* Stuttgart 1966, S. 427
5 Joseph Campbell: *The Masks of God.* Bd. 3, Harmondsworth 1984, S. 106
6 Ravenscroft, Trevor und Wallace-Murphy, T.: *The Mark of the Beast.* New York 1997, S. 67
7 Baring und Cashford, S. 341–343
8 Lurker, Manfred, zit. nach *The Gods and Symbols of Ancient Egypt. An Illustrated Dictionary.* London 1980, S. 47
9 Baring und Cashford, S. 243
10 Guénon, René: *The Lord of the World.* London 1983, S. 60
11 Brennan, Barbara Ann: *Hands of Light.* New York 1987, Kap. 7
12 Guénon, S. 9
13 Dschuang Tze, zit. nach Guénon: *The Great Triad*, S. 133
14 Bohm, David: *Wholeness and the Implicate Order.* London 1980, S. 192
15 Wir wissen, dass der Magnetpol wandert, aber die Bewegung des Nordpols (über einige Meter hinaus) wird von Wissenschaftlern noch immer diskutiert. Aber es ist sehr wahrscheinlich, dass es zu Polsprüngen gekommen ist, die zu plötzlichen Katastrophen in der Entwicklung der Erde führten. Beweismaterial aus historischen Berichten, Himmelskarten, alten Landkarten, Kalendern, Son-

nenuhren und Wasseruhren, ferner auch die klassische und sakrale Literatur aus Ost und West und mythologische, mündliche Traditionen aus allen Teilen der Welt, wie auch überzeugendes Beweismaterial aus Geologie, Archäologie und Astronomie belegen die Wahrscheinlichkeit dieser Hypothese. Sie wird auch durch eine lange okkulte Tradition mindestens seit der Zeit des Pythagoras unterstützt. Vgl. Edouard Schuré: *The Great Initiates*. New York 1961, S. 325

16 Aus der homerischen Hymne an Gaia, *Harvest: Journal for Jungian Studies*, Bd. 34, 1988–1989, S. 155–160

17 Hesiod, zit. nach Rianne Eisler: *The Chalice and the Blade: Our History, Our Future.* San Francisco 1987, S. 108

18 Baring und Cashford, S. 305

## 11. Kapitel

1 Das Einweihungsdreieck symbolisiert traditionell die drei Funktionen des Triumvirates an der Spitze der Hierarchie (Papst, König und Gesetzgeber); man kann es aber auch als *Geist*, *Seele* und *Körper* ausdrücken. Vgl. René Guénon: *The Lord of the World.* London 1983, S. 18–21

2 Pindar: *Pythian Odes*, hrsg. v. E. Snell, Chicago 1947

3 Ashe, Geoffrey: *The Ancient Wisdom.* London 1979, S. 101

4 Hesiod: Works. Ann Arbor 1959, S. 172–173

5 Bennett, J. G.: *The Masters of Wisdom*. Boston 1977, S. 49

6 ebd., S. 19

7 Meillet, A. und Cohen, Marcel : *Les Langues du Monde.* Paris 1952, S. 6

8 Baring, Anne und Cashford, Jules : *The Myth of the Goddess*. Harmondsworth 1991, S. 25

9 Mitra, Sisirkumar: *The Down Eternal*. Madras State 1954, S. 168–176

10 Die weißen Stämme, die bei den alten Ägyptern Tamahu hießen, gehörten zur nördlichen Cro-Magnon-Gruppe. Sie errichteten in Nordafrika eine Megalith-Kultur. Die Forscher Ferand und Latourneux sagten von den prachtvollen megalithischen Arbeiten der Bretagne, Spaniens und Nordafrikas, dass die Erbauer »von den Küsten der Ostsee kamen, England, Frankreich und die iberische Halbinsel durchquerten, um schließlich als blonde und blauäugige Libyer und Tamahu die Grenzen Ägyptens zu stören«. Vgl. Jürgen Spanuth: *Atlantis of the North*. London 1979, S. 123–124, zit. nach E. Krause: *Tuiskoland.* Glogau 1891, S. 69

11 Spanuth, S. 69

12 Baring und Cashford, S. 20

13 Michell, John: *The View Over Atlantis.* London 1975, S. 117

14 Diodorus Siculus: *The Library of History*. London 1936/67, S. 47
15 Bernbaum, Edwin: *The Way to Shambhala.* Los Angeles 1989, S. 92
16 ebd.
17 Rhodos, Apollonius von: *Argonautica.* Harmondsworth 1971
18 Plato: *Timaios*, 1.3.2.
19 Donnelly, Ignatius: *Atlantis. The Antediluvian World*. London 1979, zit. nach Geoffrey Ashe, S. 9
20 Plato: *Timaios and Critias.* Harmondsworth 1983, S. 140
21 ebd., S. 137
22 ebd., S. 37
23 Zanggar, Eberhard: *The Flood from Heaven.* London 1992, S. 114
24 Frankfort, Henri: *Cylinder Seals.* London 1939, S. 75–77
25 Im *hierós gamós* wurde der König mit der gebührenden Tempelzeremonie durch sexuelle Vereinigung mit der Hohepriesterin als Verkörperung der Großen Göttin eingeweiht. Durch diese Methode der Kundalini-Erweckung wurde auch er göttlich und durfte nun als Gott-König herrschen. Seine Herrschaft »stieg vom Himmel herab«. Dies ist der früheste und bekannteste rituelle Brauch, der bis in neolithische Zeiten zurückreicht. Poseidon, dessen griechischer Name eigentlich »Gatte« bedeutet – also Gatte der »Großen Göttin« –, wäre also ein Sterblicher gewesen, wenn er nicht die Vereinigung mit der Magna Mater vollzogen hätte. Später jedoch erforderten die patriarchalen Normen unter den Hellenen eine Umkehrung der Geschlechterrollen, und wir finden den Gott-König von Atlantis – von Plato dargestetllt –, wie er sterbliche Frauen befruchtet. Vgl. Anne Baring und Jules Cashford: *The Myth of the Goddess*, S. 46–105
26 Spanuth, S. 116
27 Hesiod
28 Plato, S. 131–132
29 ebd., S. 143–144
30 Der Archäologe Rhys Carpenter hat als erster die Theorie aufgestellt, dass um 1200 v. u. Z. eine weltweite Klimaveränderung stattfand. Dies wurde durch einen schwedischen Ozeanographen bestätigt. Er kam zu dem Ergebnis, dass die Meerestemperatur seit etwa 5000 v. u. Z. zu steigen begann und um 1000 v. u. Z. einen Höhepunkt erreichte. Aber dann kam es zu einer Reihe von Vulkanausbrüchen – die heftigsten der vergangenen 10.000 Jahre –, und danach soll die Meerestemperatur ihren niedrigsten Stand seit 7000 Jahren erreicht haben. Vgl. Jürgen Spanuth: *Atlantis of the North*, S. 150
31 Schuré, Edouard: *The Great Initiates*. New York 1961, S. 515
32 Guthrie glaubt, dass der Gott Apollo sibirischen Ursprungs ist, weil seine Anhänger über Fähigkeiten der Gestaltwandlung, der Astralreisen und verschie-

dener Wundertaten verfügten, die in der griechischen Religion keine Parallele hatten. Noch überzeugender ist die Tatsache, dass Apollos Schwester Artemis, die griechische Göttin der Jagd, mit der Konstellation des Großen Bären in der Polarregion zu tun hat. Als »Bärenmutter« führte sie griechische Mädchen in einem Bären-Rundtanz an, der mit dem der sibirischen Schamanen identisch war. Vgl. W. K. C. Guthrie: *The Greeks and their Gods*. London, 1950. Siehe auch Geoffrey Ashe: *The Ancient Wisdom*, S. 128–133

## 12. Kapitel

1 Homer: *The Odyssey,* IV, 563, zit. nach Sir Arthur Evans: *Journal of Hellenic Studies,* Bd. III., S. 155–156

2 Bohrungen haben ergeben, dass es in den letzten zweihundert Millionen Jahren kein bewohnbares Land an den Azoren gab. Vgl. Jürgen Spanuth: *Atlantis of the North.* London 1979, S. 249

3 Bis zum Ende des 13. Jahrhunderts v. u. Z. war Skandinavien wärmer als heute und dicht besiedelt. Üppige Wälder wuchsen bis zum Polarkreis, Weizen und Wein wurden angebaut. Die Volkssagen erzählen vom Reichtum der Menschen durch Bernsteinhandel, von ihren reich verzierten Tempeln, ihrem Goldschmuck, ihren Silberpflügen und Abflussrohren aus Kupfer. Aber um 1200 v. u. Z., nach dem erwähnten Temperatursturz, versanken Nordeuropa und Skandinavien in relative Armut und Barbarei. Vgl. Spanuth, S. 68–69 und 107

4 Pytheas von Massilia, Fragmente bei verschiedenen griechischen und lateinischen Autoren, ges. von D. Stichtenoth, Weimar, 1959, zit. nach Spanuth, S. 250–254

5 Homer, zit. nach Spanuth, S. 217–224

6 Rudbeck, Olof: *Atlantica*, Uppsala 1657–1698

7 Spence, Lewis: *The History of Atlantis.* London 1926; New York 1968, zit. nach Geoffrey Ashe: *Atlantis.* London 1992, S. 21

8 Zanggar, Eberhard: *The Flood from Heaven.* London 1992, S. 66

9 Guénon, René: *The Lord of the World.* London 1984, S. 58

10 Bryant, Jacob: *A New System or An Analysis of Ancient Mythology.* London 1776

11 Im tibetischen Kult der abgeschnittenen Köpfe hat der Khatvanga-Stab, der von einer Gottheit getragen wird, drei Köpfe, die übereinander angebracht sind. Der oberste ist ein trockener Schädel und verkörpert das Dharmakaya, den Kausalkörper der Erleuchtung. Der nächste, der erst einige Tage vorher abgetrennt wurde, verkörpert Sambhogakaya, den feinstofflichen Körper der Heiligkeit, und der unterste, unmittelbar vor der Kulthandlung abgeschlagene

Kopf symbolisiert Nirmanakaya, den manifestierten Körper des erleuchteten Genusses, den sichtbaren Körper des Buddha. In den Templer-Berichten werden ebenfalls drei Köpfe erwähnt, und ein früher Großmeister des Orden hatte drei Köpfe auf seinem Schild. Vgl. Tsultrim Allione: *Women of Wisdom.* London 1986, S. 34–35

12 Tomas, Andrew: *Shambhala. Oasis of Light.* London 1976, S. 100

13 Muck, Otto: *The Secret of Atlantis.* London 1979, S. 151–152

14 Yates, Frances A.: *The Rosicrucian Enlightenment.* London 1986, S. 125–129

15 Fortune, Dion: *The Mystical Qabalah.* London 1987, S. 300

16 Plato: *Timaeus and Critias.* Harmondsworth, 1983, S. 145

17 Yates, S. 58

18 Waley, Arthur: *The Way and the Power.* London 1949

19 Dschuang Tse, zit. nach René Guénon: *The Great Triad*, S. 127

20 ebd., S. 127

## 13. Kapitel

1 Tomas, Andrew: *Shambhala. Oasis of Light.* London 1976, S. 39

2 Ossendowski, Ferdinand: *Beasts, Men and Gods.* London 1923, S. 303

3 Roerich, Nicholas, zit. nach Andrew Tomas, S. 39

4 Tomas, S. 64

5 Scott, Ernest: *The People of the Secret.* London 1983, S. 202–216

6 Allione, Tsultrim: *Women of Wisdom.* London 1986, S. 135

7 ebd., S. 144

8 Sheldrake, Rupert: *The Rebirth of Nature.* London 1993, S. 86

9 Brenner, Sydney, zit. nach R. Lewin: *Why is Science So Illogical? Science,* 224

10 Sheldrake, S. 131

11 Bateson, Gregory, zit. nach Fritjof Capra: *Uncommon Wisdom.* London 1988, S. 216

12 Heisenberg, Werner, zit. nach William Irwin Thompson: *Passages About Earth*, London 1974, S. 89–90

13 Bennett, J. G.: *The Masters of Wisdom.* London 1977, S. 30–79

14 Palmer, E. H.: *Oriental Mysticism.* London 1974, S. 65

15 Scott, S. 39

16 Lama Yeshe: *Introduction to Tantra.* London 1985, S. 139

17 Jones, William: *On the Philosophy of the Asiatics*, zit. nach Ernest Scott, S. 218

18 ebd.

19 Auch in modernen Nahtod-Erfahrungen wird von Lichtwesen berichtet: »Als dieses liebevolle und dennoch mächtige Wesen zu mir sprach, konnte ich unge-

heure Bedeutungen verstehen, weit jenseits dessen, was ich in Worten ausdrücken kann. Ich verstand Leben und Tod. Das Lichtwesen, rein, mächtig, allumfassend, war formlos, von ihm flossen Wellen des Bewusstseins zu mir (...). Als ich diese Lichtenergie aufnahm, spürte ich eine wirkliche Glückseligkeit.« Vgl. Kenneth Ring: *Heading Towards Omega.* New York 1984
20 Fortune, Dion: *The Mystical Qabalah.* London 1987, S. 240–241
21 Roerich, S. 28
22 Tomas, S. 75
23 Vallée, Jacques: *Revelations.* New York 1991, S. 237
24 Spencer, John: *The UFO Encyclopaedia.* London 1991, S. 10
25 Vallée, S. 237
26 Ashe, Geoffrey: *The Ancient Wisdom.* London 1977, S. 186

## 14. Kapitel

1 Eliade, Mircea: *Myths, Dreams and Mysteries.* New York 1975, S. 237
2 Brennan, Barbara Ann: *Hands of Light.* New York 1988, S. 19
3 ebd., S. 16
4 Ring, Kenneth: *The Omega Project.* New York 1992
5 ebd., S. 156, 236 und 240
6 ebd., S. 235
7 Zum Beispiel Michael Grossos Werk in *The Final Choice.* Stillpoint 1985. Er spricht von einer Art von überpersönlichem Bewusstsein als Evolutionsinstanz, das mit der Materie interagieren kann. Dies entspricht genau den Beschreibungen von Shambhala.
8 White, John: *The Meeting of Science and Spirit.* New York 1990, S. 172
9 Grey, Margot: *Return from Death.* London 1985, S. 168
10 Bernbaum, Edwin: *The Way to Shambhala.* Los Angeles 1989, S. 258
11 Scott, S. 39
12 Ling, David: *The Buddha.* London 1985
13 Roerich, Nicholas: *Shambhala.* Rochester, Vermont 1990, S. 11 und 31
14 Tomas, Andrew: *Shambhala. Oasis of Light.* London 1976, S. 172

* Zitate frei übersetzt von Eluan Ghazal

# LITERATUR


Allione, Tsultrim: *Tibets weise Frauen. Zeugnisse weiblichen Erwachens*, Berlin 2001

Apuleius: *Der Goldene Esel.* Zürich 1994

Ashe, Geoffrey: *Kelten, Druiden und König Arthur. Mythologie der britischen Inseln.* Düsseldorf 2000

Avalon, Arthur: *Die Schlangenkraft. Die Entfaltung schöpferischer Kräfte im Menschen.* München 1978

Bateson, Gregory: *Geist und Natur. Eine notwendige Einheit.* Frankfurt 1987

Bauer, Wolfgang: *Geschichte der chinesischen Philosophie. Konfuzianismus, Daoismus, Buddhismus.* München 2001

Bauval, Robert und Adrian Gilbert: *Das Geheimnis des Orion. Nach mehr als 4000 Jahren wurde das Geheimnis der Pyramiden gelöst.* München 1998

Bennett, John: *Gurdjieff. Ursprung und Hintergrund seiner Lehre.* München 1989

Bennett, John: *Die Meister der Weisheit.* Singhofen 2000

Bernbaum, Edwin: *Der Weg nach Shambhala. Auf der Suche nach dem sagenhaften Königreich im Himalaya.* Freiburg 1995

Blavatsky, Helena: *Die Geheimlehre.* 4 Bde. Hannover, 1998

Brennan, Barbara: *Licht-Arbeit. Das Standardwerk der Heilung mit Energiefeldern.* München 1998

Brennan, Barbara: *Licht-Heilung. Die Aura im Gesundungsprozess – Anleitung zur Selbstheilung.* München 1995

Campbell, Joseph: *Der Heros in tausend Gestalten.* Frankfurt 1999

Campbell, Joseph: *Die Masken Gottes*, 4 Bde. München 1996

Campbell, Joseph: *Die Kraft der Mythen. Bilder der Seele im Leben des Menschen.* Düsseldorf 2000

Campbell, Joseph: *Mythen der Menschheit.* München 1993

Capra, Fritjof: *Wendezeit. Bausteine für ein neues Weltbild.* München 1999

Capra, Fritjof: *Das neue Denken.* München 1998

Conze, Edward: *Eine kurze Geschichte des Buddhismus*. Frankfurt 1986

Eckartshausen, Karl von: *Die Wolke über dem Heiligtum*. Haarlem/NL 1979

Eliade, Mircea: *Das Mysterium der Wiedergeburt. Versuch über einige Initiationstypen*. Frankfurt 1997

Eliade, Mircea: *Das Heilige und das Profane. Vom Wesen des Religiösen*. Frankfurt 1990

Eliade, Mircea: *Kosmos und Geschichte. Der Mythos der ewigen Wiederkehr*. Frankfurt 1994

Eliade, Mircea: *Mythen, Träume und Mysterien*. Salzburg 1996

Evans-Wentz, Walter: *Geheimlehren aus Tibet. Yoga und der Pfad des Mahayana-Buddhismus*. München 1997

Fortune, Dion: *Die mystische Kabbala. Ein praktisches System der spirituellen Entfaltung*. Freiburg 1995

Govinda, Anagarika: *Der Anfang ist das Ziel. Weisheit für unsere Zeit*. Freiburg 2000

Govinda, Anagarika: *Einsichten eines Pilgers im Himalaya*. Münster 1993

Govinda, Anagarika: *Der heilige Kreis. Stufen der Meditation*. Bern 1998

Govinda, Anagarika: *Der Weg der weißen Wolken. Erlebnis eines buddhistischen Pilgers in Tibet*. München 1975

Guénon, René: *Der König der Welt*. Andechs 1987

Guénon, René: *Stufen des Seins*. Andechs 1987

Hedin, Sven: *Abenteuer in Tibet*. Stuttgart 2000

Hedin, Sven: *Transhimalaja. Entdeckungen und Abenteuer in Tibet*. Stuttgart 1999

Herodot: *Bücher der Geschichte*. Ditzingen 1997

Herodot: *Historien*. Bamberg 1999

Hesiod: *Werke und Tage*. Ditzingen 1996

Hoeller, Stephan: *Der gnostische Jung und die sieben Reden an die Toten*. Calw 1987

Homer: *Odyssee*. Ditzingen 2001

Josephus, Flavius: *Jüdische Altertümer*. Wiesbaden 1994

Krishna, Gopi: *Kundalini. Entdeckung der geistigen Kraft im Menschen*. München 1983

Lewin, Roger: *Die Komplexitäts-Theorie. Wissenschaft nach der Chaosforschung*. Hamburg 1993

Lincoln, Henry: *Der Heilige Gral und seine Erben. Ursprung und Gegenwart eines geheimen Ordens. Sein Wissen und seine Macht*. Bergisch Gladbach 1997

Lincoln, Henry: *Das Vermächtnis des Messias. Auftrag und geheimes Wirken der Bruderschaft vom Heiligen Gral*. Bergisch Gladbach 1987

Lissner, Ivar: *Wir sind das Abendland. Gestalten, Mächte und Schicksale Europas durch 7000 Jahre*. Bindlach 1993

Lovelock, James: *Gaia: Die Erde ist ein Lebewesen. Anatomie und Physiologie des Organismus Erde*. München 1996

Lovelock, James: *Das Gaia-Prinzip. Die Biographie unseres Planeten*. Frankfurt 1993
Lurker, Manfred: *Lexikon der Götter und Symbole der alten Ägypter. Handbuch der mystischen und magischen Welt Ägyptens*. München 1998
Muck, Otto: *Rationalität und Weltanschauung. Philosophische Untersuchungen*. Innsbruck 1999
Panikkar, Raimon: *Upanishaden. Die Heiligen Schriften Indiens meditieren*. München 1997
Pindar: *Oden*. Ditzingen 1996
Platon: *Timaios*. Ditzingen 1992
Plutarch: *Moralphilosophische Schriften*. Ditzingen 1997
Ravenscroft, Trevor : *Die heilige Lanze. Der Speer von Golgatha*. München 1996
Rhodos, Apollonius von: *Das Argonautenepos*. Darmstadt 1996
Ring, Kenneth/Elsaesser-Valerino, Evelyn: *Im Angesicht des Lichts. Was wir aus Nahtod-Erfahrungen für das Leben gewinnen*. München 1999
Schuré, Edouard: *Die Heiligtümer des Orients. Ägypten, Griechenland, Palästina*. Stuttgart 1991
Sheldrake, Rupert: *Das Gedächtnis der Natur. Das Geheimnis der Entstehung der Formen in der Natur*. München 1992
Sheldrake, Rupert: *Das schöpferische Universum. Die Theorie des morphogenetischen Feldes*. Berlin 1993
Sheldrake, Rupert: *Der wissende Kosmos. Eine neue Sicht der Natur*. Freiburg 2000
Spanuth, Jürgen: *Atlantis*. Bissendorf 1980
Spanuth, Jürgen: *Die Atlanter. Volk aus dem Bernsteinland*. Tübingen 1989
Tomas, Andrew: *Nikolaus Roerich. Künstler und Lehrer*. Aschau 1999
Tweediee, Irina: *Der Weg durchs Feuer. Tagebuch einer spirituellen Schulung durch einen Sufi-Meister*. München 1989
Vallée, Jacques: *Enthüllungen*. München 1994
Yates , Frances: *Aufklärung im Zeichen des Rosenkreuzes*. Köln 1997
Yeshe, Thubten: *Wege zur Glückseligkeit. Einführung in Tantra*. München 1998
Yeshe, Thubten: *Vajrasattra. Heilung und Transformation im tibetischen Tantra*. München 2000

Chao-Hsiu Chen

**Lächelnde List**

3 x 36 Erfolgs-Strategeme aus dem alten China

*312 Seiten mit zahlreichen Bambuszeichnungen*
*Broschur, ISBN 3-7205-2184-2*

Strategeme sind jene listenreiche Lehrsätze aus dem alten China, deren Anwendung dazu führt, stets auf der Sonnenseite des Lebens zu stehen. In diesem Buch sind zum ersten Mal die wichtigsten dieser Weisheiten versammelt. Sie bieten dem Leser eine Orientierung, die er in Konfliktsituationen anwenden kann, um – selbst bei aussichtslosem Stand der Dinge – zu den Gewinnern zu zählen. Chao-Hsiu Chen interpretiert diese Strategien neu und führt an, in welchen Lebenslagen und bei welchen konkreten Problemen sie am besten einzusetzen sind. Wer die Kunst der »Lächelnden List« beherrscht, wird als Meister des Lebens zu der kleinen Gruppe der Sieger und Gewinner zählen und seine Ziele ohne Mühe erreichen.

ATLANTIS